हाली : कवि एक रूप अनेक

हाली : कवि एक रूप अनेक

सम्पादक
डॉ. एस. वाई. क़ुरैशी

वाणी प्रकाशन

वाणी प्रकाशन

ज्ञान के विविध आयामों के प्रकाशक

वाणी प्रकाशन का 'लोगो' विख्यात चित्रकार मक़बूल फ़िदा हुसैन की कूची से

वाणी प्रकाशन, 4695, 21-ए, दरियागंज, नयी दिल्ली-110002
वाणी प्रकाशन, अशोक राजपथ (पटना कॉलेज के सामने), पटना (बिहार)

HALI : KAVI EK ROOP ANEK

Edited by Dr. S. Y. Quraishi

Criticism / Poetry

आवरण चित्र : एम. एफ. हुसैन

ISBN : 978-93-5000-198-1

प्रथम संस्करण 2010

मूल्य : 395/-

वाणी प्रकाशन

फोन : 0091#11#23273167, 23275710

फैक्स : 0091#11#23275710

वेबसाइट : www.vaniprakashan.in

ई-मेल : vaniprakashan@gmail.com

vani_prakashan@yahoo.com

आर.टेक. ऑफसेट प्रिंटर्स द्वारा दिल्ली-110095 में मुद्रित

प्रस्तावना

हाली थे ही ग़ज़ब के आदमी

मौलाना अलताफ़ हुसैन हाली यों तो पैदा हुए उन्नीसवीं सदी के मध्य, लेकिन वे आदमी थे, इक्कीसवीं सदी के! जो आदमी अपने समय से डेढ़-दो सौ साल आगे की सोचता हो, उसको आप क्या कहेंगे? क्या ऋषि नहीं? क्या स्वप्नदर्शी नहीं? क्या मौलिक विचारक नहीं? क्या क्रान्तिकारी नहीं? क्या प्रगतिशील नहीं?

हाली ये सबकुछ थे। इसलिए डॉ. एस. वाई. क़ुरैशी ने इस पुस्तक का नाम दिया है, 'कवि एक रूप अनेक'! उर्दू शायरी तो विशाल समुद्र है। उसमें तरह-तरह के अमूल्य रत्न छिपे हुए हैं, लेकिन उसे हम लोग अक्सर श्रृंगार, सौन्दर्य, प्रेम और शब्दानन्द के लिए पढ़ते हैं। लेकिन हाली ने सारा परिदृश्य ही बदल दिया। ऐसा नहीं है कि उन्होंने प्रेम या श्रृंगार की सर्वथा अपेक्षा की। इन लोकप्रिय विषयों पर भी उन्होंने कुछ बहुत ही पते के शेर कहे हैं लेकिन जिन विषयों को हाली ने अपने काव्य का मुख्य विषय बनाया है, वे विषय उनके पहले उर्दू साहित्य में किसी ने छुए भी नहीं थे। हाली भारतीय राष्ट्रवाद ही नहीं भारत की सनातन सत्ता के भी उन्नायक थे। उनके पूर्वज चाहे हेरात से भारत आये हों, लेकिन उनकी कविता और गद्य में भारत की महान संस्कृत परम्परा का जैसा गुणगान है, किसी अन्य उर्दू साहित्यकार की रचनाओं में मैंने नहीं देखा। मौलाना हाली ने लिखा है कि यदि आप संस्कृत और ब्रज भाषा का पल्ला छोड़ देंगे तो ऐ उर्दू वालो तुम बिना पहिये का रथ बन जाओगे। खुद हाली साहब की शायरी ऐसी है कि उन्हें आप हिन्दी का कवि कह देंगे तो गलत नहीं होगा। उन्होंने अपने कलाम में संस्कृत, ब्रजभाषा, हरियाणवी और खड़ी बोली के इतने शब्दों का इस्तेमाल किया है कि उन्हें उर्दू कवि कहना ज्यादती होगी, जो सिर्फ अरबी और फारसी से पटी रहती है। खुद मौलाना हाली अरबी, फारसी के पण्डित थे लेकिन उन्होंने अपनी कविता में इस पण्डिताई को बघारने के बजाय आमफहम भाषा का प्रयोग किया। इक्कीसवीं सदी की राष्ट्रभाषा यही है। अब जबकि डॉ. क़ुरैशी की यह किताब हिन्दी में आ रही है। मुझे विश्वास है कि हाली को हजारों नये पाठक और प्रशंसक मिलेंगे और लोग उन्हें हिन्दी का उत्तम समझ कर ही पढ़ेंगे। हाली तो खुद मौलाना थे लेकिन उन्होंने अपने गद्य में पोंगापथी मौलानाओं और मौलवियों की जो खबर ली है, वह वैसी ही

है, जैसी कभी कबीर ने ली थी। हाली के समकालीन महर्षि दयानन्द सरस्वती ने जैसा हिन्दू पोंगापथियों को ललकारा था, वैसे ही हाली ने भी इस्लामी कट्टरवादियों को खुली चुनौती दी थी। जैसे दयानन्द ने वेदों के नये भाष्य किये हाली ने भी कुरआन के नये अर्थ समझाये। हाली का काम दयानन्द से भी कठिन था। जो छूट हिन्दू धर्म में मिल जाती है, वह इस्लाम में आसानी से नहीं मिलती, लेकिन हाली बड़े साहसी थे। उन्होंने साफ-साफ लिखा है कि इस्लाम में जबर्दस्ती की इजाजत बिल्कुल नहीं है, जो दिल से न माना जाए, वह मजहब ही क्या है? उर्दू के ज्यादातर शायरों की तरह हाली ने अपने लिए कोई छूट नहीं ले रखी थी। वे पक्के धर्म प्रेमी मुसलमान थे, पाँच बार नमाज पढ़ने वाले। इतने पक्के कि अपने गुरु मिर्ज़ा ग़ालिब को भी उन्होंने पाँच बार नमाज पढ़ने की सलाह दी, हाली लेकिन हिन्दू, मुस्लिम एकता के जैसे अलमबरदार मौलाना हाली थे, उस जमाने के कितने उर्दू शायर थे। औरतों और गरीबों के दुःखदर्द वे कितने गहरे में समझते थे, ये उनकी शायरी पढ़ने से पता चलता है। सभी की शिक्षा की वकालत उन्होंने जिस जोरदार ढंग से की, वह उन्हें सर सैयद अहमद से भी आगे ले जाती है। यदि आज के मुस्लिमों की जिन्दगी में नई रौशनी भरनी हो तो हाली का साहित्य विराट, बिजलीघर, सिद्ध हो सकता है।

डॉ. क़ुरैशी की किताब की खूबी यह है कि हाली पर खुद उन्होंने एक लम्बा और विश्लेषणात्मक निबन्ध तो लिखा ही है, उस क्रान्तिकारी और महान शायर पर ऐसे विविध निबन्धों का संकलन किया है, जो उसके हर पहलू पर प्रकाश डालते हैं। इस पुस्तक को पढ़ने से पता चलता है कि मौलाना हाली कितने बड़े राष्ट्रवादी थे, निर्भीक और क्रान्तिकारी विचारक थे, उत्कृष्ट कोटि के शायर थे और अपने समय के सबसे ऊँचे समालोचक थे। डॉ. क़ुरैशी ने हाली की जीवनी तो नहीं लिखी है, लेकिन वही काम उन्होंने हाली के लिए कर दिखाया है, जो खुद हाली ने सादी, ग़ालिब और सर सैय्यद अहमद के लिए किया था। यह संकलन इतना उम्दा है कि इसे पढ़ने पर साहित्य का रसास्वादन तो होता ही है, बेहतर इनसान बनने की भी प्रेरणा मिलती है। हाली थे ही ऐसे ग़ज़ब के आदमी।

इस पुस्तक की भूमिका को लम्बा करके मैं पाठकों का न तो रस भंग करना चाहता हूँ, और न ही पुस्तक में जड़े हुए हीरे-मोतियों को अपनी जगह से उखाड़कर यहाँ पेश करना चाहता हूँ। आप स्वयं ये पुस्तक प्रेम से पढ़ें और जानें कि मुसलमानों के बीच कोई हाली जैसा मौलाना भी हुआ था और उर्दू शायरों के बीच कोई मसीहाई अन्दाज वाला शायर भी हुआ था।

वेदप्रताप वैदिक

25 दिसंबर 2009

ए-19, प्रेस एनक्लेव

नई दिल्ली-110017

अभिव्यक्ति

हाली के नाम से समर्पित इस पुस्तक का दूसरा संस्करण आपके हाथों में है। बहुत दिनों पहले हाली को जानने और पहचानने की मेरी पहली कोशिश का यह दूसरा फल है। आज से लगभग सैंतीस साल पहले मेरी नौकरी के प्रारंभिक काल की घटना है, जब मैं हरियाणा में अन्डर ट्रेनिंग था। उन्हीं दिनों हरियाणा पब्लिकेशन डिवीज़न की ओर से एक पुस्तिका प्रकाशित हुई, जिसमें हरियाणा के प्रसिद्ध कवियों को उनकी उच्च सेवाओं के लिए श्रद्धांजलि अर्पित की गई थी। मुझे यह देखकर एवं पढ़कर बड़ा खेद हुआ कि पानीपत और हरियाणा ही नहीं अपितु भारत के महान कवि एवं साहित्यकार मौलाना अलताफ हुसैन हाली पर, जिनकी गणना भाषा एवं साहित्य के महानतम संस्थापकों में होती है; सिर्फ़ चंद पंक्तियों पर आधारित परिचय प्रस्तुत किया गया था। उसे पढ़कर मुझे बड़ा धक्का लगा। मेरे मस्तिष्क में यह बात निरन्तर खटकती रही कि जिस व्यक्ति ने हमारी शायरी (कविता) को नए आयाम दिये, कठिन परिस्थितियों का मुकाबला करके हमारी सोच, समझ एवं बुद्धिमत्ता को जागरूक किया, ऐसे बहुआयामी व्यक्तित्व को सिर्फ़ दो-तीन पंक्तियों में समेट देना उनकी सेवाओं की बड़ी अवहेलना है। अगर यह व्यक्ति यूरोप में पैदा होता तो इस पर कितनी पुस्तकें लिखी जातीं, दीवान के दीवान लिखे जाते।

अतः मैंने हाली एवं उनकी सेवाओं को उचित सम्मान दिलाने का पक्का इरादा किया। खुशक़िस्मती से मुझे उस समय के प्रसिद्ध लेखकों एवं विद्वानों का भरपूर सहयोग प्राप्त हुआ जिन्होंने मेरे स्वर में स्वर मिलाया तथा अपनी बहुमूल्य कृतियाँ एवं लेख भी प्रदान किए तथा मेरा उत्साह भी बढ़ाया। उस समय के महान राजनीतिज्ञों जैसे राष्ट्रपति श्री वी.वी. गिरि, उपराष्ट्रपति श्री जी.एस. पाठक, प्रधानमंत्री श्रीमती इन्दिरा गांधी, गवर्नर उ.प्र. श्री बी. राजगोपाला रेड्डी, मुख्यमंत्री हरियाणा, श्री बंसी लाल, मुख्यमंत्री उत्तर प्रदेश श्री कमला पति त्रिपाठी, कृषि मंत्री श्री फ़खरुद्दीन अली अहमद एवं संसद के दिग्गज मंत्रियों ने मेरे इस प्रयास की बड़ी प्रशंसा की एवं अपने बहुमूल्य संदेश से नवाज़ा।

निस्संदेह हाली को जानने एवं उनके व्यक्तित्व को पहचानने का यह मेरा पहला प्रयास था। उसके बावजूद यह हाली के परिचय का मापदण्ड सिद्ध हुआ। उसके बाद तो हाली के व्यक्तित्व, दृष्टिकोण, उनके ख्यालात व नज़रियात, लेख एवं समालोचना एवं कविताओं को विभिन्न दृष्टिकोणों से देखा एवं परखा जाने लगा। उसके बाद ही हाली अकादमी का गठन हुआ, हाली ट्रस्ट की स्थापना हुई, हाली पार्क बना। इसके अतिरिक्त कई एवार्ड एवं फेलोशिप हाली के नाम को समर्पित किये गये। इस महत्त्वपूर्ण क़दरदानी के बाद धीरे-धीरे उनकी शोहरत पर जमी समय की धूल छूटती गई। हद यह हुई कि लोग हाली के नाम से समर्पित हाली पार्क को होली पार्क (Holly Park) के नाम से पुकारने लगे जिसकी पुनः सुधार, तजदीद एवं व्याख्या होनी चाहिए।

ताज़ा खाही दाशतन गर दाग़हाऐ सीना रा
गाहे गाहे बाज़ ख़ाँ ईं क़िस्सऐ पारीना रा

(अगर हृदय के दाग़ को जीवित रखना चाहते हो तो पुराने किस्से बार-बार दुहराते रहो)

मौलाना हाली की कुछ पुस्तकें दुर्लभ हो चुकी हैं, उन्हें दोबारा प्रकाशित करना चाहिए, ताकि उनके बहुआयामी चिन्तन का पैग़ाम आम लोगों में दूर-दूर तक पहुँच सके और अधिक से अधिक लोग उससे लाभ उठा सकें।

इस पुस्तक के पहले प्रकाशन में उर्दू के अतिरिक्त हिन्दी एवं अंग्रेजी के लेख भी सम्मिलित थे। वर्तमान प्रकाशन में न सिर्फ पुनः विचार किया गया है, अपितु अंग्रेजी एवं उर्दू के लेखों को सरल हिन्दी भाषा में रूपान्तरित करके हाली के हिन्दी शुभ चिन्तकों के लिए हिन्दी में प्रस्तुत किया जा रहा है।

हाली उर्दू भाषा के महान कवि एवं लेखक थे। इसके बावजूद उन्होंने उर्दू भाषा में हिन्दी भाषा के आसान एवं शुद्ध शब्दों को सम्मिलित करने की सलाह दी थी। उन्होंने अपनी पुस्तकों एवं लेखों में बड़ी चतुराई से हिन्दी भाषा के सैकड़ों शब्दों को प्रयोग किया है। हाली के इस प्रयास की पुष्टि के रूप में भूतपूर्व प्रधानमंत्री श्री इंद्र कुमार गुजराल के सुझाव हाली के नाम को समर्पित इस पुस्तक में सम्मिलित हैं। इस पुस्तक का हिन्दी संस्करण आपकी सेवा में प्रस्तुत है।

मैं उन सभी लेखकों का हार्दिक शुक्रिया अदा करता हूँ, जिन्होंने इस पुस्तक के सम्पादन में अपना योगदान दिया है एवं अपने बहुमूल्य लेखों से नवाज़ा है। मैं मौलाना हाली की पोती सालेहा आबिद हुसैन का आभारी हूँ। मैं सय्यद जमीर हसन का उनके लेख एवं लाभकारी सुझावों के लिए आभारी हूँ। ख़्वाजा अहमद अब्बास

का हार्दिक शुक्रगुजार हूँ, जिन्होंने अपना लेख भेजा। पद्मश्री कश्मीरी लाल ज़ाकिर ने इस किताब को हिन्दी तथा उर्दू में पृथक-पृथक प्रकाशित करने का सुझाव दिया। मैं उनका भी शुक्रिया अदा करता हूँ। डा. ख़लीफ अंजुम मेरे बुजुर्ग एवं सरपरस्त हैं, उन्होंने न सिर्फ लेख भेजा बल्कि सदैव अपने बहुमूल्य सुझावों से नवाज़ते रहते हैं। मैं उनकी सेवा में भी आभार प्रकट करता हूँ। प्रसिद्ध आर्टिस्ट मक़बूल फ़िदा हुसैन ने इस किताब हेतु हाली का अति सुन्दर पोर्ट्रेट बनाया। मैं उनका भी आभारी हूँ। अन्त में मैं उन सभी सज्जनों के प्रति अपना आभार प्रकट करता हूँ, जिन्होंने इस पुस्तक की तैयारी में अपना योगदान दिया है।

डॉ. एस. वाई. क़ुरैशी
Email: syq2@rediffmail.com

अनुक्रम

चुनिंदा ग़ज़लें, नज़्में और अशआर

सन्देश

इन्दिरा गाँधी
भूतपूर्व प्रधानमंत्री, भारत

ख़्वाजा अलताफ़ हुसैन हाली को आधुनिक उर्दू के महान संस्थापकों में गिना जाता है। उन्होंने अपनी लोकप्रिय कविता तथा उर्दू गद्य के माध्यम से आम जनता के दुखदर्द एवं उनकी हसरतों की व्याख्या की है। उनकी ग़ज़लों ने लोगों में भारतीयता की आधुनिक कल्पना एवं इन्सानियत की नयी चेतना जगाई। उन्होंने महिलाओं एवं समाज से बेदख़ल लोगों के साथ अच्छा व्यवहार करने की वकालत की है।

इन्दिरा गाँधी

सन्देश

कमलापति त्रिपाठी
भूतपूर्व मुख्यमंत्री, उत्तर प्रदेश

लोग मरते आये हैं और मरते रहेंगे। कुछ दोस्तों ने, कुछ चाहने वालों ने और कुछ रिश्तेदारों ने चन्द रोज़ आंसू बहाये और फिर भूल गये। धीरे-धीरे यह भी याद नहीं रहता कि इस नाम का कोई व्यक्ति उनके बीच कभी रहा भी था। ले देकर किसी अख़बार, पत्रिका या किताब में ज़िक्र आ जाएगा और बस। लेकिन कुछ लोग ऐसे होते हैं, जो स्वयं इतिहास होते हैं और इतिहास उनके नाम से जुड़ा होता है। यह ऐसे लोग हैं, जिनकी ज़बान से निकला एक-एक शब्द शताब्दियों तक सुरक्षित रहता है। उनकी क़लम से लिखी गई एक पंक्ति भी मनुष्य के मस्तिष्क में जमकर रह जाती है। ऐसे लोगों से जिनका मिलना हुआ है वह उन मुलाकातों पर गर्व कर सकते हैं और जिन्हें उनसे मिलने का सौभाग्य प्राप्त नहीं हुआ वह उनकी रचनाएं पढ़कर उनसे गहरा संबंध महसूस करते हैं। हाली ऐसे ही महान् व्यक्तियों में से एक थे। हाली ने उर्दू ज़बान पर जो अहसान किये हैं, उन्हें कोई भुला नहीं सकता।

बहुत दिन ख़ुश हुआ हाली से मिलकर।
अभी कुछ लोग बाक़ी हैं जहाँ में।।

हाली निःसंदेह ही उर्दू के पहले प्रगतिशील कवि थे, जिन्होंने एक ज़बान के सामन्ती तथा ढलते हुए मूल्यों को अलग फेंक कर साहित्य के नए मूल्य उजागर करने की कोशिश की। जिस तरह मुंशी प्रेमचन्द नई उर्दू कहानी के बानी हैं, उसी तरह हाली नैचुरल् शायरी के रहनुमा हैं। यह बड़ी अजीब बात है कि ग़ालिब के शागिर्द होने के बावजूद हाली पर ग़ालिब का कोई प्रभाव नहीं पड़ा और उन्होंने एक ऐसी शायरी की जो एक आम इंसान की समझ में आ सकती थी, जो उसके दुःखदर्द की बात कहती थी और उसकी भावनाओं को समझती थी। यही कारण है कि सवा-सौ साल गुज़र जाने के बाद भी हाली की शायरी का प्रभाव दिलों पर बाक़ी है। हाली ने ज़्यादा काम गद्य में किया। इसलिए गद्य लेखक के नाते हाली का स्थान बहुत ऊँचा है। हाली ने उर्दू साहित्य में आलोचना की नई राहें सुझाईं। इसलिए यह

कहना गलत नहीं होगा कि हाली उर्दू साहित्य के पहले आलोचक थे जिन्होंने आने वाली नस्ल को आलोचना के नये और बिखरे हुए उसुल दिये।

ख़्वाजा अलताफ़ हुसैन हाली केवल हरियाणा के ही शायर नहीं अपितु वे सारे एशिया के शायर हैं, हम उस महान् व्यक्ति की सेवा में जितनी भी श्रद्धांजलि अर्पित कर सकें, कम है। पानीपत शहर सौभाग्यशाली है, जिसकी मिट्टी से हिन्दुस्तान का यह सपूत उठा और उर्दू साहित्य की खिदमत करने के बाद उसी मिट्टी में दफ़न हो गया।

कमलापति त्रिपाठी

सन्देश

बंसी लाल
भूतपूर्व मुख्यमंत्री, हरियाणा

ख़्वाजा अलताफ़ हुसैन हाली पानीपत के वह महान सपूत थे जिन्होंने अपनी कुल पूंजी अपने देश वासियों की सेवा में न्यौछावर कर दी। उन्होंने अपनी क़लम की ताक़त से लोगों के आत्मविश्वास को जागरूक किया तथा राष्ट्रीय एकता एवं अखण्डता की उन्नति के लिए सदा कार्यरत रहे! यद्यपि उनका जन्म हरियाणा में हुआ था परन्तु उनका सम्बन्ध संपूर्ण विश्व से था। उनका शान्ति एवं सद्‌भावना मिशन हर युग एवं काल में जिन्दा एवं पाइन्दा रहेगा!

बंसी लाल

सन्देश

बी. राजगोपाला रेड्डी
भूतपूर्व राज्यपाल, उत्तर प्रदेश

हाली के नाग और उनकी सेवाओं की चर्चा उर्दू के चाहने वालों के घर में बड़े आदर से की जाती है। उन्होंने मिर्ज़ा ग़ालिब की ग़ज़लों को अपनी सराहना एवं क़दरदानी से उच्च स्थान पर पहुँचाया! 1857 की क्रान्ति के मध्य एवं उसके बाद व्याकुल एवं दूरस्थ मुसलमानों के लिए हाली ने जो नया सिद्धान्त पेश किया था, उसकी नवीनतम व्याख्या करने की आवश्यकता है।

बी. राजगोपाला रेड्डी

सन्देश

फ़ख़रुद्दीन अली अहमद
भूतपूर्व कृषि मंत्री, नई दिल्ली

ख़्वाजा अलताफ़ हुसैन हाली पर हरियाणा को अवश्य गर्व करना चाहिए, जिनको उर्दू के महानतम लेखकों एवं विद्वानों में गिना जाता है। अगर उनकी रचना 'मुकद्दमा शेर व शाइरी' समालोचना का उच्चतम उदाहरण है, तो उनकी मुसद्दस ने उर्दू कविता को नए-नए रास्ते और आयाम प्रदान किये। वह हरियाणा के शहर पानीपत में पैदा हुए। निस्संदेह वह एक धर्म निरपेक्ष एवं बहुआयामी विद्वान थे। उर्दू के इस महान लेखक को समर्पित किए जाने वाले हर प्रयास की मैं प्रशंसा करता हूँ।

फ़ख़रुद्दीन अली अहमद

सन्देश

सैयद नूरुल हसन
भूतपूर्व शिक्षा मंत्री

मौलाना हाली का नाम उर्दू साहित्य में सदैव बड़ी इज़्ज़त व आदर से लिया जाएगा। उन्होंने हमारे साहित्य को आधुनिक मापदण्डों से परिचित कराया। पुराने ख़यालात एवं सिद्धान्तों को त्याग देने पर बल दिया। उन्होंने मौलाना मुहम्मद हुसैन आज़ाद के साथ मिल कर एक तरफ विषय संबंधी कविताएं लिखने की नई राह निकाली एवं दूसरी ओर आधुनिक उर्दू समालोचना की नींव रखी। उर्दू भाषा में सबसे पहले उन्होंने ही आधुनिक प्रकार की जीवनी साहित्य लिखने का प्रयास किया। कविताओं की राजनैतिक उद्देश्यता पर भी इन्हीं सज्जनों ने ध्यानपूर्वक बल दिया। हाली विभिन्न क्षेत्रों में भी पूर्वजों (पेश्रों) के समान है। उनकी यही ख़ूबी साहित्य जगत में उनके उच्च स्थान का प्रतीक है। लेकिन एक साहित्यिक एवं कवि की हैसियत से भी उनकी महानता स्थापित है। हाली एक अच्छे गद्य लेखक, अच्छे जीवनी लेखक, ग़ज़ल एवं नज़म के प्रसिद्ध लेखक हैं। उन्होंने पुरानी परम्पराओं का सिरे से विरोध तो नहीं किया। लेकिन बेतुकी परम्पराओं को त्यागने में तनिक भी संकोच नहीं किया। उनका मानना था कि अच्छी और साफ बातें जहाँ कहीं भी मिलें स्वीकार की जाए। और जिन बातों में बुराई एवं घृणा हो उनको त्याग दिया जाए। आज से क़रीब सौ वर्ष पहले जब प्रगतिशीलता का इतना चलन नहीं हुआ था और आमतौर पर लोग लकीर का फ़कीर बनना ही पसन्द करते थे, इस तरह का साहस बहुत कम लोगों के हिस्से में आया था।

हाली देश प्रेम की भावना से भी भली भांति परिचित थे। इस विषय पर उनकी कविता आज भी उल्लेखनीय है। ऐसे उच्च कोटि, दूरदृष्टि रखने वाले देश प्रेमी साहित्यकार को याद रखने के लिए जो भी कार्य किया जाए वह सराहनीय है।

आपके इस प्रयास के लिए मैं आपका हार्दिक अभिनन्दन करता हूँ।

सैयद नूरुल हसन

सन्देश

मो. मुजीब
भूतपूर्व कुलपति
जामिया मिलिया इस्लामिया
नई दिल्ली

हाली ने अपनी वास्तविक कल्पनाओं को दर्शाने के लिए कविता को माध्यम बनाया। वह देशवासियों से इस बात के इच्छुक थे कि वे लोग अपने भीतर ज्ञान एवं बुद्धि का विकास करें तथा उस पर कार्यरत भी रहें। हाली कहते हैं :

है जुस्तजू कि खूब से है खूब तर कहाँ,
अब ठैरती है देखिये जाकर नज़र कहाँ।

उर्दू कवि, समालोचक एवं जीवनी लेखक के रूप में हाली ने सदैव उच्च से उच्चतर की कामना की है। उन्हें वास्तविक तौर पर आधुनिक समालोचना का संस्थापक कहा जाता है! सर सय्यद अहमद खान, ग़ालिब एवं शेख़ सादी की जीवनी लिखकर उर्दू भाषा में सबसे पहले आधुनिक प्रकार की जीवनी लेखन का आरंभ हाली ने किया।

वर्तमान समय में जिस विषय पर सबसे ज़्यादा बल देने की आवश्यकता है वह मनुष्य के प्रति हाली की विचारात्मक सोच एवं आत्मिक मूल्यों से प्रेरित उनकी प्रेम भावना है। हाली का कथन है कि “मख़्लूक़ात ख़ुदा की अलामत है” वह अपनी क़ौम और देशवासियों को नसीहत देते हुए कहते हैं कि :

कि हकमत को इक गुम शुदा माल समझो
जहाँ पाओ अपना उसे माल समझो

वह चाहते थे कि उनके देश वासी अपनी मातृभूमि से अपने जीवन एवं हृदय से बढ़कर स्नेह करें जिसको निम्नलिखित पंक्तियों में इस प्रकार दर्शाया गया है :

तेरी इक मुश्ते ख़ाक के बदले
लूँ ना हरग़िज अगर बहिश्त मिले

हाली अपने देश को स्वर्ग के समान देखना चाहते थे। उनका मानना था कि यह उनके देश में रहने वाली विभिन्न धर्मों, जातियों एवं क़ौमों में एकता के बिना संभव नहीं है। उनकी सेवाओं के प्रति श्रद्धांजलि यह होगी कि हम वास्तव में खुद को एक अच्छा भारतीय नागरिक एवं एक लाभकारी मनुष्य साबित करें। अपनी सभी नकारात्मक दृष्टिकोणों को त्यागकर सकारात्मक नैतिक एवं मौलिक मूल्यों को अपनाए जिनकी आवश्यकता एवं सुरक्षा अत्यन्त आवश्यक है।

मो. मुजीब

हाली : कल, आज और कल

डॉ. एस. वाई. क़ुरैशी

शमसुल उल्मा ख़्वाजा अलताफ हुसैन हाली के देहान्त को लगभग एक शताब्दी का लम्बा अरसा बीत चुका है। इसके उपरान्त उनका बहुआयामी व्यक्तित्व अपने चिन्तनात्मक विचारों एवं दूरदर्शी चिन्तनों के कारण आज भी एक उज्जवल स्तम्भ का रूप रखता है। एकता एवं अखण्डता के क्षेत्र में प्रयास कर रहे लोगों के लिये उनका शान्ति एवं सद्भावना का संदेश आज भी शक्ति प्राप्ति का एक उत्तम स्रोत है। प्रत्येक विचारधारा एवं प्रत्येक वर्ग के विद्वानों ने मौलाना हाली के आधुनिक विचारों की व्यापकता को स्वीकार किया है। उनके विचार आज भी प्रत्येक विद्वान के लिये मार्ग-दर्शक हैं।

मौलाना हाली उत्तम समालोचक एवं साहित्यकार थे, वह कवि भी थे एवं धर्म गुरु भी, जीवनी लेखक भी थे तथा निबन्धकार एवं गद्य लेखक भी, महान सुधारक भी थे एवं राजनैतिक अथवा सामाजिक विचारक भी और सब से बढ़ कर हाली देश एवं राष्ट्र के एक महान विद्वान थे। वह केवल उर्दू समालोचना के संस्थापक ही नहीं अपितु मूलरूप से वह एक महान मार्ग दर्शक थे। उन्होंने मानवता के सांस्कृतिक एवं आत्मिक मूल्यों को उर्दू साहित्य की आकृति में ढालने की राह निकाली। उर्दू कविता को उन्होंने उद्देश्यता का वस्त्र धारण कराया। उन्होंने प्राचीन एवं आधुनिक विचारधाराओं के मिश्रण की जो कोशिश की, उसकी उपयोगिता आज भी सुदृढ़ है। उनके सुधारवादी समझ एवं विचारों की प्रतिध्वनि, मानवजीवन की राजनैतिक, आर्थिक, राष्ट्रीय एवं सांस्कृतिक अस्तित्व की प्रत्येक दिशाओं पर विराजमान थी। उसका महत्व एवं लाभकारिता आज भी उसी प्रकार सुदृढ़ है, जैसी उनके युग में थी तथा आने वाले युग में भी इसी प्रकार सुदृढ़ रहेगी।

हाली समालोचक के रूप में : ख़्वाजा अलताफ़ हुसैन हाली को आधुनिक उर्दू समालोचना का संस्थापक कहा जाता है। उन्होंने उर्दू भाषा में समालोचना की न केवल नींव डाली अपितु "मुकद्मा शेरोशायरी" के रूप में उर्दू समालोचना के नियम

एवं सिद्धांत भी लिखे। हाली उर्दू साहित्य के ऐसे प्रथम समालोचक हैं, जिन्होंने उर्दू कविता का स्तर सुनिश्चित किया। डा. खलीक़ अन्जुम के शब्दों में "यदि उन्हें उर्दू समालोचना का बाबा आदम कहा जाए तो अनुचित नहीं होगा।" फ़िराक़ गोरखपुरी ने उन्हें "संवेदनशील बुद्धिजीवियों का अगुवा" बताया है।

निःसंदेह "मुक़दमा शेर ओ शायरी" हाली की ऐसी श्रेष्ठतम समालोचनात्मक कृति है जिस पर आधुनिक समालोचना की नींव पड़ी। मौलाना हाली ने "मुकद्मा शेर ओ शायरी" में कविता एवं साहित्य के प्रारूप पर प्रकाश डालते हुए कविता के साधारण नियमों के साथ उर्दू कविता की विभिन्न जातियों का व्याख्यात्मक वर्णन किया है। सबसे पहले कविता और उसके प्रभाव का वर्णन करते हुए समाज के विभिन्न वर्गों से उसका संबंध स्थापित किया, एवं समालोचना कला के मूल नियम सुनिश्चित किये। हाली ने कविता में सच्चाई, सत्यवाद एवं यथार्थता को अनिवार्य बताते हुए कहा कि "इसे प्रकृति के अनुरूप होना चाहिए। उत्तम कविता में भाषा की शुद्धता, सरलता एवं साधारणता होनी चाहिए।"

उन्होंने ग़ज़ल के सुधार पर विशेष ध्यान देते हुए अपने मुकद्मा में लिखा है कि "हमारा विचार है कि ग़ज़ल में जो प्रेम संबंधी विषय प्रयोग किए जायें वह ऐसे व्यापक शब्दों में हों जो मित्रता एवं प्रेम के सम्पूर्ण भागों एवं वर्गों अथवा सम्पूर्ण शारीरिक एवं आत्मिक संबंधों पर आधारित हों।" मौलाना हाली ने मुकद्मा में मसनवी एवं क़सीदा के महत्व पर बहुत ही विचारपूर्वक एवं व्यापक टिप्पणी की है। क़सीदा की आवश्यकताओं एवं मसनवी के मूल्यों पर बहुत ही महत्वपूर्ण दृष्टि डाली है। हाली ने "मुकद्मा शेर ओ शायरी" में विभिन्न प्रकार की कविताओं में मनसवी को सबसे लाभदायक बताया है। वह लिखते हैं कि इसके द्वारा समाज का उत्तम सुधार किया जा सकता है। उनके अनुसार क़सीदा सबसे मनोवांछित काव्य जाति है, किन्तु ग़ज़ल में प्रेम संबंधी विषयों की अधिकता अशुद्ध एवं अनुपयोगी है।

मुकद्मा शेर ओ शायरी के महत्व एवं लाभकारिता का वर्णन करते हुए डॉ. आबिद हुसैन ने लिखा है कि "हाली ने इस मुकद्मे में काव्यकला, विशेष रूप से उर्दू कविता की वह नियमावली संकलित कर दी है, जो कविता कहने वाले एवं पढ़ने वालों के लिए सदैव मार्गदर्शन का कार्य करेगी।"

उर्दू भाषा के प्रसिद्ध आलोचक कलीमुद्दीन अहमद मुकद्मा शेर ओ शायरी पर टिप्पणी करते हुए लिखते हैं कि "उर्दू में आधुनिक समालोचना का आरंभ हाली से होता है। उर्दू समालोचना की दुनिया निःशब्द एवं उद्देश्य के विवादों, भाषा एवं लोकोक्तियों की शुद्धता अथवा विश्वास एवं प्रमाण के कोलाहलों एवं आक्रोश तक

सीमित थी। हाली ने सर्वप्रथम विस्तार से विपरीत मूल नियमों पर विचार किया। काव्य एवं कविता की प्रतिभा पर प्रकाश डाला एवं पश्चिमी विचारों से लाभान्वित हुए। अपने युग, अपने वातावरण एवं अपनी सीमाओं में हाली ने जो कुछ किया वह प्रशन्सनीय है। हाली केवल उर्दू समालोचना के संस्थापक ही नहीं, इस समय तक उर्दू के उच्चतम समालोचक भी हैं।"

आधुनिक युग में समालोचक का क्षितिज अत्यन्त विस्तृत होने के बावजूद आज भी हमारी समालोचना उन्हीं नियमों एव उन्हीं सिद्धांतों के चारों ओर घूमती दिखाई देती है जो हाली ने बनाए थे, साहित्यिक समालोचना में जो विचारपूर्ण प्रतिभा एवं साहित्यिक विवेक हाली ने प्रस्तुत किया था लगभग, एक शताब्दी का लम्बा काल बीत जाने के बाद भी हमारे समालोचन विवेक की अन्तिम सीमा आज भी वही है, जो आधुनिक युग में हाली की उपयोगिता एवं उनके विचार-विमर्श की शुद्धता का सबसे महत्वपूर्ण प्रमाण है।

'मुकद्मा शेर ओ शायरी' हाली की साधारणता एवं यथार्थ प्रियता का सर्वोच्च आदर्श है, जिसकी सरल भाषा एवं साधारण लेख पद्धति उनके व्यक्तित्व का वह अद्भुत गुण है जो आज भी उतना ही सर्वप्रिय है, जितना उनके युग में था। हाली ने प्रत्येक काव्य वर्ग में कविताएं लिखी हैं। उनकी ग़ज़ल हो या पद्य, गद्य हो या समालोचना उन्होंने अत्यन्त साधारण, सरल भाषा एवं विनम्र वर्णन पद्धति का प्रयोग किया है। अख़्तर अन्सारी देहलवी लिखते हैं कि "मुकद्मा शेर ओ शायरी भाषा एवं वर्णन पद्धति की सम्पूर्ण मृदुलताएं अपने भीतर समेटे हुए हैं, जो हाली की गद्य के गुण हैं। मौलाना हाली के लेखों में विषय की आधुनिकता, वर्णन की सत्यता, भाषा की शुद्धता, वर्णन पद्धति की पवित्रता, तार्किक शक्ति एवं उचित उदाहरण सब कुछ है।" हाली के समालोचकीय विवेचन में उत्तम, एवं प्रगतिशील विचार एवं दृष्टिकोण छिपे हुए थे।

मौलाना हाली कवि के रूप में : मौलाना हाली उर्दू के श्रेष्ठ समालोचक एवं साहित्यकार होने के साथ-साथ प्रतिष्ठित कवि भी हैं। हाली की प्रसिद्ध कवितायें "बरखा रुत", "मनाजाते बेवा 'हुब्बे वतन' एवं मद्दो जजरे इस्लाम" आदि उनकी उत्तम स्तरीय कविता का प्रमाण हैं। वे उर्दू के प्रथम साहित्यकार एवं कवि थे, जिन्होंने सर्वप्रथम लाभकारी एवं उद्देश्यपरक कविता का विचार प्रस्तुत किया। उर्दू की कविता को पद्यीय एवं उद्देश्यपरकता का रूप दिया। पारंपरिक, प्राचीन एवं अलाभकारी कविता को समाज, देश एवं मानवता के कल्याण एवं उपकार के विपरीत बताया।

हाली से पूर्व साहित्य एवं कविता केवल मनोरंजन एवं बौद्धिक अभ्यास का साधन थी। अधिकतर कवि एवं साहित्यकार "साहित्य साहित्य के लिए है" के प्राचीन दृष्टिकोण के पुजारी थे। पारंपरिक साहित्यकारों के यहाँ सामूहिक एवं सामाजिक जीवन का कोई महत्व नहीं था। अधिकतर कवि यथार्थ से विपरीत होकर अपनी योग्यता मिलन एवं जुदाई के विवादों के गीत एवं आनन्द की चर्चाओं, केश एवं अलक की गाथाओं, प्रेमी एवं प्रेमिका के रूखापनों, शत्रुओं की लड़ाई झगड़ों में अथवा विरह की गाथाओं में खो चुके थे। हाली को इस प्रकार की कविता से सड़न की गन्ध आ रही थी। वह अपने "मुसदस" में लिखते है :

वह शेरो क़साइद का नापाक दफ़तर
उफ़ूनत में संडास से जो है बदतर
ज़मीं जिस से है ज़लज़ले में बराबर
मलक जिस से शर्माते हैं आस्माँ पर
हुआ इल्म दीं जिस से ताराज सारा
वो है हफ़ नज़र इल्म इंशा हमारा
बुरा शेर कहने की गर कुछ सजा है
अबस झूठ बकना अगर नारवा है
तो वह मुहकमा जिसका क़ाज़ी खुदा है
मुक़र्रर जहां नेक व बद की सज़ा है
गुनहगार वाँ छूट जायेंगे सारे
जाहन्नुम को भर देंगे शायर हमारे

इन पंक्तियों से हाली की उद्‌देश्यपरक कविता का अनुमान लगाया जा सकता है। कुछ लोगों ने इससे यह निष्कर्ष निकाला कि हाली कविता के विरोधी थे, लेकिन यह गलत है। सत्य यह है कि वह उस कविता के विरोधी थे जिसका कोई उद्‌देश्य न हो। हाली ग़ालिब के शिष्य थे किन्तु 1857 की परेशानियों एवं समस्याओं तथा सर सय्यद की संगत ने उन्हें अपनी कविता को नये रूप में ढालने के लिए प्रोत्साहित किया। शब्दों का इन्द्रजाल, विचारों की जादूगरी अथवा कठोर के बजाय सरल वर्णन एवं उद्‌देश्यपरक कविता पर बल देते हुए यह आवाज़ उठाई थी कि:

अए शेर दिल फ़रेब न हो तू तो ग़म नहीं
पर हैफ़ तुझ पे है जो न हो दिल गुदाज़ तू
सुनअत पे हो फ़िरेफ़ता आलम अगर तमाम

हां सादगी से आइयो अपनी न बाज़ तू
जौहर है रास्ती का अगर तेरी ज़ात में
तहसीने रोजगार से है बे नियाज़ तू

मौलाना हाली को इस बात का पूर्ण आभास था कि ग़ज़ल की पारंपरिक विधा, कविता एवं प्राचीन वैचारिक नीतियों से देश एवं राष्ट्र की समस्याओं का समाधान नहीं किया जा सकता और न ही इससे आधुनिक समाज को सुधार का रास्ता दिखाया जा सकता है। मानवता के कल्याण एवं संसाधन के लिये उन्होंने सामाजिक एवं नैतिक विचारों का विकासशील दृष्टिकोण प्रस्तुत किया। आधुनिक कविता को मानवीय समस्याओं का प्रतिनिधि बनाकर गली में पहुँचाया, फलस्वरूप हाली की कविता को धीरे-धीरे लोकप्रियता प्राप्त हुई, ब्रिज नारायण चकबस्त हाली की आलोचना करने के बावजूद यह स्वीकार करते हैं कि मौलाना हाली मरहूम पहले व्यक्ति हैं, जिन्होंने यह आवाज़ उठाई कि नए युग के साथ उर्दू कविता को भी नया वस्त्र धारण करना चाहिए और यह मामूली बात न थी।"

अली सरदार जाफरी ने तो हाली को प्रथम प्रगतिशील बताते हुए कहा था कि "यह कहना कि साहित्य को पूर्णरूप से प्रगतिशील विचारधारा हमने प्रदान की, अनुचित है। हमने प्रगतिशील विचार को एक स्थान दिया है। कुछ नई परिभाषाएं दी हैं, परन्तु सुदृढ़ रूप से उर्दू के प्रगतिशील विचार तो ग़ालिब एवं हाली से आरम्भ हो चुके थे।"

आरम्भ में हाली ने ग़ज़ल को अपना काव्यिक विषय बनाया। उसी डगर पर चल पड़े जो उस समय के कवियों का प्रिय मार्ग था, परन्तु धीरे-धीरे उनकी आत्मिक योग्यताओं ने उनकी ग़ज़लों में एक अद्‌भुत गुण उत्पन्न किया। उन्होंने सत्यता, सच्चाई, सरलता एवं यथार्थ प्रियता का वह मार्ग चुना, जिसमें मानवीय भावनाओं एवं संवेदनाओं का सत्यावलोकन होता था। कुछ पंक्तियाँ देखिए :

क़लक़ और दिल का सिवा हो गया
दिलासा तुम्हारा बला हो गया
दिखाना पड़ेगा हमें ज़ख्मे दिल
अगर तीर उनका ख़ता हो गया
वह उम्मीद क्या जिस की हो इन्तेहा
वह वादा नहीं जो वफ़ा हो गया

टपकता है अशआरे हाली से हाल
कहीं सादा दिल मुब्तला हो गया।

या इन पंक्तियों की सरलता से कौन असहमत होगा।

हम रोज़ विदा उनसे हंस-हंस के हुए रूख़्सत
रोना था बहुत हमको रोते भी तो क्या होता
जो दिल पे गुज़ारती है क्या तुझ को ख़बर नासेह
कुछ हम से सुना होता फिर तुमने कहा होता

धीरे-धीरे हाली ने अपनी ग़ज़लों से नैतिक सुधार का बीड़ा उठाया। इस प्रकार उनके दूसरे युग की ग़ज़लों में नैतिक एवं मौलिक उद्देश्य अधिक नज़र आते हैं, जैसे :

अए इश्क़ तून आख़िर क़ौमों का खा के छोड़ा
जिस घर से सर उठाया उस को बिठा के छोड़ा
राजों के राज छीने शाहों के ताज छीने
गर्दन कुशों को तूने नीचा दिखा के छोड़ा
फ़रहादे कोहकन की ली तून जान शीरीं
और क़ैसे आमरीं को मजनू बना के छोड़ा
अफ़साना तेरा रंगी रूदाद तेरी दिलकश
शेरो सुख़न को तूने जादू बना के छोड़ा

हाली ने अभी कविता लेखन का आरम्भ किया था कि अट्ठारह सौ सतावन का (1857) स्वतंत्रता संग्राम आरम्भ हो गया। फलस्वरूप सम्पूर्ण देश में बिखराव एवं अशान्ति फैल गयी। राजनैतिक, सामाजिक और नैतिक दुर्दशा अपनी चरम सीमा पर पहुंच गयी। नैतिक एवं आत्मिक मूल्य तितर-बितर हो गए। भारतीय नागरिकों विशेष रूप से मुसलमानों पर निराशा, स्थिरता एवं चेतना का अभाव छा गया। इस कारणवश उन्होंने कविता में सुधारवादी एवं नैतिक दिशाओं को अपनाया, उद्देश्यपरक एवं स्वाभाविक कविता की स्थापना की।

फ़िराक़ गोरखपुरी ने अपने एक निबन्ध में हाली की स्वाभाविक कविता पर टिप्पणी करते हुए लिखा है कि मैंने स्वयं जब हाली की कविता "चुप के दाद" की प्रारम्भिक पंक्तियाँ देखीं "ऐ माओ, बहनो, बेटियो दुनिया की इज़्ज़त तुमसे है" तो मैंने कहा यह कैसी कविता है कहीं माँओं, बहनों, बेटियों पर कविता कही जाती है,

परन्तु रूखा-सूखा आरम्भ कविता में शनैः-शनैः बाण में बदलने लगा और न चाहते हुए भी धीरे-धीरे मुझे इस बात का अनुभव हुआ कि यह कविता तो एक बड़ी उपलब्धि है, जिसमें कविता की देवी अपना सम्पूर्ण श्रृंगार उतार कर अपने भोले-भाले सौंदर्य का असर दिखा रही है, जिससे प्रभावित होकर रसज्ञता बच्चों एवं देवताओं की सी पावनता प्राप्त कर लेता है। उर्दू कविता में तीन सौ वर्षों के भीतर नारी पर कई कविताएं कही गयी हैं, परन्तु हाली की कविता के सामने उनकी दशा यह है कि "सौ आडम्बर एवं एक सीधी बात"। परन्तु बड़े खेद के साथ यह कहना पड़ रहा है कि हाली की यथार्थता को उस युग में लोग समझे ही नहीं।

हाली ने सुधार एवं नैतिकता के ऐसे रूप ग्रहण किए जिससे उस समय का साधारण काव्य लगभग अज्ञान था। इस कला के समालोचक हाली की कविता को दो भागों में विभाजित करते हैं। एक "मुकद्मा" वाली कविता, दूसरी उससे पूर्व की कविता। सोचने की बात यह है कि कविता के यह दोनों गुण आज भी विचार योग्य हैं। हाली ने केवल कविता के नियम एवं सिद्धांत ही नहीं बनाए, परन्तु अपनी कविता में उसका कृतिक उदाहरण भी प्रस्तुत किया। कुछ लोग इसे उबली हुई खिचड़ी मानते हैं, जबकि यह उबली हुई खिचड़ी आज भी बिरयानी की सुगंध दे रही है। "मद्दोजज़र-ए-इस्लाम", "मुनाजाते बेवा" एवं "चुप की दाद" जैसी कविताएं लिखकर समाज सुधारक का जो कार्य हाली ने किया, वह उनके किसी दूसरे समकालीन से नहीं हो सका। उन्होंने राजनैतिक, सामाजिक, आर्थिक, राष्ट्रीय एवं देश की समस्याओं पर गद्य एवं पद्य में जो कुछ भी लिखा उसका महत्व कल भी था, आज भी है और आने वाले कल में भी अवश्य रहेगा।

हाली गद्य लेखक के रूप में : कविता के उपरान्त हाली ने गद्य के क्षेत्र में भी महत्वपूर्ण योगदान दिया है। कविता के साथ गद्य लेखक के रूप में भी हाली ऊूर्द के महान साहित्यकारों में पहली पंक्ति में आते हैं। उनकी रचनात्मक पद्धति सरल एवं साधारण होती है। वह भाषा एवं वर्णन पद्धति में अनुचित सजावट एवं सुसज्जा से काम नहीं लेते। उनकी रचनात्मक पद्धति सरल एवं साधारण है इसलिए हाली को महान समालोचक एवं उत्तम कवि के साथ एक श्रेष्ठ गद्य लेखक भी माना जाता है।

हाली की गद्य संबंधी रचनाओं का आरम्भ 1867 ई. में हुआ। उनकी स्वच्छ कलम से लिखा जाने वाला गद्य "इल्मे तबक़ातुल अरज़", "माजालिसुनिसा", "हयात-ए-सादी", "याद गारे ग़ालिब", "हयाते जावेद" एवं "मुकद्मा शेरो शायरी" आदि हैं। इसके उपरान्त हाली के निबन्ध एव चिट्ठियाँ भी प्रकाशित हो चुकी हैं।

हाली ने गद्य लेखन के लिये दो विशेष क्षेत्र साहित्यिक समालोचना एवं जीवनी लेखन चुना। इसलिए साहित्यिक समालोचना के उपरान्त जीवनी लेखन के क्षेत्र में उनको प्राथमिकता प्राप्त है। हाली से पूर्व उर्दू गद्य के विषयों का घेरा केवल कथा, कहानी, एवं बड़ी कहानियों तक सीमित था। उन्होंने उर्दू गद्य को आधुनिक दिशाओं एवं विचारों से परिचित कराया। उनकी प्रारंभिक गद्यीय रचनाओं में धार्मिक एवं अधार्मिक विचारों का मिश्रण था। इस सन्दर्भ में "मौलूदे शरीफ" एवं "तिरयाक़े" के मसमूम आदि को शामिल किया जा सकता है। धीरे-धीरे उनकी रचनाओं में साहित्यिक सत्यता, आकर्षण एवं आत्मिकता का रंग गहरा होता गया जो बाद में अत्यधिक लोकप्रिय हुआ।

हाली ने "हयाते सादी", "यादगारे ग़ालिब" एवं "हयाते जावेद" द्वारा उर्दू में जीवनी साहित्य की स्थापना की। यद्यपि इस शैली की वर्णित उपरोक्त पुस्तकों में से अन्तिम पुस्तक को पूर्ण रूप से प्रशंसनीय पुस्तक कहा जाता है, परन्तु ये बात भी ध्यान में रखनी चाहिए, कि ऐसे युग में जब उर्दू भाषा में जीवनी लेखन का कोई सुदृढ़ सिद्धांत एवं नियम नहीं था, हाली ने कुछ अंग्रेजों का अनुसरण करके अथवा व्यक्तिगत ईश्वरप्रदत्त योग्यता से इस कला का कृतिक उदाहरण प्रस्तुत किया। जो सामूहिक रूप से जीवनी साहित्य में भी उनकी महत्वपूर्ण सेवाओं के प्रमाण का स्थान रखती हैं।

अख़्तर अंसारी के अनुसार "हाली न केवल अपने युग के अपितु उन्नीसवीं शताब्दी के उत्कृष्ट गद्य लेखक हैं। उनकी रचनाओं में शुद्धता, सुदृढ़ता, सन्तुलन, समानता, स्थिरता, प्रगति, पवित्रता एवं समतलता के साथ औचित्य का गुण भी है।"

ग्राहम बेल हाली की गद्य के विषय में लिखते हैं कि "हाली की लेखन प्रणाली एवं वर्णन प्रणाली बनावटी सुसज्जता एवं कृत्रिमता से पवित्र है, वह किसी रूप में फीका एवं असाधारण अवश्य है परन्तु बल एवं शुद्धता से सुसज्जित है।" हाली की गद्यीय गुणों की स्वीकृति डा. आबिद हुसैन इन शब्दों में करते हैं। "हाली का गद्य अपने रंग में उनके पद्य से कम नहीं, उसमें सुदृढ़ता एवं असाधारणता का वही भाव पाया जाता है। प्रत्यक्ष रूप से साधारणता एवं गतिशीलता में गद्य कभी पद्य का सामना नहीं कर सकता, विशेष रूप से वह गद्य, जिसमें ज्ञान संबंधी विषय वर्णित हैं, फिर भी उनकी शैली इतनी सुलझी हुई है कि कठिन से कठिन समस्याओं को पानी कर देते हैं।"

हाली के गद्य की विशेषता उनकी उदाहरणवादी वर्णन पद्धति है, वह अपने विचारों एवं दृष्टिकोण को बड़े तार्किक एवं उदाहरण बनाकर बड़े अच्छे रूप से

व्याख्यात्मक प्रस्तुति करते हैं, जिसको पढ़कर अध्ययनकर्ता उचित समय पर तर्क के कोमल विचारों से आनन्दित होता है।

आल अहमद सुरूर के यह शब्द हाली की गद्यीय विवेकता को प्रमाणित करते है कि "आज़ाद की कृत्रिमता, नज़ीर अहमद की वर्णन शक्ति एवं प्रबलता, सर सय्यद की साधारणता, शिवली की रंगीनी अपने-अपने स्थान पर बहुत अच्छी है, परन्तु आज गद्य की क्या प्रवृत्ति है...हाली की ही शैली जीवित एवं स्थायी थी, जिसे उर्दू के साहित्यकार अपना सकते थे और ऐसी ही शैली को अमर जीवन प्राप्त होता है।

गद्यीय क्षेत्र में हाली की चार महत्वपूर्ण रचनाएं (हयाते सादी, यादगारे ग़ालिब, हयाते जावेद एवं मुकद्मा शेरोशायरी) को उच्च स्थान प्राप्त है। प्रथम तीन पुस्तकें जीवनी लेखन से संबद्ध हैं। अंतिम पुस्तक में उर्दू कविता के नियम एवं सिद्धांत प्रस्तुत करते हुए उनपर आलोचनात्मक टिप्पणी की गई है। उनकी प्रत्येक रचना एक-दूसरे से बढ़कर है। ये रचनाएं हाली के गद्य लेखन का उत्तम गुण हैं, जिनकी लाभकारिता, महत्व, आवश्यकता एवं प्रभाव हर युग में स्थिर रहेगा।

मौलाना हाली निबन्ध लेखक के रूप में : मौलाना हाली ने विभिन्न विषयों पर स्थायी पुस्तकें लिखने के उपरान्त अपने प्रतिभाशाली विचारों पर आधारित निबन्धों एवं लेखों का अछूता भंडार छोड़ा है।

हाली के निबंधों एवं लेखों का प्रथम संकलन वहीदुद्दीन सलीम ने "मज़ामीने हाली के नाम से 1902 ई. में प्रकाशित किया। इसके पश्चात 1934 ई. में शैख़ इस्माईल पानीपती ने उनके बचे हुए निबंधों एवं लेखों को" मक़ालते हाली के नाम से दो भागों में प्रकाशित किया। प्रथम भाग साधारण निबंधों पर आधारित था। दूसरे भाग में विभिन्न पुस्तकों एवं पत्रिकाओं में प्रकाशित समीक्षाएं, विवेचनाएं एवं विभिन्न भाषण सम्मिलित थे। मौलवी अब्दुल हक़ देहलवी ने उनकी प्रस्तावना लिखी। इन प्रयत्नों के उपरांत डाक्टर अब्दुल क़य्यूम के अनुसार उनके बहुत से निबंध एवं समीक्षाएं जो विभिन्न पत्रिकाओं में प्रकाशित हो चुकी थीं, इन दो संकलनों में प्रकाशित न हो सके। हाली द्वारा लिखे गए निबंधों एवं लेखों का अध्ययन किए बिना उनके बहुआयामी व्यक्तित्व अथवा उनके दूरदर्शी नीतियों एवं विचारों का कुशलतापूर्वक समालोकन नहीं किया जा सकता।

हाली का एक तर्कपुष्ट एवं विचारपूर्ण निबंध "अद्दीनो युस्त्रुन" के नाम से 1878 ई. में तहज़ीबुल अख़्लाक़ में प्रकाशित हुआ था, जिसमें उन्होंने क़ुरान एवं हदीस के संदर्भ में धर्म एवं दीन को अपने मूल्यों के रूप से आसान, सरल अथवा

प्रत्येक व्यक्ति के लिए कृत्य योग्य बताया था। वह लिखते हैं कि "वास्तविक धर्म की श्रेष्ठता यह है कि उसमें कोई भी वस्तु मानव को विवश करने वाली न हो। मूल आधारभूतों में कोई असंभव बात न स्वीकार कराई जाए एवं न ही उपासना में ऐसा भार डाला जाए कि लाचार दासों में उसकी सहनशक्ति न हो...इसमें उपासना के रूप ऐसे अच्छे हों जिनमें परिश्रम कम एवं लाभ अधिक हो। इसके नियम ऐसे व्यपाक हों कि इसमें बहुत से पुण्य सम्मिलित हों। इसमें कोई ऐसी बाध्यता न हो जिसमें मानव को अपनी उचित स्वाधीनता से विरक्त होना पड़े। इसमें कोई बाधा ऐसी न हो कि मानव के उन्नति की राहें बंद हो जाएं।" उन्होंने क़ुरान को प्रमाण के रूप में प्रस्तुत किया है, कि "अल्लाह तुम्हारे प्रति आसानी एवं भलाई चाहता है कठिनाई नहीं।"

हाली धर्म गुरुओं के वर्ग से सम्बन्धित थे, इसके बावजूद उन्होंने धर्म गुरुओं को ही धर्म को कठिन से कठिन एवं कृत्य योग्य न रहने देने का उत्तरदायी बताया है। लिखते हैः "खेद है कि हमारे धर्म गुरुओं ने साधारण आदेशों में इतनी सूक्ष्मता से सोच विचार किया कि धर्मशास्त्र का विषय पूर्ण रूप से परिवर्तित हो गया है और जिस धर्म के संबंध में "अद्दीनो युस्त्रुन (आसान धर्म) कहा गया था वह "अद्दीना उसरून" कहे जाने योग्य हो गया...धर्म में जो आसानियां हैं वह ख़ुदा एवं उसके रसूल की ओर से हैं और जितनी कठिनाइयाँ हैं वह धर्म गुरुओं की ओर से हैं।"

इसी प्रकार व्यापार एवं जीवनाधार पर एक निबंध "तिजारत का असर अक़्ल एवं अख़्लाक पर" लिखकर व्यापार के गुण एवं अवगुण बताए हैं। इसमें उन्होंने सफल व्यापार एवं जीवनाधार के लिए चरित्र एवं सत्यनिश्चयी बुद्धि को अनिवार्य बताते हुए लिखा है कि "व्यापार में सदैव वही लोग सफल हुए हैं अथवा होते हैं जिनके चरित्र अच्छे एवं जिनमें सत्यनिश्चयी बुद्धि होती है।" यह निबंध हाली की व्यापारिक एवं आर्थिक दृष्टिकोण का सच्चा प्रमाण एवं अर्थशास्त्र पर उनके सूक्ष्म रागीक्षण का सूचक है।

हाली का एक महत्वपूर्ण निबंध "ज़माना" है जिसमें उन्होंने समय का मूल्य जानने का आभास कराया है। वातावरण की दिशा पहचानने की ओर ध्यान दिलाया है। ऐतिहासिक उदाहरणों एवं पूर्वजों के बुद्धिमत्तीय निर्णयों के प्रकाश में उसको जानने का मार्ग दिखाया है। उन्होंने लिखा है कि "सांसारिक कल्याण या धार्मिक सफलता समय की मांग से अनुकूलता के बिना प्राप्त नहीं हो सकती।" हदीसों के उदाहरण से बताया कि बुद्धिमत्ता एवं बुद्धिमानी मोमिन की खोई हुई पूंजी है जिसकी प्राप्ति का सदैव प्रयत्न करना चाहिए।

हाली ने अपने लेखों एवं निबंधों में एक शताब्दी पूर्व उनकी समस्याओं पर पूर्ण रूप से बात की है जिनसे न केवल उस युग के लोग जूझ रहे थे, अपितु मानवता को आज भी वह तमाम समस्याएं घेरे हुए हैं।

हाली साहित्यकार के रूप में : हाली एक उच्च श्रेणी के साहित्यकार भी थे। उन का निबन्ध "मुनाजात व दरगाहे काज़िउल हाजात" उनकी साहित्यिक योग्यताओं का दर्पण है। हाली के इस लेख में जो सानुप्रास गद्य है वह बड़ा मनमोहक है, नीचे उसकी कुछ पंक्तियाँ उदाहरण के रूप में प्रस्तुत की जा रही हैं:

"हे ईश्वर तेरी कृपा अपरंपार, तेरा उपकार असीमित, तेरी दानशीलता सर्वव्याप्त, तू मुक्त हस्त, तेरा संसार स्थायी, तेरे भण्डार असंख्य तेरी सम्पत्तियाँ बेशुमार, तुझसे क्या क्या मांगे और कहाँ तक मांगे, तुझसे दोनों जहान की सम्पत्तियाँ, संतुष्ट होना ऐसा है जैसे समुद्र से प्यासा लौटना, तुझसे संसार एवं परलोक मांगना ऐसा है जैसे मुफ्त के भोजन की थाली से भूखा लौटना, वह तेरा भिक्षुक नहीं जो सातों संसार के शासन पर लात न मारे, तेरा भूखा नहीं जो स्वर्ग की वस्तुओं के लिए हाथ न पसारे, जिसने तुझसे तेरे अतिरिक्त इच्छा की उसने इच्छा करनी न जानी, जिसने तेरे होते आकाश एवं आकाश की अन्य वस्तुओं पर धूल न डाली उसने तुझे न पहचाना।"

हाली का एक निबंध "जुबाने गोया" के शीर्षक से है, वह साहित्यकारिता का ऐसा लोकप्रिय उदाहरण है कि डा. ख़लीक़ अन्जुम के अनुसार "उसको बार-बार पढ़ने से मन नहीं भरता।" इस निबंध में उन्होंने बोलने की शक्ति के गुण का महत्व बताते हुए बातचीत की कोमलता एवं मधुरता को सफलता एवं उन्नति का प्रमाण बताया है। कठोर एवं कर्कश स्वर को ईर्ष्या एवं शत्रुता का कारण बताया है। वह लिखते हैं :

"ऐ मेरी भिन्न-भिन्न प्रकार से गाने वाली बुलबुल, ऐ मेरी अभिवक्ता, ऐ मेरी जीभ, सत्य सत्य बता तू किस वृक्ष की डाली एवं किस वाटिका का पौधा है, तेरे प्रत्येक फूल का रंग भिन्न और तेरे प्रत्येक फल में नया स्वाद है, कभी तू एक विचित्र जादूगर है जिसके जादू की न काट है न उसका उतार, कभी तू एक जान लेवा सर्प है जिसके विष का न इलाज है न काटे का मन्त्र, तू वही जीभ है कि बाल्यावस्था मे कभी अपने अधूरे बोलों से प्रियजनों का जी लुभाती और कभी अपनी चपलता से माता-पिता का हृदय दुखाती, तू वही जीभ है कि युवा अवस्था में अपनी कोमलता से हृदयों को ग्रस्त करती और कभी अपने कठोरपन से सीनों को जलाती है।"

"ऐ मेरी बनी बात को बिगाड़ने वाली और मेरे बिगड़े कार्यों को सुधारने वाली, रोते को हंसाना, हंसते को रूलाना, रूठे को मनाना, बिगड़े को बनाना नहीं मालूम

तूने कहां से सीखा और किससे सीखा, कहीं तेरी बोलियाँ विष की गाँठें हैं और कहीं तेरे बोल शरबत के घूंट। कहीं तू मधु है और कहीं इंद्रायन, कहीं विष है और कहीं विषहर। ईश्वर यदि हमको बात करने की आज्ञा दे तो बात करने वाली मीठी जीभ दे, यदि हृदय पर तुझको नियंत्रण है तो जीभ पर हमको नियंत्रण दे, जब तक संसार में रहें सत्य प्रेमी कहलाएं और जब तेरे दरबार में आएं तो सच्चे बन कर आए।"

यह एक संक्षिप्त निबन्ध है परन्तु साहित्यिक रूप से निबन्ध लेखन के सिद्धांतों पर पूरा उतरता है। इसमें हाली ने अपने गद्य लेखन के सम्पूर्ण भावनात्मक गुणों को सम्मिलित कर दिया है।

हाली के लेखन का एक और क्षेत्र पत्र लेखन भी है। आधुनिक युग में हाली की महत्वता को समझने और उनके विचारों एवं दृष्टिकोण को जीवित रखने के लिए उनके बौद्धिक एवं शैक्षिक कार्यों के उपरान्त उनके पत्रों का अध्ययन भी अनिवार्य है, जिससे उनके व्यक्तित्व, आचरण, चरित्र, स्वभाव, एवं विचारधाराओं की दिशाएं दर्शित होती हैं, मानवता के कल्याण एवं संसाधन एवं उनके उज्ज्वल भविष्य के लिए उनके दूरदर्शी व्यक्तित्व का पता चलता है। यह पत्र उनकी आत्मा के मुख्य पत्र भी हैं।

डा. अब्दुल्लाह के अनुसार "हाली के पत्रों में विनोदप्रियता एवं उद्देश्यपरक लेखन का आनन्ददायक मिश्रण उपलब्ध है। इनमें व्यक्तिगत इच्छा एवं वर्णन कम है, पत्र प्रापक का ध्यान अधिक रखा गया है।"

1925 ई. में हाली के पत्रों का एक संकलन उनके पुत्र ने "मकतुबाते हाली" के नाम से प्रकाशित किया था। शैख इस्माइल पानीपती ने 1950 ई. में इसे लाहौर से भी प्रकाशित किया। इसके उपरान्त हाली के बहुत से पत्रों में जो विभिन्न पत्रिकाओं के पृष्ठों पर बिखरे पड़े हैं और अभी तक प्रकाशित नहीं हुए हैं, हाली के बिखरे पत्रों एवं निबन्धों को एकत्र करके एक या दो भागों में प्रकाशित किया जाए तो यह हाली के लिये एक उत्तम श्रद्धांजली होगी।

मौलाना हाली : प्राचीन व आधुनिक दृष्टिकोण का संगम

मौलाना हाली का व्यक्तित्व प्राचीन एवं नवीन दृष्टिकोण का अच्छा संगम था। एक ओर हाली अपने प्राथमिक वातावरण के अधीन प्राचीन मूल्यों से ज़ुड़े हुए थे, तो दूसरी ओर उनका संबंध नवीन विचारधारा एवं दृष्टिकोण से भी सुदृढ़ था।

हाली इस्लाम की यथार्थता, सदव्यवहार एवं उसकी आत्मिकता का हृदय से पुजारी थे। यह उसी चरित्रता का उपकार था कि उन्होंने अपने गुरु मिर्ज़ा ग़ालिब

को नमाज़ की सलाह दी, जिसके कारण एक लम्बे समय तक ग़ालिब उनसे अप्रसन्न भी रहे। अन्ततः हाली ने आग्रह एवं अनुरोध करके उनकी मलिनता दूर की।

दूसरी ओर हाली ने पंजाब समिति के अधीन मुहम्मद हुसैन आज़ाद के साथ मिलकर विषयिक कविताओं एवं कवि सम्मेलनों को आरंभ किया। यह वह प्रारंभिक आन्दोलन था जहाँ से विषयिक एवं व्याख्यात्मक कविताओं की नींव पड़ी। इस प्रकार प्राचीन सांस्कृतिक एवं सभ्यिक मूल्यों के सम्मान के साथ नवीनता के मिश्रण का एक स्वर्णिम अध्याय खुला। इस प्रकार प्राचीन एवं नवीन जीवन-यापन के ढंग को एक दूसरे में मिश्रित करने का श्रेय भी हाली को जाता है जो निःसंदेह हाली की एक बड़ी उपलब्धि है।

जहाँ एक ओर उनकी प्राचीन प्रियता, प्राचीन मूल्यों एव सभ्यताओं को अपनाने पर उभरती है, वहीं उनकी आधुनिकता का संदेश नवीन शिक्षा को फैलाने एवं घर-घर पहुँचाने की इच्छुक है। एक ओर मुसलमानों में शिक्षा के अभाव से दुखी थी, तो दूसरी ओर समाज के बिगाड़ एवं प्राचीन रीतियों से निराश एवं दुखी भी थे। वह देश एवं राष्ट्र को युगों के बदलाव से प्रेरित करके एक स्वच्छ समाज का निर्माण करना चाहते थे। हाली निष्कपटता एवं पवित्र मन से नवीनता एवं सुधार के इच्छुक थे। निसार अहमद फ़ारूकी लिखते हैं "हाली की नवीनता एवं सुधार में स्वच्छ मन तो है कट्टर पन्थी नहीं, वह सुधार को भी सन्तुलन के साथ प्रचलित करने के हित में थे।" हाली लिखते हैं :

धोने कि है ऐ रीफ़ार्मरगर जा बाक़ी
कपड़े पे है जब तलक कि धब्बा बाक़ी
धो शौक से धब्बे को प इतना न रगड़
धब्बा रहे कपड़े पे न कपड़ा बाक़ी

मौलाना हाली को इस बात का आभास था कि प्राचीन आर्थिक व्यवस्था, आर्थिक वर्ग एवं सामाजिक संबंध बदल रहे हैं, अर्थात नवीन व्यवसाय एवं कारीगरी, व्यापार एवं अर्थव्यवस्था, व्यवस्था एवं प्रबन्ध, शासन एवं नई सामाजिक जीवन की उत्पत्ति हो रही है। इसलिए उन्होंने एक बुद्धिमान समाज सुधारक के रूप में वातावरण का अध्ययन किया। वातावरण की दिशा को पहचान कर उसी प्रकार नवीन डगर पर चलने का आग्रह किया। उनका कथन है कि :

जमाने का है रात दिन ये इशारा
कि है आशतीं में मेरी याँ गुज़ारा

नहीं पैरवी जिनको मेरी गवारा
मुझे उनसे करना पड़ेगा किनारा
सदा एक रुख़ ही नहीं नाव चलती
चलो तुम उधर को हवा हो जिधर की

मौलाना हाली प्राचीन संस्कृति एवं सभ्यता की पुनर्स्थापना के साथ नवीन संकल्प एवं साहस, नवीन सांस्कृतिक मूल्यों, वैज्ञानिक दृष्टिकोण एवं नवीन विचारधाराओं से भी अवगत थे। प्राचीन युग के अन्त एवं आधुनिक युग के आरंभ से भली भांति परिचित थे। इस हिंसात्मक युग में उनकी विचारधारा उभरती हुई शक्तियों के साथ समान रूप से संघर्षरत थी।

मुसलमान प्राचीन व्यवस्था को ही सफलता एवं सुधार का द्वार समझते थे। धार्मिक एवं राजनैतिक पक्षपात के कारण वह निष्पक्ष रूप से विचार के लिए तैयार नहीं थे। हाली ने इस विचारधारा को नकारते हुए मुसलमानों को बताया कि अंग्रेज़ी व्यवस्था में दोष तो है, परन्तु इसमें इतनी स्वाधीनता अवश्य है कि हम बिना किसी बाधा के राष्ट्रीय कल्याण एवं संशोधन के कार्य कर सकते हैं।

हाली राष्ट्रीय एकता के ध्वज वाहक : हाली के महान व्यक्तित्व का एक उत्तम रूप राष्ट्रीय एकता एवं अखण्डता भी है। वह हिन्दू मुस्लिम एकता के कटिबद्ध धर्माचार एवं प्रचारक थे। इस प्रकार के प्रत्येक प्रयत्न की प्रशंसा करते थे जिसका उद्‌देश्य विभिन्न वर्गों एवं जातियों में एकता स्थापित करनी हो अथवा विभिन्न समुदायों के मतभेदों का निवारण हो। हाली की दृष्टि में यह उद्‌देश्य इतना प्रिय एवं महान था कि उसे सरल न समझने के उपरान्त भी उसकी पूर्णता के बड़े अभिलाषी थे। प्यारे लाल शाकिर को लिखे एक पत्र में वह लिखते हैः

"मैं आप से सत्य कहता हूँ कि कदाचित् ही मुझसे अधिक कोई इस बात का अभिलाषी होगा कि भारत के हिन्दू, मुसलमान एवं मसीही सब एक-दूसरे के ऐसे मित्र हों, जैसे एक सगा भाई दूसरे सगे भाई का मित्र होता है। किन्तु मेरे विचार में ऐसा वातावरण एक शताब्दी से भारत में उत्पन्न नहीं हो सका किन्तु क्या हमको "वाद अज़ सरमन कुन फयकून शुद शुदा बाशद।"

प्रत्येक राष्ट्र एवं जाति के लोगों से प्रेम एवं सद्‌भावना से मिलना उनके व्यक्तित्व का एक महत्वपूर्ण अंग था। अपने हिन्दू मित्रों से उसी निष्कपटता, प्रेम एवं सगे संबंधी की भांति मिलते थे जैसे अपने मुसलमान मित्रों एवं साथियों से मिलते थे। अपने पुत्र को लाला बनारसी दास की अनुशंसा करते हुए लिखते हैं कि

"तुम इनसे प्रिय देशवासी के रूप में मिलो।" काव्यायिक शैली में इस का वर्णन इस प्रकार करते हैं :

तुम अगर चाहते हो मुल्क की ख़ैर
न किसी हमवतन को समझो ग़ैर
सब को मीठी निगाह से देखो
समझो आंखों की पुतलियाँ सबको

हाली हिन्दू मुस्लिम एकता के बड़े इच्छुक थे। वह घृणा फैलाने वालों को देश एवं राष्ट्र का शत्रु समझते थे। अपने एक निबंध में लिखते हैं "जो लोग हिन्दुओं एवं मुसलमानों में भेद, अन्तर एवं फूट डालने वाली पुस्तकें लिखते हैं, वह भारत के महान शत्रु हैं चाहे वह हिन्दू हों या मुसलमान, ब्राह्मण हों या आर्य।" निष्कपटता को मानवता का शत्रु बताते हुए लिखते हैं :

ताअस्सुब की है दुशमने नौऐ इन्सां
भरे घर किये सैकड़ों जिसने वीराँ
हुयी बज़्में नमरूद जिससे परीशां
किया जिस ने फ़िरऔन को नज़्रे तूफ़ाँ

हिन्दू मुस्लिम मतभेदों की तरह विभिन्न इस्लामी वर्गों, जातियों एवं गुटों के झगड़ों से भी वह अत्यन्त दुखी एवं अप्रसन्न रहते थे। उन्हें इस बात का आभास था कि मुसलमान वर्गों की एकता हिंदुओं एवं मुसलमानों की एकता से कम कठिन नहीं है। हाली ने व्यक्ति एवं राष्ट्र में एकता एवं अखण्डता को एक-दूसरे का समवाय बताया है। उनके विचारों में यदि किसी राष्ट्र में एकता नहीं तो इसके विनाश को निश्चित समझते हुये लिखते हैं :

फूट हो जिस क़ौम में वह क़ौम क्या
हक़ में है उस क़ौम को बेहतर फ़ना

हाली ने देश प्रेम को राष्ट्रीय एकता के दृष्टिकोण से देखा। एक दूसरे को सहायता की अपील की। मतभेद एवं कटुता, आपसी घृणा अथवा शत्रुता को समाप्त कर शान्ति व अहिंसा एवं भाईचारा के संदेश को फैलाने का उपदेश दिया और एक दूसरे के साथ मिल जुल कर रहने का संदेश इस प्रकार दिया :

बैठे बेफ़िक्र क्या हो हम वतनों
उठो और अहले वतन के दोस्त बनो

जब कोई ज़िन्दगी का लुत्फ़ उठाओ
दिल को दुख भाइयों के याद दिलाओ
एक डाली के हैं सब वर्गों समर
है कोई इनमें ख़ुश्क कोई तर

हाली की देश प्रेम एवं राष्ट्रीय एकता की भावना ही थी जिसके आधार पर उन्होंने "हुब्ब वतन" जैसी कविता लिखी। हाली ने न कभी साम्प्रदायिकता का पक्ष लिया और न ही कभी उसे अच्छा समझा। उनका मार्ग ये था कि :

हिन्दू से लड़े न गबर से बैर करें
शर से बचें और शर के एवज़ ख़ैर करें
जो कहते हैं कि जहन्नुम है दुनिया
वह आयें और इस बहिश्त की सैर करें

महिला अधिकार के ध्वजवाहक : हाली

उन्नीसवीं शताब्दी के मध्य में मानव संसार के बुद्धजीवियों में महिला संरक्षण, अधिकार, शिक्षा एवं स्वाधीनता का विचार जागा, जिसकी किरणें भारतीय उपमहाद्वीप पर भी पड़ीं, फलस्वरूप बरहमो समाज एवं आर्य समाज जैसे आन्दोलन चले। भारतीय मुसलमानों में भी धीरे-धीरे "नवीनता का आन्दोलन" आरम्भ हुआ। जिसके प्रथम प्रतिनिधि सर सय्यद अहमद खान थे। आरम्भ में उसे केवल पुरुषों तक सीमित रखा गया। धीरे-धीरे सर सय्यद आन्दोलन से संबंधिक कई लोगों को महिला शिक्षा की आवश्यकता का अनुभव हुआ। जिनमें डिपटी नज़ीर अहमद, शिब्ली नोमानी, ज़काउल्लाह, अब्दुल हलीम शरर एवं अल्ताफ हुसैन हाली के नाम महत्वपूर्ण हैं। वास्तविक रूप से उनमें ख़्वाजा अलताफ हुसैन हाली को उनमें प्रधानता प्राप्त है। उन्होंने अपनी कविताओं, गद्यों, लेखों एवं भाषणों में महिलाओं के अधिकार के संरक्षण का संदेश दिया।

हाली ने महिलाओं की शिक्षा एवं प्रशिक्षण के लिए "मजालिसुन्निसा" के शीर्षक से एक उपदेशीय पुस्तक लिखी। महिलाओं की शिक्षा का पक्ष लेते हुए लिखते हैं कि "सम्पूर्ण राष्ट्र से मेरा अनुरोध है कि बालिकाओं की शिक्षा का प्रयत्न करें तथा ईश्वर ने जो उत्तम गुण उन्हें प्रदान किया है उसे मिट्टी में न मिलाएं।" महिला शिक्षा को समाज की उन्नति का मूल आधार बताते हुए अपने एक निबंध में लिखते हैं कि "समाज उस समय तक उन्नति नहीं कर सकता, जब तक कि हमारी महिलाएं शिक्षित न हो जाएं।" उनके विचारों से "समाज से अनुचित रीतियों एवं पापों का

अंत महिलाओं की शिक्षण एवं प्रशिक्षण के बिना असंभव है।"

महिलाओं की शिक्षण एवं प्रशिक्षण के संबंध में हाली के विचार सर सय्यद अहमद खाँ से भी अधिक प्रगतिशील थे। सर सय्यद महिलाओं की शिक्षा के विरोधी नहीं थे, परन्तु वह पहले पुरुषों को शिक्षित बनाना चाहते थे। जबकि हाली प्रारंभ से ही महिला शिक्षा के पक्षपाती थे। जिस युग में महिलाओं को शिक्षा दिलाना पाप एवं दोष समझा जाता था, हाली ने उनकी शिक्षा तथा उनके संरक्षण की आवाज़ उठाई। 1894 ई. में उसका कृतिक उदाहरण प्रस्तुत करते हुए पानीपत में अपने घर से लगा हुआ बालिकाओं का एक स्कूल खोला, जिसमें दिल्ली की एक अध्यापिका शिक्षा देती थी।

नारी समस्याओं एवं कठिनाइयों का अनुभव जिस प्रकार हाली को था, उस युग के किसी बुद्धिजीवी, सुधारक एवं कवि को नहीं था। हाली ने उनकी समस्याओं एवं अधिकारों की बात करते हुए, "मुनाजाते बेवा" अथवा "चुप की दाद" जैसी प्रभावी कविताएं लिखीं। "चुप के दाद" में उस जागीरदारी युग की नारी की दशा तथा उनकी समस्याओं की सच्ची व्याख्या की है। उन पर शताब्दियों से हो रहे अत्याचारों एवं निर्दयता का बखान करते हुए कहते हैं :

अफ़सोस दुनिया में हुए तुम पर बहुत जोरो जफ़ा
हक़ तलफ़ियां तुम ने सहीं बेमुहरियाँ झेलीं सदा
गुज़र थे युग तुम पर कि हमदर्दी न थी तुम से कहीं
था मुन्हरिफ़ तुम से फ़लक बरगशता थी तुम से ज़मीं

हाली ने पुरुषों द्वारा महिलाओं को तालीम से वंचित रखे जाने की आलोचना करते हुए लिखा है कि :

दुनियां के दाना और हकीम इस ख़ौफ़ से लरज़ाँ थे सब
तुम पर मुबादा इल्म की पड़ जाए परछाईं कहीं
ऐसा न हो मर्द और औरत में रहे बाक़ी न फ़रक़
तालीम पा कर आदमी बनना तुम्हें ज़ेबा नहीं
जो इल्म मर्दों के लिए समझा गया आबेहयात
ठहरा तुम्हारे हक़ में वह ज़ेहरे हलाहिल सर बसर
आया है वक्त इन्साफ़ का नज़दीक है यौमुल-हिसाब
दुनियां को देना होगा इन हक़ तलफियों का वां जवाब

"मुनाजाते बेवा" में हाली ने विधवाओं की बढ़ती हुई संख्या पर दुख व्यक्त करते

हुए उनसे दुर्व्यवहार एवं उन पर अत्याचार के विरुद्ध रोष प्रकट किया है। विधवाओं की भावनाओं, उनके विचारों एवं दुर्भाग्यों का सच्चा वर्णन किया है। इस प्रकार हाली महिला अधिकारों के ध्वजवाहकों की पंक्ति में श्रेष्ठ दिखाई देते हैं।

हाली राजनैतिक एवं सामाजिक विचारक के रूप में : हाली ने बड़ी सूक्ष्मता एवं बुद्धिमत्ता से अपने युग की परिवर्तित होती हुई राजनैतिक एवं सामाजिक दशाओं का अवलोकन किया। उनके परिच्छेदित अध्ययन ने उन्हें इस बात का दृढ़ विश्वास कराया, कि देश एवं राष्ट्र की सोच व स्वभाव में व्यापक रूप से परिवर्तन लाए बिना उसकी उन्नति एवं नित्यता असंभव है। नवीन राजनैतिक व्यवस्था की विशेषताओं को स्वीकारे बिना समाज को उन्नति के मार्ग पर नहीं लाया जा सकता। उन्होंने प्राचीन मूल्यों एवं रिवाजों के दोषों का वर्णन किया। युग की दिशा को पहचान कर राष्ट्र को नई राजनैतिक समझ प्रदान की। सामाजिक जीवन के सुधार का मार्ग दर्शन कराया। उन्होंने अपनी कविता में राजनैतिक, सामाजिक, आर्थिक, शैक्षिक दशाओं का विचारपूर्ण परिच्छेद करते हुए मानवता के कल्याण एवं संशोधन का मार्गदर्शन कराया।

एकता एवं अखण्डता, देशप्रेम अथवा राष्ट्रीयता हाली के राजनैतिक विचारधारा के मूल तत्व थे। जो उनके लेखों में विभिन्न स्थानों पर दिखाई देते हैं। "निशाते उम्मीद", "हुब्बेवतन" एवं "मुनाज़रए रहमो इन्साफ" को इस संदर्भ में प्रस्तुत किया जा सकता है। एकता एवं अखण्डता की अनिवार्यता इस प्रकार वर्णित करते हैं :

मुलक हैं इत्तेफ़ाक़ से आबाद
शहर हैं इत्तेफ़ाक़ से आबाद
हिन्द में इत्तेफ़ाक़ होता अगर
खाते ग़ैरों की ठोकरें क्यों कर
क़ौम जब इत्तेफ़ाक़ खो बैठी
अगनी पूंजी से हाथ धो बैठी

हाली को वे कविताएं जो उन्होंने लाहौर में निवास के समय लिखीं, उनके आरंभिक राजनैतिक एवं सामाजिक विचारों को प्रकट करती हैं। मोईन अहसन जज़बी के अनुसार "भारत की अधयता एवं अनुभूमि का अभाव, राष्ट्रीयता का अनुध्यान, पश्चिम की बुद्धिमत्ता, लोकतंत्र, व्यक्तिगत स्वतंत्रता, दासता का अंत, यह सब बातें उनकी समझ में आने लगी थी।" अचंभे की बात यह है कि जिस युग में भारतवासियों, विशेष रूप से मुसलमानों में वैज्ञानिक बोध का अभाव था और

वह पश्चिमी कला एवं विज्ञान से अपरिचित थे, हाली ने उस युग के यथार्थता को समझा। उन्होंने भविष्य को अच्छा बनाने के लिए भूत के प्रकाश में वर्तमान का संतुलित परिच्छेद किया।

हाली के लेखों का अध्ययन करने वाला उनके मनमोहक व्यक्तित्व में सुधारवादी अनुभव के साथ राजनैतिक एवं सामाजिक विचारधारा का विचित्र मिश्रण देख कर अचंभित हो जाता है। हाली आरंभ में प्राचीन विचारधारा एवं मूल आधारों के पुजारी अथवा शुद्ध धार्मिक विचारों के ध्वजवाहक थे, परन्तु 1857 ई. की हिंसा एवं कठिनाइयों ने हाली के राजनैतिक एवं सामाजिक विचारधाराओं की दिशा परिवर्तित कर दी। वह अंग्रेजी संस्कृति एवं सभ्यता से भारतीयों की घृणा से भी पूर्ण रूप से परिचित थे। परन्तु इसके उपरान्त हाली ने बड़ी पैनी दृष्टि से वातावरण का अध्ययन किया। उनके भावुक एवं यथार्थता प्रिय स्वभाव ने अनुभव कर लिया कि अंग्रेजों के अधिकार के पश्चात् नवीन शासनिक सिद्धांत अवश्य लागू होकर रहेगा। जिसकी अवहेलना करना राजनैतिक, सामाजिक एवं आर्थिक प्रत्येक रूप से विनाशकारी होगा।

हाली ने परिवर्तित दशाओं एवं घटनाओं के प्रकाश में वर्तमान का सफल परिच्छेद किया। उज्जवल भविष्य के लिये कृत्यिक पथ सुनिश्चित किया। अंग्रेजी ज्ञान एवं कला की शिक्षा ग्रहण करके उन्नति का मार्ग प्रशस्त करने की प्रेरणा दी। उन्होंने शिल्प एवं उद्यम, कला एवं व्यापार को जीवन संबंधी वस्तुएं कमाने की सर्वोत्तम विधि बताया। हाली ने राजनैतिक एवं सामाजिक सुधार की यह विचारधारा उस समय प्रस्तुत की जब उन के समकालीन बुद्धिजीवी इससे अपरिचित थे। परिवर्तित दशाओं को इन शब्दों में प्रस्तुत करते हैं :

ली है करवट एक मुद्दत से ज़माने ने बदल
रास था अगलों को जो मौसम गयाकब का निकल
जो तमद्दुन की इमारत थे गये असलाफ छोड़
आ गया अब उन की बुनियादों में सर ता सर ख़लल
काम के हैं अब न दुनियां में हुनर उन के न फ़न
और बकारे आमद ज़माने में है कस उन का न बल
है नई रसमें नये आईन नई है चाल ढ़ाल
और नए इल्मों हुनर का है जिधर देखो अमल

हाली ज्ञान एवं कला को सफलता एवं उन्नति का आधार समझते हुए कहते हैं :

क़ौम की इज्ज़त अब हुनर से है

इल्म से या कि सीमोज़र से है
कोई दिन में वे दौर आयेगा
बे हुनर भीख तक न पायेगा

मोईन अहसन जज़्बी लिखते हैं कि उनके विचारों में धार्मिक भिन्नता से राष्ट्रीयता नहीं परिवर्तित होती है। भारतीय होने के नाते सब समान हैं :

हो मुसलमान इस में या हिन्दू
बौद्ध मज़हब हो या कि हो बरहमू
जाफ़री हो वे या कि हो हनफ़ी
जैन मत हो या कि हो वैशनवी
सब को मीठी निगाह से देखो
समझो आंखों की पुतलियां सब को

हाली ने विस्तृत मानवजात एवं मित्रता की विचारधारा प्रस्तुत की हैं :

बैठे बेफिक्र क्या हो हमवतनों
उठो और अहले वतन के दोस्त बनो
मर्द हो तो किसी के काम आओ
वरना खाओ, पियो चले जाओ
मुक्बिलो मुदबिरों को याद करो
ख़ुश दिलो ग़म ज़दों को शाद करो

हाली ने राष्ट्र को प्राचीन पुण्य को हृदय से लगाए रखने अथवा नवीन लाभदायक को अपनाने का उपदेश दिया। उसकी अनिवार्यता एवं लाभकारिता का अनुभव कराया। प्राचीन श्रेष्ठता एवं खोए हुए प्रताप की प्राप्ति के लिए शिल्प उद्यम तथा व्यापार को अनिवार्य बताया। कठिन परिश्रम, निरंतर प्रयत्न तथा लगातार पराक्रम को सफलता एवं कल्याण की कुंजी बताया। राष्ट्र के बालक एवं बालिकाओं को शिक्षा की प्रेरणा दिलाई। आधुनिक ज्ञान एवं कला, अंग्रेजी शिक्षा एवं विज्ञान एवं शिल्प कला की प्राप्ति पर बल दिया। समाज सुधार के साथ शिक्षा एवं महिला प्रशिक्षण जैसा जीवन निवारक स्वर उठाया।

हाली की एक प्रार्थना अथवा ईशप्रार्थना "अर्ज़े हाल" के नाम से ज्ञान एवं साहित्य के संसार में अत्यधिक लोकप्रिय है। इस विस्तृत कविता में हाली ने ईश्वर के अंतिम दूत मोहम्मद सं. के दरबार में धर्म समुदाय के पिछड़ेपन का परिवाद किया है और उनसे अपने धर्म समुदाय के लिए प्रार्थना की विनती की है। इस कविता

की प्रत्येक पंक्ति से धर्म समुदाय के लिये निष्कपटता, सहानुभूति, दया एवं करुणा का भाव प्रकट होता है :

अय ख़ाएस ख़ासाने रूसुल वक़्ते दुआ है
मिल्लत पे तेरी आ के अजब वक़्त पड़ा है
जो दीन बड़ी शान से निकला था वतन से
परदेस में वह आज ग़रीबुल-गुरबा है

जो दीन कि था शिर्क से आलम का निगेहबान
अब उस का निगहबान अगर है तो ख़ुदा है
जो तफ़रक़े अक़वाम के आया था मिटाने
उस दीन में ख़ुद तफरक़ा अब आ के पड़ा है
जिस दीन ने गैरों के थे दिल आ के मिलाए
उस दीन में ख़ुद भाई से अब भाई जुदा है
आलिम है सो बे अक़्ल है जाहिल है सा वहशी
मुनूइम है सो मग़रूर है मुफ़लिस सो गदा है
छोटों में इताअत है न शफ़क़त है बड़ों में
प्यारों में महब्बत है न यारों में वफ़ा है
दौलत है न इज़्ज़त न फ़ज़ीलत ने हुनर है
इक दीन है बाक़ी सो वह बे बर्गों नवा है
जिस क़ौम में और दीन में न हो इल्म की दौलत
उस क़ौम की और दीन की पानी पे बिना है।

कवि ने बड़े दुख से कहा है कि मुस्लिम समुदाय की मान-मर्यादा अपमान में, श्रेष्ठता नीचता में, साहस भीरूता में, धनाड्यता निर्धनता एवं दरिद्रता में, गौरव एवं वैभव तिरस्कार में, प्रभुत्वता पराधीनता में, एकता एवं अखण्डता मतभेद एवं भिन्नता में, बंधुत्व एवं प्रेम वैर एवं शत्रुता में, मेल मिलाप एवं शान्ति लड़ाई झगड़ा एवं अशांति में, ज्ञान एवं बुद्धिमत्ता अज्ञानता एवं अधर्मता में, अर्थात् प्रत्येक गुण अवगुण में परिवर्तित हो चुके हैं।

अतः हाली ने मानवता के कल्याण एवं समृद्धि और देश के निर्माण एवं उन्नति के लिए राजनैतिक, सामाजिक, आर्थिक, शैक्षिक एवं धार्मिक दृष्टिकोण का अति उत्तम एवं संगठित कार्यक्रम प्रस्तुत किया। सोतों को जगाया और जागतों को कार्यरत किया। हमारी विचार एवं कृत्य की शक्ति को उभारा। जीवन शैली एवं शिष्टाचार,

सामाजिक मूल्यों, संस्कृति एवं सभ्यता और चरित्र एवं स्वभाव सबमें उनकी विचारधारा की झलक मिलती है। उनकी कविताओं, ग़ज़लों, क़सीदों, रुबाइयों, क़तआत, मसनवीयों एवं निबंधों में उनकी सुधारवादी भावना पूर्ण शक्ति के साथ उपलब्ध है। उन्होंने बीते हुए कल के उत्तम मूल्यों के साथ अपने युग की नवीन दशा तथा मूल्यों का अवलोकन किया, आधुनिक उन्नतियों से लाभान्वित करने की उज्जवल राह दिखायी। हाली यद्यपि आज हमारे बीच नहीं हैं, परन्तु उनके उत्तम एवं श्रेष्ठ कार्य आज भी जीवित एवं नित्य हैं। उनके दूरदर्शी विचारों की महत्ता एवं लाभकारिता कल भी थी, आज भी है एवं कल भी रहेगी।

जगा कर ख़ाकियों को गुम्बदे अफ़लाक के नीच
वह हाली सो गया अपनी वतन की ख़ाक के नीचे।

हाली की जीवनी

खलीफ़ अंजुम

मौलाना अलताफ़ हुसैन हाली उर्दू के एक बहुआयामी साहित्यिक व्यक्तित्व का नाम है। उन्हें यदि उर्दू समालोचना का बाबा आदम कहा जाए तो अनुचित नहीं होगा। उन्होंने उर्दू साहित्य में जीवनी लेखन का आरम्भ ही नहीं किया अपितु आज तक वह उर्दू के अत्यंत महत्वपूर्ण जीवनी लेखकों में गिने जाते हैं। उर्दू में जिन कवियों को आधुनिक कविता का संस्थापक कहा जाता है, उनमें से एक प्रमुख एवं प्रतिष्ठित नाम हाली का भी है। वह फ़ारसी साहित्य के ज्ञानी थे और अरबी भाषा से अच्छी तरह परिचित थे। उर्दू भाषा की नैया के खेवनहार थे। उन्होंने सुधारवादी स्वभाव पाया था। इसलिए यदि सर सय्यद आन्दोलन ने उन्हें अपना लिया तो इस में कोई अचम्भे की बात नहीं। साहित्यिक संसार को हाली का सबसे बड़ा योगदान यह है कि उन्होंने श्रेष्ठतम ग़ज़ल लेखक के पद को त्याग कर "मद्दोजज़्रे इस्लाम", "मुनाजाते बेवा" एवं "चुप की दाद" जैसी कविताएं लिखकर समाज सुधार के नीरस क्षेत्र में कदम रखा। हाली उर्दू साहित्य के जिस युग में पैदा हुए, वह जागृति का युग था और हाली उस युग के एक जागरुक साहित्यकार थे।

यदि उनका जन्म किसी पश्चिम देश में हुआ होता तो उनके व्यक्तित्व एवं साहित्यिक सेवाओं पर निःसंदेह सैकड़ों पुस्तकें लिखी जा चुकी होतीं। दुर्भाग्यवश हाली जैसे महान कवि, समालोचक एवं जीवनी लेखक पर केवल इतनी पुस्तकें लिखी गई हैं कि सम्पूर्ण एक अलमारी के अधिक से अधिक दो ख़ानों को घेरेंगी। हाली के समालोचना पर तो दो चार पुस्तकें एवं अधिक संख्या में अच्छे निबंध प्रकाशित हुए हैं, परन्तु उन पर अन्वेषात्मक कार्य बहुत कम हुआ है, फलस्वरूप हाली के जीवन के केवल न्यूनतम भाग से हम लोग परिचित हैं।

हाली के जीवन पर प्रारंभिक लेख स्वयं हाली का है, परन्तु इतना संक्षेप में है कि कुल चौदह पृष्ठों पर आधारित है, इन चौदह पृष्ठों में प्रायः ग्यारह पृष्ठों पर जीवन संबंधी बातें हैं और शेष पृष्ठों पर हाली ने अपनी रचनाओं का वर्णन किया है। हाली

में इतनी विनम्रता थी कि उनके लिए अपने संबंध में लिखना असंभव था। हाली ने दूसरों का श्रेष्ठतम जीवन परिचय लिखा है, परन्तु स्वयं अपना जीवन परिचय लिखना बुरा समझा जाता था इसलिए हाली जैसे सभ्य, सुशील एवं विनम्र व्यक्ति के लिए संभव नहीं था कि वह अपने संबंध में कुछ लिखते। हाली ने यह संक्षिप्त लेख इसलिए लिखा था कि 1901 ई. में नवाब इमादुलमुल्क बहादुर के एक मित्र ने लंदन से पत्र लिख कर नवाब साहब से इच्छा व्यक्त की थी, कि वह मौलाना हाली का जीवन परिचय प्राप्त करके उन्हें भेज दें। नवाब इमादुलमुल्क ने डाक्टर अब्दुल हक़ के माध्यम से मौलाना हाली से निवेदन किया। इस प्रकार मौलाना हाली ने चौदह पृष्ठों पर आधारित अपना संक्षिप्त जीवन परिचय लिख कर भेज दिया। इस लेख के संबंध में हाली ने अब्दुल हक़ के नाम एक पत्र दिनांक 7 मई 1901 ई. में लिखा है :

"नवाब इमादुल मुल्क की इच्छा जो बहुत दिनों से हो रही थी मैंने उसकी पूर्ति कर दी है और अपना संक्षिप्त हाल एवं जीवनी लिख दी है। आवश्यकतानुसार लिख कर आज चार दिन हुए उनकी सेवा में भेज चुका हूँ। यदि आपसे कभी भेंट हो तो इसकी चर्चा कर दीजिएगा और यह भी पूछिएगा कि क्या आप के प्रश्नानुसार उत्तर इस लेख में वर्णित हैं या नहीं।"

प्रारम्भिक शिक्षा : हाली ने अपनी प्रारम्भिक शिक्षा के संबंध में आत्मचरित्र वर्णन संक्षिप्त जीवनी "हाली की कहानी" ख़ुद की ज़ुबानी में लिखा है कि उन्हें सर्वप्रथम क़ुरआन शरीफ हिफ़्ज कराया गया, फिर पानीपत ही में ही मनमून देहलवी के भतीजे एवं दामाद से शिक्षा प्राप्त की, जो की उस समय पानीपत में ही निवास कर रहे थे और हाली के अनुसार फारसी साहित्य, इतिहास एवं चिकित्सा शास्त्र के ज्ञानी माने जाते थे। हाली ने उनसे फारसी की दो चार प्रारम्भिक पुस्तकें पढ़ीं। उनकी संगत में रहकर हाली की फारसी साहित्य से विशेष लगाव पैदा हो गया, फिर हाली में अरबी की अभिलाषा पैदा हुई। उन्हीं दिनों मौलवी हाजी इब्राहिम अनसारी से हाली ने अरबी भाषा की व्याकरण की शिक्षा प्राप्त की।

हाली के बड़े भाई इमदाद हुसैन एक कार्यालय में काम करते थे। उन्हीं के वेतन पर पूरे परिवार का गुज़ारा था। इतने बड़े परिवार के लिए उन की यह आय पूरी नहीं पड़ती थी, इसलिए घर के लोगों की इच्छा थी कि हाली भी नौकरी कर लें परन्तु हाली के शब्दों में :

"अब जबकि शिक्षा के द्वार चारों ओर से बन्द हो गये थे, सब की यह इच्छा थी कि मैं नौकरी के लिये प्रयत्न करूँ, किन्तु शिक्षा की लालसा शक्तिशाली थी एवं

पत्नी का मायका धनवान। मैं घरवालों से छिप कर दिल्ली चला गया और सम्भवतः डेढ़ वर्ष वहाँ रह कर अरबी भाषा की व्याकरण एवं नियमावली और कुछ तर्क शास्त्र की प्रारम्भिक पुस्तकें मौलवी नवाज़िश अली मरहूम से पढ़ीं, जो वहां के एक प्रसिद्ध धर्मोपदेशक एवं अध्यापक थे।"

सालिहा आबिद हुसैन ने लिखा है कि :

"मौलवी नवाज़िश अली के अतिरिक्त दिल्ली के निवास के दिनों में हाली ने मौलवी फैज़ हसन, मौलवी अमीर अहमद एवं शम्सुल उलमा मियाँ नज़ीर हुसैन से भी लाभार्थ किया।"

हाली ने अपनी संक्षिप्त जीवनी में दिल्ली के केवल मौलवी नवाज़िश अली का वर्णन किया है। इन तीन लोगों से लाभान्वित होने की बात सालिहा आबिद हुसैन ने की है।

हाली ने दिल्ली में रहकर केवल पूर्वी ज्ञान का अध्ययन किया। अंग्रेजी शिक्षा की ओर कुछ भी ध्यान नहीं दिया। हाली के शब्दों में :

"यद्यपि उस समय प्राचीन दिल्ली कालेज उन्नति पर था, किन्तु जिस समाज में मेरा पालन-पोषण हुआ था, वहाँ ज्ञान केवल अरबी और फारसी भाषा पर आधारित समझा जाता था। अंग्रेज़ी शिक्षा का, विशेष कर पानीपत में एक तो कहीं सुनने में नहीं आता था और यदि उस के प्रति लोगों का कुछ विचार था तो केवल इतना कि वह सरकारी नौकरी की प्राप्ति का साधन है न कि इस से कोई ज्ञान प्राप्त होता है परन्तु इसके विपरीत अंग्रेजी स्कूलों का हमारे धर्म गुरु "मजहले" (अर्थात अज्ञानता का स्थान) कहते थे।"

दिल्ली पहुँचकर जिस विद्यालय में मुझको रात दिन रहना पड़ा, वहाँ सब अध्यापक एवं विद्यार्थी कालेज के शिक्षित लोगों को मूर्ख समझते थे। तात्पर्य कभी भूलकर भी अंग्रेज़ी शिक्षा का विचार हृदय में न आता था। डेढ़ वर्ष तक दिल्ली में निवास रहा। इस समय में कभी कालेज को जाकर आंख से देखा तक नहीं और न ही उस समय में कभी उन लोगों से मिला जो उस समय कालेज में शिक्षा पाते थे, जैसे मौलवी ज़काउल्लाह, मौलवी नज़ीर अहमद, मौलवी मोहम्मद हुसैन आज़ाद आदि-आदि।"

दिल्ली में हाली शिक्षा प्राप्ति में लगे हुए थे कि उनके शब्दों में :

"मैंने दिल्ली में शरहे सुल्लम, मुल्ला हसन एवं मुब्तदी पढ़नी आरम्भ की थी कि सम्पूर्ण नातेदारों एवं बुज़ुर्गों के हठ से न चाहते हुए भी मुझको दिल्ली छोड़ कर पानीपत आना पड़ा। यह अट्ठारह सौ पचपन ई. की घटना है। दिल्ली से आकर

डेढ़ वर्ष तक पानीपत से कहीं जाना न हुआ और यहाँ स्वयं ही पुस्तकों का अध्ययन करता रहा।"

हाली पानीपत आकर पुस्तकों के अध्ययन में लग गये। घरवालों का कहना था कि वह नौकरी करें। हो सकता है उन्होंने नौकरी ढूंढ़ी हो किन्तु नौकरी नहीं मिली। इस प्रकार डेढ़ वर्ष बीत गया। अन्ततः 1856 ई. में हिसार में डिप्टी कमिश्नर के कार्यालय में उन्हें बहुत कम वेतन पर नौकरी मिल गयी। अपनी घरेलू दशा को देखते हुये उन्होंने ये नौकरी कर ली। अभी अधिक समय नहीं बीता था कि 1857 ई. का आन्दोलन प्रारम्भ हो गया और हाली नौकरी छोड़ कर पानीपत चले गये।

हिसार से वापसी पर पानीपत में हाली का निवास

हाली को हिसार से नौकरी छोड़ कर पानीपत आए हुए चार वर्ष बीत चुके थे। उन्होंने पानीपत में नौकरी प्राप्ति का अनेक बार प्रयत्न किया परन्तु सफलता नहीं मिली। 1857 ई. की घटना के बाद पानीपत से निकलते हुये डर लगता था, अतः हाली का निवास पानीपत में ही रहा। हाली ने चार वर्ष बेकार में बिताने से अच्छा उसे पुस्तकों के अध्ययन में लगाना उचित समझा। हाली के शब्दों मेंः

"उस समय पानीपत के प्रसिद्ध धर्मगुरुओं मौलवी अब्दुर्रहमान, मौलवी मुहिब्बुल्लाह एवं मौलवी क़लन्दर अली से किसी क्रम एवं नियम के बिना भी तर्क शास्त्र, दर्शन शास्त्र कभी हदीस कभी तफसीर पढ़ता रहा, जब इन लोगों में से पानीपत में कोई भी न होता तो स्वयं पुस्तकों का अध्ययन करता था। विशेष रूप से साहित्यिक पुस्तकें शब्दकोषों की सहायता से पढ़ा करता था और कभी कभी अरबी गद्य एवं पद्य बिना किसी से सुधार या परामर्श के लिखता था, किन्तु इससे हृदय को संतुष्टि न होती थी। मेरी अरबी एवं फारसी की अन्तिम सीमा केवल उतनी ही थी जितनी ऊपर वर्णित की गयी हैं।"

दिल्ली की काव्यिक सभाओं में सभा लेना

हाली पहली बार जब दिल्ली आए थे तो बहुत कम आयु के विद्यार्थी थे। उन की आयु सत्रह अट्ठारह वर्ष थी, क्योंकि उन्हें शिक्षा प्राप्ति की अभिलाषा थी इसलिए दिल्ली की साहित्यिक सभाओं एवं कवि संगोष्ठियों से दूर रहे या इनमें बहुत कम भागीदारी की। परन्तु दूसरी बार अर्थात 1857 ई. के पश्चात 1861 ई. में नौकरी की खोज में जब दिल्ली आए तो उनकी आयु लगभग चौबीस वर्ष थी। अब वह एक बुद्धजीवी थे। फारसी एवं अरबी और उस युग के दूसरे सभी ज्ञानों में अच्छी योग्यता

प्राप्त कर चुके थे इसलिए उन्हें स्वयं पर भरोसा हो चला था और अब उनमें आत्मविश्वास पैदा हो गया था।

दिल्ली में मोहम्मद अकरम खां शैदा का घर साहित्यिक केन्द्र बना हुआ था, जहां कवि संगोष्ठिया होती रहती थीं। हाली भी इन सम्मेलनों में भाग लेने लगे। हाली ने सय्यद शुजा अन्वर उर्फ उमराव मिर्ज़ा के दीवान की प्रस्तावना लिखी थी, जिसमें लिखा :

"संयोग यह है कि प्रेम ने जिस कारागार में ले जाकर बंद किया, सय्यद अन्वर भी उसी कारागार के बंदी निकले। मख़दूमी मोहम्मद अकरम खां शैदा का घर जो मित्रता एवं सभ्यता का केंद्र, स्वाधीनों को सहायता देने में सक्षम और प्रसन्नता की जन्मभूमि है। अनेक वर्षों तक काव्य एवं कविता की संगतें गर्म रहीं और इन संगतों में सय्यद अन्वर, सय्यद ज़हीर और मिर्ज़ा सालिक प्रायः भाग लेते थे और थोड़े समय के लिए संसार से मुक्त होकर प्रत्येक व्यक्ति अपने मुख से इन पंक्तियों का विषय वर्णित करता था :

बज़मे मय अच्छी हे गो दुनिया है ऐ मयख़ार हेज
या समझ लेते तो हैं दुनिया को दम भार यार हेच"

इसी प्रस्तावना में आगे चल कर हाली लिखते हैं :

"इस दीवान ने वह प्राचीन समझ फिर याद दिला दिया, जिसकी तीस वर्षों तक खोज करने के पश्चात् समय के अत्याचार से उसको सदैव के लिए त्याग चुके थे। इसमें बहुत सी ग़ज़लें उन कवि सम्मेलनों की हैं, जिन पर दिल्ली की कविता इतिहास का अन्त होने वाला था और जिनमें अनेक बार सय्यद अन्वर, सय्यद ज़हीर एवं मिर्ज़ा सालिक के साथ सम्मिलित होकर हमने उनकी सदृश्यता का आदर प्राप्त किया था। कभी-कभी नवाब मिर्ज़ा खां दाग़ भी रामपुर से आकर इन कवि सम्मेलनों में विशेषज्ञों को सुनते थे और शहर के प्रायः कुलपुरुष एवं आर्यपुत्र, जिनमें से अधिकतर का निधन हो गया और बहुत थोड़े से बाक़ी हैं, प्रत्येक काव्यिक जातियों एवं वर्गों में कविता कहते थे। मिर्ज़ा ग़ालिब मरहूम का अन्तिम समय था। संभवतः कभी वह स्वयं इन गोष्ठियों में नहीं आए, किन्तु उनकी देखी हुई और सुधारी हुई ग़ज़लें सदैव आती थी और पढ़ी जाती थीं।"

दिल्ली में निवास के समय हाली नाच-गाना की गोष्ठियों में भी सम्मिलित होते थे। हबीबुर्रहमान शरवानी के नाम हाली के पत्र दिनांक 23, अप्रैल 1904 से ज्ञात होता है कि हाली बहुत हद तक दिल्ली के सामाजिक एवं सांस्कृतिक जीवन में रंग

गए थे। वह नाच-गाना की गोष्ठियों में सम्मिलित होते थे। शरवानी इस महफिलों में हाली को केवल एक बार दिखाई पड़े, भेंट नहीं हुई, हाली शरवानी के नाम पत्र लिखते हैं :

"दिल्ली में भी हकीम वासिल खां साहब के यहां नाच-गान की महफ़िल अपने उठान पर थी, एक बिजली के प्रकार की चमक दिखाई दी थी, फिर निरंतर आंखें वंचित रहीं।"

नवाब मुस्तफ़ा खां शेफ्ता की संगत

हाली को दिल्ली में नौकरी ढूंढते हुए लगभग दो वर्ष बीत चुके थे कि एक दिन जहांगीराबाद के नवाब मुस्तफ़ा खां शैफ्ता ने उन्हें अपनी संगत का न्योता दिया, जिसे हाली ने स्वीकार कर लिया। इस प्रकार हाली की नौकरी की समस्या का समाधान हो गया। मालिक राम लिखते हैं कि :

"शेफ्ता अपने छोटे पुत्र नक्शे बंदखां की शिक्षा के प्रति बहुत चिंतित रहते थे, कि उनकी शिक्षा का कोई अच्छा प्रबंध हो जाए। अचानक ख़्वाजा अलेताफ़ हुसैन हाली की भेंट का ध्यान आया और उन्होंने सोचा हाली जैसा बुद्धिजीवी एवं ज्ञानी शिक्षक पुत्र के लिए अच्छा रहेगा, इसलिए उन्होंने हाली को जहांगीराबाद पुत्र की शिक्षा के लिए बुला दिया। हाली ने शेफ्ता के यहां सात वर्ष बिताए।"

अपनी संक्षिप्त जीवनी में हाली ने लिखा है कि :

"शुभ संयोग नवाब मुस्तफा खां मरहूम धनवा ने दिल्ली एवं तालुक़ादार जहांगीराबाद जनपद बुलंदशहर से, जो फारसी में हसरती तथा उर्दू में शेफ्ता उपनाम करते थे और कविता में उच्च श्रेणी का स्वभाव रखते थे, जान पहचान हो गई और सात-आठ वर्षों तक उनकी संगत में रहने का अच्छा अवसर मिला।"

हाली शेफ्ता की संगत में बहुत आराम से जीवन व्यतीत कर रहे थे कि सितम्बर/अक्तूबर 1869 ई. में शेफ्ता का देहान्त हो गया और हाली व्यवसायहीन हो गए, परन्तु जल्द ही उन्हें लाहौर में नौकरी मिल गई।

लाहौर में सरकारी बुक डिपो जिसका नाम "पंजाब गोरमेन्ट बुक डिपो" था उस में एक स्थान रिक्त था। हाली ने उस स्थान के लिए आवेदन किया, उन्हें नौकरी मिल गई। हरी चन्द्र अख्तर और मोहन सिंह दीवाना ने लिखा कि हाली को यह नौकरी प्यारे लाल आशोब की अनुशंसा पर मिली थी। हाली लाहौर चले गए।

इस नौकरी के विषय में हाली ने लिखा है कि :

"नवाब शेफ्ता की मृत्यु के पश्चात् पंजाब गोरमेन्ट बुक डिपो लाहौर में एक

नौकरी मुझको मिल गई, जिसमें मुझको यह काम करना पड़ता था कि जो अनुवाद अंग्रेज़ी से उर्दू में होते थे, उनकी उर्दू भाषा मुझको ठीक करनी होती थी। लगभग चार वर्ष लाहौर में रहकर मैंने यह कार्य किया। उससे अंग्रेजी साहित्य के प्रति उत्सुकता बढ़ी और अंजाने रूप से धीरे-धीरे पूर्वी और विशेष रूप से साधारण फारसी साहित्य का महत्व हृदय से कम होने लगा।"

हाली का लाहौर में दिल नहीं लगा, उन्हें दिल्ली याद आती रही। वह चाहते थे कि जैसे भी संभव हो वह दिल्ली वापस चले जाएं, परन्तु नौकरी की मजबूरी ने उनके पैर बांध रखे थे। लाहौर में उनका कोई ऐसा मित्र न था जिस पर वह भरोसा कर सकते। इसलिए अकेलेपन का उन्हें अत्यधिक आभास था जो उन्हें बहुत दुख पहुंचाता था। उस पर अतिरिक्त अत्याचार यह कि वह महामारी एवं विभिन्न बीमारियों से पीड़ित हो गए। हाली ने अपनी इस भाग्यहीनता एवं मानसिक दुखों व कष्टों पर एक ग़ज़ल कही थी। ग़ज़ल में लाहौर से अपनी मलिन चिन्ता और दिल्ली से अपने मानसिक संबंध का वर्णन, प्रवासी एवं परदेश में अकेलेपन के कठिन अनुभव का भी हाली ने बखान किया है। यह ग़ज़ल दीवाने हाली में उपलब्ध है। इस ग़ज़ल के विषय में हाली लिखते हैं :

"यह ग़ज़ल लगभग 1289 हि./1872 ई. में उस समय लिखी थी, जब प्रथम बार नौकरी के लिए दिल्ली छोड़ कर लाहौर जाना पड़ा था। उस समय प्रथम तो दिल्ली से जुदा होना ही कठिन बीता था, द्वितीय लाहौर में किसी से पहचान न थी। वहां पहुँचते ही महामारी फैली और हैज़ा के पश्चात् चेचक एवं बुख़ार की महामारी रही। अन्ततः लेखक भी महामारी से पीड़ित हो गया। इस अकेलेपन, डर एवं दुख और कष्ट की दशा में यह पंक्तियां लिखी गईं :

किया है उसने कहते हैं सुख़न तर्क
मगर हमको अभी इसमें सुख़न है"

हाली के लाहौर निवास के बीच करनल हालराइड डायरेक्टर आफ पब्लिक इंस्ट्रक्शन पंजाब की सलाह से मौलवी मोहम्मद हुसैन आज़ाद ने 1874 ई. में एक ऐसे कवि सम्मेलन का आयोजन किया, जो अपनी रूपरेखा के अनुसार भारत में नवीनतम था। अब तक कवि सम्मेलनों में एक कविता पंक्ति दी जाती थी, परन्तु सर्वप्रथम मौलाना मोहम्मद हुसैन आज़ाद ने कवि सम्मेलनों के लिए किसी विषय के आधार पर कवियों को न्यौता देना आरम्भ किया। कवि इस विषय पर अपनी कविता में विचार प्रकट करते थे। इन्हीं कवि सम्मेलनों में हाली ने चार मसनवियां

लिखीं। मसनवी के शीर्षक हैः "बरखाऋतु", "हुब्बेवतन", "निशाते उम्मीद" एवं "मुनाज़रऐ रहमो इन्साफ"।

लाहौर में चार वर्ष बिताने के पश्चात् भी हाली का इस शहर में दिल नहीं लगा। संभवतः उसका बड़ा कारण यह था कि लाहौर का सामाजिक वातावरण दिल्ली के वातावरण से बहुत भिन्न था। शुभ संयोग दिल्ली के ऐंग्लो अरबिक स्कूल में अरबी के अध्यापक का स्थान रिक्त हुआ। हाली ने इस पद के लिए आवेदन किया और अरबी के प्रथम अध्यापक के रूप में उनकी नियुक्ति हो गई। हाली को यह स्कूल एवं कार्य दोनों पसन्द थे, इसलिए उन्होंने बड़ी मेहनत और ध्यान से विद्यार्थियों को पढ़ाना आरंभ किया, विद्यार्थी उनके ज्ञान एवं बुद्धिमानी से बड़े प्रभावित हुए, इसलिए वह हाली का बड़ा आदर करने लगे।

तेरह-चौदह वर्ष अर्थात् 1875 ई. से 1889 ई. तक हाली ने इस स्कूल में अध्यापक के रूप में कार्य किया और इस समय में डाक्टर वहीद कुरैशी के अनुसार :

"दिल्ली में आकर काव्य की ओर अधिक ध्यान रहा और तेरह चौदह वर्षों में "नासिर खुसरौ" एवं "हयाते सादी" को छोड़ कोई बड़ा गद्यिय कार्य नहीं किया। दिल्ली के इस निवास की याद "मजमूआ नज़मे हाली" का अधिकतम भाग और "मुसद्दस हाली" है। इन पद्यांशों को यदि वार्षिक रूप में देखा जाए तो इनकी रूपरेखा इस प्रकार बनती है। "मुसद्दस" 1879 ई. में, मनसवी "तअस्सुब व इन्साफ" 1882 ई. में, "मुनाज़रए वाइज़ व शायर" 1883 ई. में, "मुनाजाते बेवह" 1886 ई. में एवं "हुकूक़े अवलाद" 1887 ई. लिखी गई।"

हरी चन्द्र अख्तर और मोहन सिंह दीवाना ने लिखा है "लाहौर से एंग्लो अरबिक स्कूल दिल्ली के अध्यापक पद पर आने के पश्चात् पढ़ाने के बीच में ही वह लाहौर के ऐचीचन कालेज में भी आठ महीने तक अध्यापक के पद पर रहे थे।"

हाली ने लिखा है कि 1877 ई. में उनका स्थानांतरण ऐचीसन कालेज लाहौर के हास्टल में विद्यार्थियों को पढ़ाने एवं उनकी देख-रेख के लिए हुआ, परन्तु उन्हें विद्यार्थियों का आचार-व्यवहार पसन्द नहीं आया। तीन माह पश्चात् वह 5 जून 1887 ई. को एंग्लो अरबिक स्कूल में अपने पुराने स्थान पर वापस आ गए।

1874 ई. के अन्त अथवा 1875 ई. के मध्य में एंग्लो अरबिक स्कूल दिल्ली मे अरबी के प्रथम अध्यापक के रूप में हाली की नियुक्ति हुई। यह नौकरी उनके स्वभावानुसार थी। वह बड़े प्रेम एवं ध्यान विद्यार्थियों को पढ़ाते थे। लगभग तेरह चौदह वर्षों तक वह इस स्कूल में पढ़ाते रहे।

हैदराबाद से वृत्ति

हाली 1887 ई. में एंग्लो अरबिक स्कूल दिल्ली में अध्यापक थे तभी वहीदाबाद के नवाब सर आसमान जाह बहादुर निज़ाम हैदराबाद की सरकार में प्रधानमंत्री थे। वह शिमला जाते हुए अलीगढ़ आये और सर सय्यद अहमद खाँ की कोठी पर निवास किया। उस समय हाली भी अलीगढ़ में ही थे। सर आसमान जाह बहादुर हाली और उनकी साहित्यिक कृतियों से परिचित थे। जब हाली से भेंट हुई तो वह इतने प्रभावित हुए कि उन्होंने 75 रु. प्रति मास की वृत्ति रचयिताओं को सहायता के विभाग से तय कर दिया। नवाब आसिफ जाह ने हाली को तन्ख़ाह का आहवान किया तो :

"सर सय्यद ने हाली से पूछा कि आप के लिए कितनी तन्ख़ाह तय की जाए तो उन्होंने वही बताई, जो उन्हें अरबिक स्कूल से मिलती थी।"

यद्यपि हाली का मूल निवास स्थान पानीपत था, जन्म के समय से ही उस शहर से उनके सैकड़ों वर्षों का मानसिक संबंध था, परन्तु पानीपत की अपेक्षा उनका दिल्ली से अधिक प्रेम और मानसिक संबंध था। इसका कारण यह है कि दिल्ली ज्ञान एवं कला और काव्य एवं साहित्य का केन्द्र थी। हाली ने 1857 ई. से पूर्व के उस दिल्ली शहर को देखा था, जो यद्यपि नाश हो चुका था, परन्तु सम्मेलनों एवं कुछ दूसरे कारणों से अब भी संसार में एक महत्वपूर्ण शहर था। जैसा कि वर्णित किया जा चुका है कि हाली लगभग दो वर्ष दिल्ली में रहकर 1855 ई. में घरवालों के निरन्तर बल देने पर पानीपत चले गये थे, परन्तु उसके बाद वह फिर दिल्ली आए। उन्होंने डेढ़ दो वर्ष यहाँ निवास किया था, फिर नवाब शेफ्ता के संगी बनकर जहांगीराबाद चले गए। 1875 ई. में वह लाहौर की नौकरी छोड़ कर एंग्लो अरबिक स्कूल में अरबी के प्रथम अध्यापक के रूप में आ गए। इस बार वह तेरह-चौदह वर्ष दिल्ली में रहे, फिर स्थायी रूप से पानीपत स्थानांतरित कर गए। कभी-कभी किसी काम से दिल्ली आते तो थोड़े समय के लिए। इस प्रकार जीवन के बहुमूल्य बीस वर्ष हाली ने दिल्ली में व्यतीत किये। दिल्ली ने हाली की मानसिकता पर ऐसे प्रभावशाली चिन्ह अंकित किये जो जीवन भर बाक़ी रहे। डा. शुजाअत अली संदीवली के शब्दों में :

"हाली की मानसिक विरक्ति, साहित्यिक उन्नति, विचारधारा की सुदृढ़ता, चरित्र की श्रेष्ठता में सबसे अधिक योगदान दिल्ली का है।"

हाली ने उस दिल्ली को देखा, जिसे साहित्य के महानतम एवं श्रेष्ठतम बुद्धिजीवियों ने आलोकित कर रखा था। इस शहर में उस युग के महानतम साहित्यिक व्यक्तियों से हाली को संगत प्राप्त होती रही। हाली को उन लोगों की

याद जीवनभर तड़पाती रही। हालात से मजबूर होकर जब हाली को दिल्ली छोड़नी पड़ी तो उन्हें घोर दुख हुआ। इस दुख को उन्होंने इन पंक्तियों में प्रकट किया है :

दिल्ली से निकलते ही हुआ जीने से दिल सैर
गौया न रहा अब कहीं दुनिया में ठिकाना

1857 ई. की असफल क्रान्ति से प्रभावित होकर दिल्ली के विनाश पर अनेक कवियों ने बड़ी संख्या में कविताएं एवं सोगगान कहे हैं। किन्तु हाली ने जो पंक्तियाँ इस विषय में कही हैं, उर्दू साहित्य में उसका कोई उदाहरण नहीं है। हर पंक्ति दुख एवं कष्ट का सम्पूर्ण चित्र है। ये पंक्तियाँ बहुत प्रसिद्ध हैं :

बज़्मे मातम तो नहीं बज़्मे सुख़न है हाली
याँ मुनासिब नहीं शेरों के रूलाना हरगिज़

हाली को शम्सुल उलमा की उपाधि एवं पुरस्कार

हाली के युग में किसी भी धर्मगुरु या साहित्यकार के लिए सबसे बड़ा सम्मान शम्सुल उलमा की उपाधि थी। कर्नल हाल राइड की प्रशंसा पर सरकार ने हाली को शम्सुल उलमा की उपाधि एवं चार सौ रुपये नक़द से पुरस्कृत किया। हाली को यह पुरस्कार उनके लेख "मजालिसुनिसा" पर दिया गया था। यह पुस्तक कहानी के रूप में है, जो हाली ने लड़कियों के लिए लिखी थी। इस पुस्तक को बड़ी प्रसिद्धि प्राप्त हुई एवं लम्बे समय तक यह पुस्तक पंजाब एवं अवध में लड़कियों के पाठ्यक्रम में सम्मिलित रही। यह सम्मान एवं पुरस्कार हाली को जून 1914 ई. में भारत के वायसराय नार्थ बुरोक ने एक शैक्षिक सभा में प्रदान किया। हाली को यह सम्मान मिलने पर उनके चाहने वालों एवं उनसे प्रेम करने वालों के पत्रों एवं तारों का ताँता बंध गया।

हाली का चरित्र

सभ्य, सज्जन पुण्यात्मा, सहृदय, सहानुभूतिशील, निष्कपट, प्रेम, कृपा, दया एवं मानव सहानुभूति का रूप, सन्तोष एवं निस्पृहता का उत्तम उदाहरण, दानशील, संवेदनशील, इस्लामी एवं भारतीय संस्कृति के जीवित आदर्श का नाम अल्ताफ हुसैन हाली है। विनम्रता हाली के स्वभाव में कूट-कूट कर भरी थी। वह सहनशील, आभारी, सन्तुष्ट एवं संन्यासी विशेषता वाले मनुष्य थे। यद्यपि उन पर परिवार के कुछ व्यक्तियों का बोझ भी था, परन्तु वह पहले पचहत्तर रुपये प्रति मास और फिर सौ रुपये प्रति मास की वृत्ति पर संतुष्ट रहे। जबकि यदि वह थोड़ा सा प्रयत्न

करते तो हैदराबाद से मिलने वाली वृत्ति में अच्छी बढ़ोतरी हो सकती थी अथवा दूसरी आय का कोई और उपाय भी हो सकता था।

हाली बड़ों का आदर तथा छोटों पर दया करते थे। वह छोटों का भी आदर करते थे। मौलवी अब्दुल हक़ और हमीदुद्दीन मुस्लिम विश्वविद्यालय अलीगढ़ में छात्र थे। उस समय हाली अलीगढ़ आए हुए थे। ये दोनों भेंट के लिये हाली की सेवा में उपस्थित हुए। हाली इन दोनों के स्वागत के लिये खड़े हो गये। हमीदुद्दीन ने आदर के साथ कहा कि हमारे स्वागत के लिये खड़े होकर आप हमें लज्जित करते हैं। हाली ने उत्तर दिया "आप लोगों का आदर न करूँ तो किसका करूँ, भविष्य में आप ही तो राष्ट्र के अगुवा होने वाले हैं।"

अब मैं कुछ ऐसी घटनाओं का वर्णन करता हूँ, जिनसे हाली की उच्च मानवीय श्रेष्ठता झलकती है। मौलवी अब्दुल हक़ को हाली पर बड़ी श्रद्धा थी एवं वह हाली के अधिक निकट भी थे। मौलवी अब्दुल हक़ के नाम से हाली के पत्रों से ज्ञात होता है कि मौलवी साहब हाली को अधिक प्रिय थे। अब्दुल हक़ ने हाली का मनोरंजनपूर्ण ख़ाका लिखा है, जिसमें हाली की विशेषताओं को मनोरंजक शैली में वर्णित किया है। मौलवी अब्दुल हक़ ने खाके के आरम्भ में ऐसी घटना का वर्णन किया है, जिससे हाली की मानवमित्रता तथा उनकी सहानुभूतिशीलता का पता चलता है। मौलवी अब्दुल हक़ लिखते हैं कि :

"मुझे अपने युग के प्रसिद्ध व्यक्तियों तथा अपने राष्ट्र के अनेक व्यक्तियों से भेंट का अवसर प्राप्त हुआ, परन्तु मौलाना हाली जैसे पाक चरित्र एवं अच्छे स्वभाव के व्यक्ति मुझे नहीं मिले।"

नवाब इमादुल मुल्क ने एक बार हाली के चरित्र पर प्रकाश डालते हुए कहा था कि सर सय्यद के साथियों में मनुष्य के रूप में मौलाना हाली का स्थान बहुत ऊँचा था, इस बात में सर सय्यद भी उन तक नहीं पहुचते थे।

हाली की विनम्रता तथा विनती का उत्तम उदाहरण यह है कि उन्होंने अपनी रचनाओं पर कभी भी लेखक नहीं लिखा किन्तु सदैव, संग्रहक, संपादक अथवा संकलक लिखते थे।

मौलवी अब्दुल हक़ ने एक मनोरंजक घटना लिखी है कि आल इण्डिया मुस्लिम एजुकेशनल कान्फ्रेंस के राजदूत स्वर्गीय मौलवी अनवर अहमद कहते थे कि :

"एक बार वह पानीपत गए थे, जाड़ों का मौसम था, अन्धेरा हो चुका था, स्टेशन से सीधे मौलाना के घर पहुँचे, दालान के पर्दे पड़े हुए थे, उन्होंने पर्दा उठाया

और झाँक कर देखा, मौलवी साहब फर्श पर बैठे हुए थे तथा सामने आग की अंगीठी रखी हुई थी। मौलवी अनवर को देखकर अति प्रसन्न हुए, उठ कर मिले तथा अपने निकट बैठा लिया। हाल चाल पूछने के पश्चात् कुछ समय तक इधर उधर की बातें होती रहीं फिर भोजन मंगवाया। स्वर्गीय अनवर अहमद खाने के बहुत व्यसनी थे। पानीपत की मलाई बहुत प्रसिद्ध है, उनके लिए मलाई मंगवाई। भोजन के पश्चात् कुछ समय बातचीत में बीता फिर उनके लिए पलंग बिछवा कर बिस्तर लगा दिया और स्वयं आराम करने के लिए अन्दर चले गये। ये भी थके हुए थे पड़ कर सो गए। मौलवी अनवर अहमद कहते थे कि रात के बारह-एक बजे उन्हें ऐसा प्रतीत हुआ कि कोई व्यक्ति उनकी रजाई को शनैः-शनैः छू रहा है। उन्होंने चौंक कर पूछा कौन? मौलवी साहब ने कहा "मैं हूँ, आज ठण्ड अधिक है, अतः मैंने सोचा कि सम्भवतः आपके पास ओढ़ने का सामान पर्याप्त न हो तो ये कम्बल लाया था और आप को ओढ़ा रहा था। अनवर अहमद साहब कहते थे कि मुझ पर उनकी दया का ऐसा प्रभाव हुआ कि जीवनभर न भूल सका।"

1903 ई. में हसरत मोहानी ने अलीगढ़ में "उर्दूए मोअल्ला" नाम की एक पत्रिका जारी की थी। उस समय "अवध पंच" में हाली पर आपत्तियों की बौछार हो रही थी। हसरत मोहनी ने भी हाली की कविता को केन्द्र बिन्दु बना कर हाली के लेखों पर आपत्तियाँ आरम्भ कर दीं। इस कड़ी की एक मनोरंजक घटना देखिए :

"अलीगढ़ कालेज में कोई भव्य समारोह था। स्वर्गीय नवाब मोहसिनुल मुल्क की ज़िद पर मौलाना हाली भी इसमें भाग लेने उपस्थित हुए तथा अपनी रीति अनुसार स्वर्गीय सय्यद ज़ैनुल आबदीन के घर पर निवास किया। एक प्रातः हसरत मोहानी दो मित्रों के साथ मौलाना हाली की सेवा में उपस्थित हुए, थोड़ी देर तक इधर-उधर की बातें हुई। इतने में सय्यद साहब ने अपने कमरे से हसरत मोहनी को देखा। उनमें अभी भी बाल्यावस्था का चुलबुलापन बाक़ी था। अपने पुस्तकालय में गए तथा "उर्दूए मुअल्ला" की दो तीन कापियाँ उठा लाये। हसरत तथा उनके मित्रों का माथा ठनका कि अब ख़ैर नहीं और उठ कर जाने का प्रयत्न करने लगे। किन्तु ज़ैनुल आबदीन कब जाने देते। स्वयं निकट बैठ गए एक पत्रिका के पृष्ठों को उलटना आरम्भ किया और मौलाना हाली को सम्बोधित करके हसरत एवं "उर्दूए मुअल्ला" की प्रशंसा के पुल बाँध दिये। किसी-किसी लेख की दो-चार पंक्तियाँ पढ़ते तथा "वाह ख़ूब लिखा" कह कर प्रशंसा करते थे। हाली भी हूँ-हाँ से पुष्टि करते जाते थे किन्तु हसरत के मुँह पर हवाइयाँ उड़ रहीं थीं।

इतने में सय्यद साहब बनावटी, अचम्भे अपितु भय प्रकट करके बोले ए

मौलाना! ये देखिए! आपके प्रति क्या लिखा है? और कुछ इस प्रकार के शब्द पढ़ने आरम्भ किए :

"सत्य तो यह है कि हाली से बढ़ कर ध्वस्त एवं भ्रष्ट-भाषी कोई हो ही नहीं सकता तथा वह जितनी जल्दी हो सके अपने क़लम को उर्दू की सेवा से रोकें उतना ही अच्छा है।"

देवता स्वभावी हाली तनिक अप्रसन्न नहीं हुये तथा मुस्करा कर कहा तो ये कहो कि "आलोचना भाषा सुधार का एक उचित एवं उपयुक्त मार्ग है तथा यह दोष में सम्मिलित नहीं।" कई दिनों पश्चात् एक मित्र ने हसरत से पूछा कि हाली के विरुद्ध अब कुछ नहीं लिखते हो? उत्तर दिया कि जो कुछ लिख चुका हूँ, उसका भार एवं दुख अब तक हृदय पर है।

हाली की आधुनिक कविता के अध्ययन से यह ज्ञात होता है कि वह बहुत शान्त स्वभाव के व्यक्ति थे। साधारणतया विचार है कि मुसद्दस हाली और मुनाजाते बेवा के कवि के होंठ कभी मुस्कान से परिचित भी न होते होंगे। मौलवी अब्दुल हक़ के शब्दों में :

"जिन लोगों ने केवल उनके काव्य एवं लेखों को पढ़ा है, सम्भवतः वह समझते होंगे कि मौलाना प्रत्येक समय रोते तथा दुख प्रकट करते रहते होंगे।

निःसंदेह उनका हृदय दुख एवं कष्ट से भरा हुआ था तथा थोड़ी सी पीड़ा से छलक पड़ता था, किन्तु मौलाना बड़े ही सुशील एवं हास्य प्रिय थे, विशेष रूप से अपने संगी साथियों में बड़ी हास्यरसता एवं चपलता से बातें करते थे। उनके काव्य में भी कहीं कहीं हास्यरसता एवं व्यंग्य की झलक प्रकट होती है।"

हाली जितेंद्रिय तो थे, किन्तु किसी के शब्दों में वो नीरस तपस्वी नहीं थे। उनके स्वभाव में कोमल हास्यरसता थी। हाली के क़तआत में जो व्यंग्य एवं हास्य है, उससे उर्दू कविता पहले परिचित नहीं थी। इन क़तआत में भरपूर व्यंग्य एवं उच्च स्तर का हास्य है। यहाँ इन क़तआत पर बातचीत का समय नहीं है।

यद्यपि हाली को कवि के रूप में श्रेष्ठ स्तर प्राप्त था, तथा उनकी गणना अपने युग के श्रेष्ठतम कवियों में होती थी तथापि हाली अपनी कविता के विषय में अत्यंत विनम्रता से काम लेते हैं। यदि कोई उनकी कविता की प्रशंसा करता तो वह बात काट देते, प्रायः उर्दू के बड़े-बड़े कवि किसी न किसी अवसर पर अपनी कविता की प्रशंसा का छोर निकाल लेते हैं, परन्तु हाली ऐसा नहीं करते थे। यह तो अनेक कवियों में दोष होता है कि वह अपना काव्य सुनाने के लिए अवसर निकाल लेते हैं। हाली के बारे में कहा जाता है कि उनसे कहा जाता था तब भी

वह कविता सुनाने से बचते थे। मौलवी अब्दुलहक़ ने हैदराबाद की एक घटना वर्णित करते हुए लिखा है :

"हाली अपने युग के श्रेष्ठतम व्यक्तियों में से होने के उपरान्त भी विनम्रता एवं विनति का रूप थे। बहुत ही विनयी, अनुशासित, पाक चरित्र, विनम्र स्वभाव एवं मधुरभाषी थे।

हाली के युग में हिन्दी उर्दू का झगड़ा प्रारम्भ हो चुका था। दिलचस्प बात यह कि उस युग के धर्मगुरुओं तथा उर्दू साहित्यकारों एवं कवियों के आचार व्यवहार भाषा के प्रति अत्यधिक मौलिक थे।

यद्यपि हाली ने जीवन भर उर्दू की सेवा की तथा अपने गद्य एवं पद्य से उर्दू का स्थान अधिक ऊँचा किया, परन्तु वह न्याय की बात करने से कभी नहीं चूके। उन्होंने लाला श्रीराम के "ख़मख़ानऐ जावेद" पर टिप्पणी करते हुए लिखा है :

"आज कल देशवासियों के दुर्भाग्य से जो मतभेद हिन्द-मुसलमान में उर्दू भाषा के विरोध अथवा उसके पक्षपात के कारण उत्पन्न हो रहा है, यदि उसका निवारण हो सकता है, तो इस रूप से कि शिक्षित हिन्दू उदारचिता एवं दानशीलता के साथ उर्दू भाषा में, जो वास्तव में ब्रज भाषा का एक विकसित रूप तथा उसका एक समुन्नत अंश है, रचना एवं संकलन उसी प्रकार करें, जिस प्रकार हमारे प्रिय हीरो (लाला श्रीराम) ने इस विपत्तिजनक बखान को समाप्त करने का आह्वान किया। मुसलमान रचयिता बिना विचारे एवं बिना आवश्यकता के उर्दू में अरबी फारसी के अज्ञात शब्द के प्रयोग से जहाँ तक सम्भव हो बचाव करें तथा उनके स्थान पर ब्रज भाषा के उचित एवं साधारण शब्दों से उर्दू को समृद्ध करने का प्रयत्न करें। इस प्रकार दोनों शान्ति एवं मित्रता की नीव डालें और एक विवादास्पद भाषा को सभी पक्षों के लिए प्रिय बनाएं, जैसी कि लखनऊ जाने से पूर्व दिल्ली वासियों की भाषा थी। उपरोक्त मतभेद के सम्बन्ध में जो पक्षपात एवं अप्रियता का दोष हिन्दुओं पर लगाया जाता है इस प्रकार का, अपितु इससे भी अधिक कठोर दोष मुसलमानों पर लगाया जा सकता है। कौन नहीं जानता कि मुसलमान एक हज़ार वर्षों से भारत में निवास करते हैं किन्तु इस लम्बे समय में उन्होंने कुछ विमुक्तियों को छोड़कर अधिक आवश्यकता के उपरान्त भी कभी संस्कृत अथवा ब्रज भाषा को आँख उठा कर भी नहीं देखा...मुसलमानों ने कभी उसकी ओर ध्यान देना आवश्यक नहीं जाना। यदि यह कहा जाए कि संस्कृत का सीखना कोई सरल कार्य नहीं है तो संस्कृत की अपेक्षा ब्रज भाषा की प्राप्ति अत्यधिक सरल है तथा जिसकी कविता अत्यधिक कोमल, मृदुल तथा अभिधात्य एवं अलंकार से भरी हुई है। सत्य

यह कि मुसलमानों का भारत में निवास करना तथा संस्कृत एवं कम से कम ब्रज भाषा से घृणा करना, अपने प्रति उस कहावत को चरितार्थ करना है कि "नदी में रहना और मगरमच्छ से बैर।"

हाली के रोग एवं देहान्त

जीवन के अन्तिम समय में हाली विभिन्न प्रकार के रोगों से पीड़ित रहने लगे। 1891 ई० उनके दोनों हाथों में तीव्र पीड़ा रही, इसके उपचार से जब रोग नाश हुआ तो उनके दाँतों में दर्द आरम्भ हो गया तथा दाढ़ें हिलनी लगीं। 14 दिसम्बर, 1895 ई. के पत्र में ख़्वाजा सज्जाद हुसैन को लिखते हैं "दाढ़ में फिर दर्द आरम्भ हो गया है, इसके साथ ही सर में भी अधिक दर्द है। सम्पूर्ण जबड़ा फोड़े के रूप में दुखता है।"

हाली प्रायः नज़ला ज़ुकाम से पीड़ित रहते थे, बलग़म अधिक निकलता था। एक बार हाली को सांस की भी पीड़ा हो गई थी। हाली को यह रोग तो लगे रहे, इसके साथ एक और रोग ने घेर लिया। वह रोग था सीधी आँख में मोतिया बिन्द का उतरना। तात्पर्य उन्हें प्रायः नज़ला ज़ुकाम हो जाता था। दमे से सदैव पीड़ित रहते थे, बवासीर के रोगी थे, दाँत अशक्त हो गए थे तथा प्रायः दाँतों में पीड़ा रहती थी। जीवन के अन्तिम समय में आँखों में मोतिया बिन्द उतर आया था इससे कुछ छुटकारा मिला तो बोलने की शक्ति जाती रही।

हाली को उपचार के लिए दिल्ली लाया गया। अभी तक उनकी बोलने की शक्ति पूर्ण रूप से अप्राप्य न हुई थी। बोलने का प्रयत्न करते, किन्तु बोल न पाते थे। दो चार शब्द बोल कर अपनी इच्छा प्रकट कर लेते थे। सालेहा आबिद हुसैन के शब्दों में :

"कोई बात करता तो समझ जाते थे। मुख पर कोमल सी मुस्कान तथा समझ के लक्षण उत्पन्न होते, परन्तु जब तक उत्तर मस्तिष्क से जीभ पर आए अंगों की शक्ति का अन्त हो जाता और मुस्कान असमर्थता में परिवर्तित हो जाती।"

अत्यन्त एवं सम्पूर्ण प्रयत्नों के उपरान्त भी डाक्टर हाली का ऐसा उपचार नहीं कर सके, जिससे उन्हें रोगों से मुक्ति मिलती। 31 दिसम्बर 1914 ई. की रात को दो बजे साहित्यिक संसार को प्रकाशित करने वाला यह महानतम सूर्य सदैव के लिए अस्त हो गया।

प्रथम जनवरी को दिन में दो बजे हाली को पानीपत में हज़रत शाह बू अली क़लन्दर की दरगाह में दफ़न किया गया।

हाली के देहान्त से कुछ ही दिन पूर्व शिबली ईश्वर को प्यारे हो गए थे। अभी उनकी विदाई का घाव रूपित नहीं हुआ कि हाली भी स्वर्ग सिधार चले। इन दोनों के देहान्त पर अल्लामा इक़बाल ने कहा :

शिब्ली को रो रहे थे अभी अहले गुल्सितां
हाली भी हो गया सुए फ़िरदौस रहनवर्द

हाली की ग़ज़ल और कविता

गुरमुख सिंह मुसाफ़िर

मैं अपने गाँव के मिडिल स्कूल में आठवीं कक्षा का छात्र था जब मौलाना हाली का देहांत हुआ। स्कूल के सोग सभा में प्रधानाध्यापक ने सभाजनों को सम्बोधित करते हुए मौलाना हाली को आधुनिक कविता का बादशाह कहा। कवि के अलावा उन्हें भगवान का सच्चा पुजारी और धर्म के मूल मंत्रों का पालन करने वाला कहकर उनकी प्रशंसा की। अन्त में उनकी कविताएं भी सुनाई। उस समय मुझे अधिक सूझ-बूझ नहीं थी। तत्पश्चात् उनके अध्ययन से मैं इस परिणाम पर पहुँचा कि मौलाना हाली से पूर्व उर्दू के अधिकतर कवि साहित्य में कला के प्राचीन और परम्परागत दृष्टिकोण के ही पुजारी थे और ये सत्य है कि मौलाना हाली ने उर्दू कविता को उद्देश्यपूर्ण बनाने, आधुनिक प्रवृतियों से अवगत कराने, साधारणता, सत्यता और वास्तविकता के समीप लाने में मुख्य भुमिका निभाई है। यह देश और मानवता की अद्भुत सेवा है। कितने सरल शब्द हैं :

यही है इबादत यही दीनो इमां
कि काम आये दुनिया में इन्साँ के इन्साँ

एक विस्तृत कविता में देशवासियों को इस प्रकार सम्बोधित किया है :

बैठे बे फ़िक्र कया हो हम वतनो!
उठो और अहले वतन के दोस्त बनो!

उर्दू की पृष्ठभूमि को हाली ने जिस प्रकार उपजाऊ बनाया और जो बीज बोया उसका फल डाक्टर अल्लामा इक़बाल और वृजनारायण चकबस्त आदि जैसे महान कवि हैं—

उर्दू कविता की जिन क़िस्मों से मैं अत्यधिक प्रभावित हूँ, वह ग़ज़ल और रूबाई है, इनमें भी ग़ज़ल ख़ास है। उर्दू कविता की यह ऐसी क़िस्म है जिसका भारत, मुख्यतः उत्तरी भारत की बहुत सी भाषाओं पर अधिक प्रभाव पड़ा। जब मैं

किसी कवि सम्मेलन में उर्दू कवियों की कविता सुन रहा होता हूँ और किसी की ग़ज़ल के सम्बन्ध में कहा जाता है कि यह पुरानी है तो मैं बेतहाशा कह उठता हूँ "ग़ज़ल कभी पुरानी नहीं होती।" वास्तविकता यह है कि ग़ज़ल का रंग व रूप सदैव नवीन व मनमोहक रहता है। क्या आप मीर की इन पंक्तियों को पुराना कह सकते हैं :

नाजुकी उसके लब की क्या कहिये
पंखुड़ी इक गुलाब की सी है
मीर उन नीम बाज़ आँखों में
सारी मस्ती शराब की सी है

इन पंक्तियों की कोमलता, नवीनता, सुन्दरता, सूक्ष्मता और शोभिता आज भी वही है जो आज से एक या दो शताब्दी पूर्व थी। यह पंक्तियां आज भी नवीन और कोमल है।

एक महान कवि किसी दशा अथवा हालत की चित्रकारी इस गुणवत्ता से कर देता है कि वह कल्पना के नैनों में सदैव उसी प्रकार नृत्य करने लगते हैं। अंग्रेज़ी भाषा में इसी को इममारटलाइज़ करना कहते हैं। शैक्सपेयर, वड्र्सवथ, शेले अथवा टेनीसन के गीत इसी प्रकार से अविनाशी बन गए हैं। क्योंकि उनमें मानव जीवन की ऐसी प्रतिभाएं हैं जो हृदय से सम्बन्ध रखती हैं अथवा इनसे ऐसी घटनाएं, भावनाएं और मनोवैज्ञानिक भाव प्रकट होते है जो स्वाभाविक एवं प्राकृतिक है। ग़ज़ल की पंक्तियों का सीधा सम्बन्ध हृदय से है। इसीलिए मैं इसे वास्तविक कविता कहता और मानता हूँ। मेरे प्यारे और देश के प्रिय व प्रसिद्ध कवि कुंवर महेन्दर सिंह बेदी सहर जो उर्दू भाषा और उर्दू कविता के आसक्त एवं संरक्षक हैं, मेरे इस विचार से सहमत हैं कि ग़ज़ल की सुन्दरता एवं जवानी सदाबहार और अविनाशी है।

मौलाना हाली की धार्मिक एवं सुधारवादी गद्यों को देखकर साधारण रूप से यह भ्रम पैदा होने लगता है कि हाली केवल इस्लाम धर्म के प्रचारक और राष्ट्र सुधारक थे, इसलिए उनकी कविताएं नीरस, आनन्दरहित एवं उपदेशीय रूप की हैं, परन्तु यह विचार हाली की सभी कविताओं पर लागू नहीं होता। यदि हाली की उन कविताओं को देखना हो, जो उनके प्राण का स्वर और हृदय के साज़ से निकली हुई ध्वनि एवं भावनाओं का प्रतीक है, तो हाली की ग़ज़ल को देखिए।

हाली की ग़ज़लों में पूर्ण रूप से वह तमाम गुण और अच्छाइयाँ पाई जाती हैं

जो ग़ज़ल की जान होती हैं। हाली की ग़ज़ल में सुन्दरता एवं प्रेम, वियोग एवं संयोग, हृदय में आने वाले विचार, जीवन संघर्ष, विश्व की स्थिरता, समय की निर्दयता, प्रियतम की कृतघ्नता, आंसू एवं अंतर्नाद, जलन एवं आराम, आशा एवं निराशा, अभिलाषा एवं लालसा, कालचक्र एवं विश्व परिवर्तन जैसे विषयों पर अति उत्तम पंक्तियां मिलती हैं। कितनी ही पंक्तियां ऐसी हैं जो लाक्षणिक शब्दावली में परिवर्तित हो चुकी है। हाली की ग़ज़लों की इन पंक्तियों में जीवन के कितने ही अंश और कितने ही रंग प्रदर्शित होते हैं, जो इस बात का प्रमाण हैं कि हाली केवल एक समाज सुधारक ही नहीं थे, अपितु एक अच्छे ग़ज़ल और भावनात्मक कविता कहने वाले कवि थे। इस प्रकार से मौलाना हाली का जीवन और उनकी कविता शेख सादी से अधिक मेल खाती है। सादी जहां एक सुधारक थे वहीं एक अनुपम ग़ज़ल कवि भी थे। विभिन्न देशों एवं राष्ट्रों के जीवन में प्रायः ऐसे दौर आते हैं जब बेचारा कवि भी राजनीति में पड़ जाता है, अपितु यह कहना चाहिए कि ग्रस्त हो जाता है और तब वह हृदय की बातें छोड़कर राष्ट्र के भूतकाल के इतिहास या प्राचीन सभ्यता का इतिहास क्रमबद्ध करने लगता है। मैं इस समय इस पर बहस नहीं करता कि यह कवि का उत्थान होता है या पतन केवल इतना कहूँगा कि वह अपने हृदय के मार्ग से थोड़ा भटक ज़रूर जाता है।

मैं हाली की ग़ज़ल को हाली के हृदय की कविता समझता हूँ और उसके प्रमाण में कुछ शीर्षकों के अन्तर्गत उनकी ग़ज़लों से संकलित शेर पेश करता हूँ :

सुन्दरता से प्रेम

तुमने क्यों वस्ल में पहलू बदला
किसको दावा है शकेबाई का

कुछ मेरी बेखुदी में तुम्हारा ज़ेयां न था
तुम जानना कि बज़्म में इक ख़स्ता जां न था

दिल से ख़्याले दोस्त भुलाया न जाएगा
सीने में दाग़ है कि मिटाया न जाएगा

तुम को हज़ार शर्म सही मुझ को लाख ज़ब्त
उलफ़त वह राज़ है कि छुपाया न जाएगा
नहीं भूलता उसकी रूख़सत का वक़्त
वह रो-रो के मिलना बला हो गया
वह उम्मीद क्या जिसकी हो इन्तेहां

वह वादा नहीं जो वफ़ा हो गया
टपकता है अशआरे हाली से हाल
कहीं सादा दिल मुब्तला हो गया

आगे बढ़े न क़िस्सए इशक़े बुतां से हम
सब कुछ कहा मगर न खुले राज़दां से हम
अब शौक से बिगाड़ की बातें किया करो
कुछ पा गए हैं आपके तरज़े बयां से हम
हम जिसपे मर रहे हैं वह है बात ही कुछ और
आलम में तुझसे लाख सही, तू मगर कहां
होती नहीं क़ुबूल दुआ तर्के इशक़ की
दिल चाहता न हो तो जुबान में असर कहाँ

लाक्षणिक शब्दावली का प्रयोग

दिखाना पड़ेगा मुझे ज़ख्मे दिल
अगर तीर उसका ख़ता हो गया

उनको हाली भी बुलाते हैं घर अपने मेहमां
देखना आपकी और आपके घर की सूरत
बेवफ़ा कौन सी ख़ूबी है नहीं जो तुझमें

वस्फ इतने हैं जहाँ एक वफ़ा और सही
तर्के दुनिया के अलाइक़ तो किए सब ज़ाहिद
गर मुनासिब हो तो इक तर्के रिया और सही
मदरसे में न मिला कुछ तो न तोड़ आस अय दिल
इक दरे दौलते साक़ी पे सदा और सही

सुन्दरता

हर सिम्त गिरया नाभ-ए लैला बलन्द है
पहुँचे जो हौसला हो किसी शहसवार का
बेक़रारी थी सब उम्मीदे मुलाक़ात के साथ
अब वह अगली सी दराजी शके हिजरां में नहीं
बात जो दिल में छुपाए नहीं बनती हाली
सख्त मुश्किल है कि वह क़ाबिले इज़हार नहीं

कालचक्र

है ग़मे रोज़े जुदाई न निशाते शबे वस्ल
हो गई और ही कुछ शाम सहर की सूरत
किस से पैमाने वफ़ा बाँध रही है बुलबुल
कल न पहचान सकेगी गुल तर की सूरत
इक उम्र चाहिए कि गवारा हो नीशे इश्क़
रखखी है आज लज्ज़ते ज़ख्मे जिगर कहाँ
याराने तेज़गाम ने महमिल को जालिया
हम महवे नालाए जरसे कारवाँ रहे
दरिया को अपनी मौज की तुग़यानियों से काम
कशती किसी की पार हो या दरमियां रहे

विवेक एवं ज्ञान

है जुस्तजू कि ख़ूब से है ख़ूबतर कहां
अब देखिये ठहरती है जा कर नज़र कहां
सख़्त मुश्किल है शेवऐ तसीलम
हम भी आख़िर को जी चुराने लगे

भाषा एवं व्याख्यान

क्यों बढ़ाते हो इख़्तेलात बहुत
हम को ताक़त नहीं जुदाई की
न मिला कोई ग़ारते ईमाँ
रह गई शर्म पारसाई की

ये पंक्तियां इस वास्तविकता को प्रकट करती हैं कि हाली केवल मुसद्दस लिखने वाले मद्दोजज़रे इस्लाम के कवि की नहीं, ग़ज़ल के इमाम भी हैं।

हाली : एक महान व्यक्ति

बरहाम नाथ दत्त

माज़ा वस्फ़े रूख़े ज़ेबाए तू ता दमे ज़दह ऐम
वरक़े गुले ख़जलअस्त अज़ वरक़े दफ़्तर मा

1857 ई. की स्वतंत्रता के बाद का समय प्रशासनिक परिवर्तन, शिष्टाचारिक पतन और निराशा एवं हताशा का युग था। धार्मिक एवं आर्थिक संस्थानों में उथल-पुथल का कार्य प्रारम्भ हो चुका था। साहित्य के क्षितिज से ज़ौक व मोमिन तो पहले ही उठ चुके थे। शांतिकामी ग़ालिब ने अपने आप को आधा मुसलमान कहकर जान बचा ली थी और अंग्रेज़ की प्रशंसा को अपना स्वभाव बना लिया। आजुरदा अपनी जागीर गंवा बैठा, परन्तु प्राण बच गया। फज़्ले हक़ ख़ैराबादी को दरयाये शोर (काला पानी) का दंड मिला। शेफता सात वर्ष जेल में रहे। इमाम बख़्श सहबाई ने तलवारतले प्राण गंवाया। मो. हुसैन आज़ाद के पिता ने फांसी पाई, ज़फ़र अंग्रेज़ी कारावास और जीवन कारावास के गंतव्यों की पूर्ति करते रहे थे। समय पलटा खा चुका था और धरती एवं आकाश के चक्करों ने भिन्न रास्ते ग्रहण कर लिए थे। कृषि, कला, दस्तकारी, व्यापार और नौकरी के द्वार मुसलमानों के लिए बन्द हो चुके थे। आश्चर्य होता है कि यदि कोई वर्ग इस घातक स्थिति से प्रभावित नहीं हुआ तो वह धार्मिक मार्ग-दर्शक ही थे जो, शताब्दियों पुराने कगरों और कुटियों में बैठे पुराने स्वप्न देख रहे थे और संतुष्टि से संत और शिष्य के धंधों में व्यस्त थे। राष्ट्र को कोई पूछने वाला न था। हर दिशा में विनाश और अंधकार फैला हुआ था। लोग मानसिक रूप से निराश और अपंग हो चुके थे। ठीक उसी समय हाली ने (दर मअद्दहर क़ैफा दार) जिस ओर युग जाए उसी ओर चले जाओ का राग अलापा और यह नया सन्देश और नया निमंत्रण लोगों को दिया कि जीवन कर्म है कर्म का त्याग नहीं, गति व कर्म स्थिर व अचल नहीं। सुरक्षा व शान्ति ही सही है, हिंसा व विद्रोह नहीं और इसी मार्ग पर चल कर मनुष्य अपने जीवन में संतुलन पैदा कर सकता है। यह सन्देश धर्म गुरुओं और उसके

ठेकेदारों को पसन्द न आया वह अप्रसन्न हो गए और कुफ्र का फतवा दे दिया। उनके संकल्पों के विरोध और गतिरोध ने कोई कमी नहीं छोड़ी और निरन्तरता से आक्रमण किये :

अय शैख़ व बसीत हक़ीक़त है कुफ्र की
क़ैदे रूसूम ने जिसे ईमां बना दिया

उन दिनों उर्दू कविता सुन्दरता एवं प्रेम, चुम्बन और इच्छा व चाह से सम्बन्धित विषयों तक सीमित थी। हाली ने कवियों को झिंझोड़ा और उनके दृष्टिकोण को बदल दिया। इस आधुनिक कल्पना से उनकी काया पलट गई और उन्हें इस बात का आभास हो गया कि कविता की सीमा कार्यरत जीवन का एक अंग है। केवल नकली दांव-पेच नहीं। जीवन के मूल्यों का प्रचार, समाज एवं वातावरण का सुधार, देश एवं राष्ट्र की सेवा, स्वभाव एवं चरित्र की संस्कृति, विचार एवं कार्य में संतुलित दृष्टिकोण ही कविता के मूल मन्त्र एवं अभिन्न अंग है। यह एक बड़ा ही श्रेष्ठ और उत्तम कार्य था जिसे हाली ने पूरा किया। अगर ऐसा न होता तो हमारे गुरु तुग़राई, इक़बाल, अकबर और सरवर जहानाबादी किसी और ही रंग में सामने आते।

यह चमत्कार "मुसद्दस मद्दों जज़रे इस्लाम" के माध्यम से उत्पन्न हुआ था, जिसके बन्द अब हर एकक होठों पर रहते हैं और हमारे जीवन का एक अभिन्न अंग बन चुके हैं। अपने चुने हुए कुछ बन्द प्रस्तुत करता हूँ, कि कितने साहस, आत्म विश्वास और निर्भीकता से कवियों को संबोधित किया गया है :

वह शेरो क़साइद का नापाक दफ़्तर
उफ़ूनत में संडास से जो है बद्तर
ज़मीं जिससे है ज़ज़्ले में बराबर
मलक जिस से शरमाते हैं आस्माँ पर
हुआ इल्मे दीं जिस से ताराज सारा
वो इल्मों में इल्मे अदब है हमारा
बुरा शेर कहने की गर कुछ सज़ा है
अबस झूठ बकना अगर नारवा है
तो वह मुहकमा जिसका क़ाज़ी खुदा है
मक़र्रर जहां नेकों बद की सज़ा है
गुनहगार वाँ छूट जायें गे सारे
जहन्नम को भर देंगे शायर हमारे

जो सक्के न हों जी से जायें गुज़र सब
हो मैला जहाँ गुम हों धोबी अगर सब
बने दम पे गर शहर छोड़ें नफ़र सब
जो थुड़ जायें मेहतर तो गंदे हों घर सब
प कर जायें हिजरत जो शायर हमारे
कहें मिल के "ख़स कम जहाँ पाक" सारे
तवायफ़ को अज़बर हैं दीवान उनके
गवयौं पे बेहद हैं एहसान उनके
निकलते हैं तकियों में अरमान उनके
सनाखां हैं इबलीस व शैतान उनके
कि अक़लों पे परदे दिये डाल उन्होंने
हमें कर दिया फ़ारगिुल बाल उन्होंने

इस "मुसद्दस" में ज्ञान, सहानुभूति, कृपा और स्वभाव का वर्णन ऐसे प्रभावशाली शब्दों और उत्तम गुणों का उपदेश ऐसे मनमोहक रूप में किया गया है कि एक-एक हृदय में घर कर जाता है। "मुसद्दस" में ऐसे बन्द भी हैं कि पतन का आभास कराने के बाद यूरोपियों व भारतीयों को उदाहरण के रूप में प्रस्तुत करके मुसलमानों को उनके उपदेश के लिये उभारा गया है। साधारण और मनमोहक शब्दों में आन्दोलन एवं कर्म को निमन्त्रण दिया गया है। इन पंक्तियों को देखें :

तनज्ज़ल ने की है बुरी गत हमारी
बहुत दूर पहुँती है नुकबत हमारी
गई गुज़र दुनिया से इज्ज़त हमारी
नहीं कुछ उभरने की सूरत हमारी
पड़े हैं इक उम्मीद के हम सहारे
तवक़्क़ों पे जन्नत की जीते हैं सारे
वह क़ौमें जो सब राहें तय कर चुकी हैं
ज़ख़ीरे हर एक जिन्स के भर चुकी हैं
हर इक बोझ बार अपने सर धर चुकी हैं
हुई तब है ज़िन्दा कि जब मर चुकी है।
उसी तरह राहें तलब में है पोया

बहुत दूर अभी उन को जाना है गोया
मगर हम कि अब तक जहां थे वहीं हैं
जमादात की तरह बारे ज़मीं है
जहां में हैं ऐसे कि गोया नहीं हैं
ज़माना से कुछ ऐसे फ़ारिग़ नशीं है।
कि गोया ज़रूरी था जो काम करना
वह सब कर चुके एक बाक़ी है मरना

यहाँ और हैं जितनी कौमें गेरामी
ख़ुद इक़बाल हैं आज उन का सलामी
तिजारत में मुमताज़ दौलत में नामी
ज़माने के साथी तरक़्क़ी के हामी
न फ़ारिग़ हैं औलाद की तरबियत से
न बे फ़िक्र है क़ौम की तक़वियत से
दुकान उन की है और बाज़ार उनका
बन्ज उनका है और बेहवार उनका
ज़माने में फैला है व्यापार उनका
है पीरो जवान बरसरेकार उनका
मदार अहलकारी का है अब उन्हीं पर
उन्हीं के हैं आफ़िस उन्हीं के हैं दफ्तर
मोअज़्ज़ज़ है हर एक दरबार में वह
गरामी हैं हर एक सरकार में वह
न रूसवा है आदात एतवार में वह
न बदनाम गुफ़्तारो किरदार में वह
न पेशा से हिरफा से इनकार उनको
न मेहनत मशक़्क़त से कुछ आर उनको
जो गिरते हैं गिर कर संभल जाते हैं वह
पड़े ज़द तो बच कर निकल जाते हैं वह
हर एक सांचे में जा के ढल जाते हैं वह
जहां रंग बदले - बदल जाते हैं वह
हर इक वक़्त का मुक़्तज़ा जानते हैं
ज़माने के तेवर को पहचानते हैं

मगर है हमारी नज़र इतनी ऊंची
कि यक्सां है वां सब बुलन्दी व पसती
नहीं अब तक असलन ख़बर हमको यह भी
कि है कौन मुरदार कुतिया "तरक़्क़ी"
जिधर खोल कर आँख हम देखते हैं
ज़माने को अपने से कम देखते हैं।

हाली की दूसरी प्रशंसा योग्य रचना "मुकद्मा दीवाने हाली" है, जिसमें उन्होंने पद्य के प्रत्येक वर्गों का सम्पूर्ण एवं साधारण वर्णन किया है। उनसे पूर्व प्रसंग तो कई लिखे गए थे, परन्तु इस रूप की कोई रचना उर्दू में पर्याप्त न थी। इसलिए उर्दू समीक्षा के संस्थापकों में हाली का नाम सबसे ऊपर है। उन्होंने अरब, ईरान, यूनान, भारत और यूरोप के प्रसिद्ध एवं नामी कवियों व साहित्यकारों पर न्यायपूर्ण समीक्षा की है और यह भी स्पष्ट कर दिया है कि राष्ट्र की उन्नति और पतन में कवियों का अधिक योगदान होता है। यह रचना अब भी इस विषय की एक प्रमाणित लेखपत्र समझी जाती है।

यद्यपि, हाली को आधुनिक कविता का संस्थापक एवं भक्त कहा जाता है, परन्तु यह भी सत्य है कि ग़ज़ल के रंग में भी वह अपने समकालीनों में प्रतिष्ठित थे। तड़प एवं नरमी, सरलता एवं गतिशीलता और धीरता एवं गंभीरता की उनकी रचना में कमी नहीं। इसके प्रमाण स्वरूप निम्नलिखित पंक्तियाँ प्रस्तुत की जा सकती हैं :

बेक़रारी थी सब उम्मीदें मुलाक़ात के साथ
अब वह अगली सी दराज़ी शबे हिजरां में नहीं
सख्त मुश्किल है शेवऐ तसलीम
हम भी आख़िर को जी चुराने लगे
तरके दुनिया के अलाइक़ तो किए सब ज़ाहिद
गर मुनासिब हो तो इक तरके रिया और सही
याराने तेज़ गाम ने मुहोमल को जा लिया
हम महवें नाला जरसे कारवां रहे
मिलते ही उनके भूल गई कुलफ़तें तमाम
गोया हमारे सर पे कभी आसमां न था
इश्क़ कहते हैं जिसे सब वह यही है शायद

खुद बख़ुद दिल में है इक शख़्स समाया जाता
अब भागते हैं सायऐ इशक़े बुताँ से हम
कुछ दिल से हैं डरे हुए कुछ आस्मां से हम
हम जिसपे मर रहे हैं वह है बात ही कुछ और
आलम में तुझ से लाख सही तू मगर कहां

यद्यपि यह संकलन संक्षिप्त है परन्तु प्रतिनिधि अवश्य है और उन पंक्तियों में सम्मिलित है जो तमाम लोगों के होठों पर उदाहरण के रूप में चढ़े हुए हैं। इन में और भी वृद्धि हो सकती है परन्तु दीर्घता उद्देश्य नहीं है।

हाली को प्रायः बहुत ही रूखा मौलवी समझा जाता है। धर्म के ज्ञानी, धर्मशास्त्र के पुजारी और अध्यापक एवं शिक्षक तो वह अवश्य थे, परन्तु उन पर खुर्रेपन का कटाक्ष नितांत अत्याचार है। उनके स्वभाव में सुशीलता एवं विनोदप्रियता का अंश भी विद्यमान था। इस बात का प्रमाण निम्नलिखित दो पत्रों से स्पष्ट है जो कि उन्होंने मौलवी अब्दुल हक़ को लिखे थे :

"मेरा मन करता है कि कुछ दिन वहाँ आकर रहूं, मगर बुढ़ापे में इतनी अधिक दूरी पर किसी मित्र के पास रहना या तो उसे परिचर्या का दुःख देना है या उस पर कफ़न दफ़न का भार डालना।"

मौलवी अब्दुलहक़ दिल्ली आने का इरादा करते हैं और हाली को इसकी सूचना देते हैं, उत्तर यह मिलता है :

"आप ने बहुत जल्द आने की प्रतिज्ञा की है, परन्तु मैं अपनी स्थिति के अनुसार यह पद्य पढ़ता हूँ।"

किसे ख़बर कि सहर हो न हो जिएं न जिएं
शबे फ़िराक़ कई एहतेमाल रखती है

"मैं अपनी ओर से उस समय तक जीवित रहने का सम्पूर्ण प्रयास करूंगा।"

हाली के पत्र उनके पवित्र विचारों को स्पष्ट करते हैं। वह संक्षिप्त एवं सरल शब्दों में अपने उद्देश्य प्रकट कर देते हैं।

हाली के पद्यांश "बरसात, उम्मीद, रहम-ओ-इन्साफ, हुब्बे वतन और चुप की दाद" इत्यादि सब अपने स्थान पर अत्यधिक प्रमुख हैं और कई बार प्रकाशित हो चुके हैं, परन्तु जो सर्वप्रियता एवं प्रतिष्ठा "मरसिया-ए-ग़ालिब" को प्राप्त हुआ, वह किसी दूसरे कवि के सौभाग्य में नहीं आ सका। इस मरसिया को लेख का अन्त ही समझना चाहिए। यह ऐसे सहसा उत्पन्न होने वाली भावनाओं का द्योतक

है जो अतिसत्यता एवं निष्कपटता के बिना प्रकट नहीं हो सकती। शोकगान दीर्घ है, केवल अन्तिम बन्द प्रस्तुत करता हूँ।

दिल की बातें जब उस की याद आई
किस की बातों से दिल को बहलाए
मरसिया उसका लिखते हैं अहबाब
किस से इसलाह ले किधर जाएं

पस्त मज़मून है नौहाए उस्ताद
किस तरह आसमान पे पहुँचाएं
लोग कुछ पूछने को आये हैं
अहले मय्यत जनाज़ा ठहराएं
लाऐंगे फिर कहां से ग़ालिब को
सूऐ मदफ़न अभी न ले जाएं
उन को अगलों पे क्यों न दें तरज़ीह
अहले इन्साफ़ ग़ौर फ़रमाएं
क़ुदसी व साइब व असीर व कलीम
लोग जो चाहें उन को ठहराएं
हम ने सब का क़लाम देखा है
है अदब शर्त मुंह न खुलवाएं
ग़ालिब नुक़्ता दाँ से क्या निस्बत
ख़ाक को आसमां से क्या निस्बत

यही शोकगान है जिस ने ग़ालिब को ग़ालिब बना दिया। अपितु ग़ालिब का यह स्वप्न कि "शोहरते शेरम बगीती बाद मन ख़ताहद शुदन" कदाचित कभी पूरा न हो सकता था।

हाली की एक और रचना का वर्णन अनिवार्य है। यह सर सय्यद अहमद की जीवनी "हयात-ए-जावेद" है। हाली ने इसे बड़े कठिन परिश्रम एवं श्रद्धा से लिखा और इसमें प्रशंसित के गुण एक-एक करके गिनाए गए हैं। यह गौरवपूर्ण रचना भी हाली की प्रसिद्धि एवं कीर्ति में वृद्धि का कारण बनी।

सर सय्यद से उनके सम्बन्ध अति उत्तम एवं निकटता के थे और वह जीवनभर उनके साथ-साथ राष्ट्र एवं देश के कल्याण एवं उन्नति के लिए कार्यरत रहे। वह उन्हें बहुत प्रिय थे।

हाली वस्तु, आभूषण, वेशभूषा और विचारधारा एवं चिंतन के अनुसार पक्के मुसलमान थे। क़ादरिया सिलसिला से शपथ लिए हुए थे। धर्मशास्त्रों का दृढ़ता से पालन करने वाले थे। सज्जनता की मूरत थे। ज्ञान के स्वाभाविक प्रेमी थे। अनुदारता, पक्षपात एवं रूखेपन से उन्हें घृणा थी। तात्पर्य यह है कि पवित्र एवं लाभकारी मनुष्य थे, जिन्होंने अपने जीवन का एक बड़ा हिस्सा मूल्क और इसांनियत को अर्पित कर दिया, जिसके बारे में वास्तव में यह कहा जा सकता है कि :

बहुत जी ख़ुश हुआ हाली से मिलकर
अभी कुछ लोग बाक़ी हैं जहाँ में।

महिला स्वाधीनता एवं हाली

ज़फ़र अदीब

हाली जैसे सहृदय कवि के लिए यह असम्भव था कि वह स्त्रियों की दयनीय दशा और पिछड़ेपन पर ध्यान केंद्रित न करते तथा उनकी दशा से उन्हें आघात न पहुँचता। वह तो जन्मे ही इसलिए थे कि हर एक के दुःख में आंसू बहाएं और दूसरों को भी उस दुःख का वर्णन कर रुलाएं। इस सहानुभूति ने उन्हें समुदाय (जाति) को घाव होने पर तड़पाया तथा "मुसद्दस" हाली जैसी एक अद्भुत कलाकृति उर्दू कविता को दी। यही सहानुभूति उनकी "मुनाजाते बेवा", "चुप की दाद" की रचना का आधार बना। "मुनाजाते बेवा" स्त्रियों की दशाओं का दुःखमय वर्णन है जिसे पढ़ते समय आँखें भर जाती हैं। कठोर से कठोर हृदय भी इसकी ओर आकर्षित हो जाता है और उसके मौलिक अर्थों को जानने का इच्छुक हो जाता है। "चुप की दाद" स्त्रियों के गुणों व कर्त्तव्यों के सम्बन्ध में वर्णन है, परन्तु इस लेखनी से जिस महिला का चित्र उभरता है, वह जागीरदारी के समय की नारी है। 'मजालिसुन्निसा' तो बालिकाओं के विद्यालयों में पढ़ाई जाती है, लेकिन इसमें सुधार का उद्देश्य अग्रणी रहा है। यह उपन्यास के रूप में दो भागों में रची गयी थी और पंजाब एवं यू.पी. (उत्तर प्रदेश) के पाठ्यक्रम में एक अवधि तक शामिल रही है। इसका उद्देश्य था कि महिलाओं को शिक्षा व प्रशिक्षण के सिद्धान्तों से अवगत कराया जाए ताकि उनकी गोद में और ममता की छाँव में पलने वाले वंश, देश का नाम उज्ज्वल कर सकें तथा स्वयं भी अपने कर्त्तव्यों को सर्वश्रेष्ठ ढंग से निभा सकें।

सुधार के रास्ते में उत्पन्न होने वाली बाधा और अधिकतर त्रुटियों का कारण, वे अशिक्षा नहीं अपितु आधुनिक शिक्षा के अभाव को मानते हैं। चूँकि स्त्रियाँ साधारण रूप से रीति-रिवाज़ की अधिक पाबन्द होती हैं, इस कारण वह स्त्रियों में सुधार को अति आवश्यक समझते थे। बल्कि पुरुषों में सुधार को स्त्रियों के सुधार के बिना एक सीमा तक असम्भव समझते थे। उनके विचार में शिक्षा से वंचित

रहने का एक मुख्य कारण पर्दा भी है, क्योंकि इसी कारण स्त्रियों को चारदीवारी में बन्द रहना पड़ता है और वह रीति-रिवाज़ को दिल बहलाने की वस्तु बनाए रखती है, जिनसे कोई लाभ तो नहीं होता, दोष ही उत्पन्न होता है। आर्थिक समस्याएं और विडंबनाएं तो इसका अनिवार्य भाग होती ही हैं।

हाली स्वाभाविक एवं प्राकृतिक रूप से सुधार को प्राथमिकता देते थे, इस लिए जब वह कविता के वातावरण में दाखिल हुए, तो बड़े संभले हुए भाव के साथ, अन्य कवियों से अलग शैली में। वह ग़ज़ल में भी दूसरों से भिन्न रहे। उनके इस प्राथमिकता को वास्तव में बल मिला होगा शेफता की निकटता के द्वारा। हाली पर मोमिन का अधिक प्रभाव पड़ा। इसके उपरान्त भी हाली बहुत संभले-संभले से रहे और ग़ालिब की विशेष कृपा के कारण उन्हें बुद्धि एवं चिंतन सुगमता से मिली है, इसी कारण वह तत्पश्चात ग़ज़लिया कविता से परे हट जाते हैं एवं संशोधिक कविता कहने लगते हैं। यह परिवर्तन उन्नति का परिणाम था न कि यह किसी आंदोलन के प्रभाव से अस्तित्व में आया था तथा न ही किसी महत्वपूर्ण घटना का परिणाम था।

यह हाली के हृदय व मस्तिष्क की विशेषता थी कि नीरस व बेरंग विषय की कविता को विशिष्ट स्थान एवं उत्कृष्ट स्वरूप मिला। उन्होंने वास्तविक वैचारिक शक्ति पर सर्वदा बल दिया तथा कल्पना शक्ति को अपने मस्तिष्क में पनपने नहीं दिया। वह कविता पर विजयी रहे और कभी भी कविता में पराजित नहीं ठहरे। एक सीमा तक उनके निबन्ध भी सहायक रहे, विशेषतः दूसरे युग की कविता में जिससे वह दिल की राम कहानी के स्थान पर सांसारिक कहानी का विवरण देते हैं। इस सम्बन्ध में वह वास्तव में सौभाग्यशाली रहे कि उन्हें शेफता एवं ग़ालिब के पश्चात् सर सैय्यद की मित्रता प्राप्त हुई, जिसने उनकी शुद्धिकरण प्रवृत्ति को और हवा दी। सम्भव था कि अभिन्न वातावरण में हाली अपने मन एवं बुद्धि से वह काम न ले पाते जो कार्य उन्होंने अनुकूल वातावरण में ले लिया। उनमें शिक्षा एवं प्रशिक्षण की जो सच्ची लगन आरम्भ में थी, वह इन्हें कठिन परिस्थितियों से उबार लाई, यद्यपि परिस्थितियाँ अनुकूल नहीं थी।

काव्य लेखन एवं सुधार प्रवृत्ति का गुण सम्मिलित रूप से किसी एक व्यक्ति में होना सौभाग्य की बात है। हाली उर्दू साहित्य के अद्वितीय व्यक्ति हैं, जिनमें उपरोक्त गुण उच्च श्रेणी एवं उच्च स्तर पर पाए जाते हैं। इस सम्बन्ध में वह कुछ दृष्टिकोण से इक़बाल से भी आगे दिखाई देते हैं, फिर उनकी सुधारक लालसा केवल साहित्य तक ही सीमित नहीं रह जाती है अपितु यह समाज के प्रत्येक

हिस्से और जीवन के सभी क्षेत्रों में कार्यरत पाया जाता है एवं दृढ़ ही रहता है। कहीं भी उनके अस्तित्व पर आँच नहीं आ पाती।

चूँकि आर्थिक एवं सामाजिक स्थिति में गहरा सम्बन्ध है, इसलिए समाज के सुधार में हाली आर्थिक स्थिति की अवहेलना नहीं करते, अपितु आर्थिक दशा को सुधारने के लिए वह कुरीतियों एवं बेकार परम्पराओं से परे रहने के लिए उपदेश देते हैं। इससे आर्थिक विकास के साथ-साथ समाज में विद्यमान बुराइयों से भी छुटकारा मिलता है। अपव्यय चाहे कितना ही न्यूनतम हो, उन्हें एक आँख भी न भाता था तथा वह उस पर कड़ा प्रहार करते थे। उन्होंने देखा कि आर्य समाज से प्रभावित महिलाएं सामाजिक बदलाव या सुधार को स्वीकार कर रही हैं, क्योंकि वे वर्तमान समय की शिक्षा से बेख़बर नहीं हैं। अतः उन्होंने मुस्लिम स्त्रियों में शिक्षा की आवश्यकता तथा परम्परागत रीतियों को त्याग देने के उपदेश पर बल दिया। वह इन दोनों को आर्थिक एवं सामाजिक सुधार के लिए आवश्यक समझते थे।

महिला वर्ग ने हाली के रूप में एक शुभ-चिन्तक पाया। हाली ने महिलाओं को न केवल शिक्षा का महत्व बताया बल्कि उन्हें अपनी स्थिति को बेहतर बनाने के दायित्व की ओर भी ध्यान दिलाया। यही नहीं, पुरुषों को भी सर्वोत्तम ढंग से नारी की दयनीय स्थिति से अवगत कराया।

चूँकि हाली वास्तविकता एवं बुद्धिमत्ता से कभी नज़र नहीं चुराते। इसलिए उनका प्रयास सफल हुआ। केवल वही लोग नाक व भवें चढ़ा कर रह गए, जिनके लिए वास्तविकता एवं बुद्धिमता दोनों ही व्यर्थ की वस्तुएं थी और रीतिबद्धता सब कुछ थी।

जागीरदारी व्यवस्था में महिलाओं की स्थिति कभी भी अच्छी नहीं रही है। उन्हें अपने अधिकारों से भी वंचित रहना पड़ा है। वह मात्र पुरुषों की सम्पत्ति रही है और उनकी सन्तान की माँ, दूध पिलाने वाली, खिलाने वाली, पालन-पोषण करने वाली स्त्री, अत्याचारों एवं अन्यायों से पीड़ित रही है। उसे इसलिए शिक्षा से वंचित रखा जाता रहा कि वह अपने मूलभूत अधिकारों की माँग न कर सके एवं पुरूषों के समान होने का दावा न कर बैठे। देखिए, हाली किस प्रकार स्त्रियों के साथ-साथ समाज को भी उनकी अचेतना का अनुभव कराते हैं।

गुज़रे थे जुग तुम पर कि हमदर्दी न थी तुम से कहीं
था मुनहरिफ़ तुम से फ़लक बरगश्ता की तुमसे ज़मीं
दुनिया के दाना और हकीम इस ख़ौफ़ से लरज़ाँ थे सब
तुम पर मुबादा इल्म की पड़ जाए परछाइयाँ कहीं

ऐसा न हो मर्द और औरत में रहे बाक़ी न फ़र्क़
तालीम पाकर आदमी बनना तुम्हें ज़ेबा नहीं

इस कविता को आरम्भिक काल तक (1805) मुसलमानों क़े उज्ज्वल वैचारिक वर्गों में स्त्रियों की शिक्षा के लिए आवश्यक समझी जाने लगी थी और रूढ़िगत वैचारिकों को इस लड़ाई में भी हार माननी पड़ी। हाली महिलाओं की शिक्षा के लिए तो उत्तेजना दिखाते हैं, परन्तु पर्दे के विरुद्ध जिसे वह सामाजिक सुधार में एक बाधा समझते थे, वह उत्तेजना पर्दे के सम्बन्ध में इतनी शक्तिशाली नहीं थी। वह इस सम्बन्ध में राष्ट्रीय स्तर पर सुधार चाहते थे। वह यह नहीं चाहते थे कि कोई पन्थ पर्दे से वंचित रहे एवं कोई उससे सम्बन्धित रहे। इस प्रकार पर्दे में कुछ ख़राबी देखते थे तथा उसे उत्कृष्ट परिणाम के लिए योग्य नहीं समझते थे। यदि पर्दा शिक्षा के मार्ग में बाधक न प्रतीत होता, तो वे पर्दे का विरोध नहीं करते। वह बाद में पर्दे को संयत एवं पवित्रता का माध्यम समझने लगे थे। सम्भव है कि उस समय तक इसके लिए युग एवं समय अनुकूल न रहा हो अथवा धर्म और समाज से वह इतना बड़ा विद्रोह करने का साहस ही न जुटा सके हों। इसके कई कारण हो सकते हैं, जिनमें उनकी प्राथमिक शिक्षा एवं प्रशिक्षण और वातावरण भी एक कारण हो सकता है। इस कविता में जब वह कहते हैं :

अफ़सोस दुनिया में बहुत तुम पर हुए जोरो जफ़ा
हक़ तलफ़िया तुम ने सहीं बेमहरियाँ झेलीं सदा

तो इससे पता चलता है कि इन्हें किस प्रकार इस वर्ग की शक्तिहीनता एवं असमर्थता का अहसास था कि कहने को तो एक बात ही हुई, परन्तु यह किसी चीख़ पुकार या अंतर्नाद से कम नहीं एवं हाली के दर्द को जो उन्होंने इस सम्बन्ध में अनुभव किया, एक सीमा तक स्पष्ट रूप से प्रकट करती हैं। फिर वह पुरुषों की चेतना जगाते हैं, कि उन्होंने किस प्रकार इस असहाय वर्ग पर ध्यान नहीं दिया एवं इसे मात्र दासी ही बनाए रखा, उन्हें उन सुख-सुविधाओं से वंचित रखा जो स्वयं पुरुषों को प्राप्त है :

जो इल्म मर्दों के लिए समझा गया आब ह़यात
ठहरा तुम्हारे हक़ में वह ज़हरे हलाहल सर बसर
आया है वक़्त इन्साफ़ का नज़दीक है योमुल हिसाब
दुनिया को देना होगा इन हक़ तलफ़ियों का वाँ जवाब

"मुनाजाते बेवा" एक खामोश फरयाद है। विधवा स्त्रियों से दुर्व्यवहार एवं

अत्याचार के विरुद्ध इसकी हृदय को पिघलाने वाली शैली को देखा जाए तो यह आभास होता है कि जैसी उत्तेजना है, वैसा ही वर्णन भी है। अतः यह कविता सर्वश्रेष्ठ हो गई एवं अपने प्रभावों के कारण उर्दू की अन्य कविताओं पर भारी पड़ गई। यह उस स्त्री की एक शान्त अंतर्नाद है, जिसके सम्बन्ध में "चुप की दाद" में लिखते हैं :

कि तुम ने इस दारूल मिहन में जिस तहम्मुल से बसर
ज़ेबा है गर कहिऐ तुम्हें फ़ख्र बनी नोए़ बशर

और जिसे इस प्रकार सम्बोधित करते हैः

ऐ माओ बहनो बेटियो दुनिया की ड्ञात तुमसे है
मुल्कों की बस्ती हो तुम्हीं क़ौमों की ड्ञात तुम से है
नेकी की तुम तस्वीर हो इफ़्फ़त की तुम तदबीर हो,
हो दीन की तुम पास्बाँ ईमाँ सलामत तुम से है
फितरत तुम्हारी है ह़या तीनता में है महरो वफ़ा
घुट्टी में है सब्र व रज़ा इन्साँ इबारत तुम से है
तुम आस हो बीमार की ढारस हो तुम लाचार की
दौलत हो तुम नादार की उस्रत में इशरत तुम से है।

"मुनाजाते बेवा" का रचना काल "चुप की दाद" से पूर्व का है, अर्थात् सन् 1886 ई. अथवा 1887।

ए मेरे ज़ोर और क़ुदरत वाले
हिकमत और हुकुमत वाले
मैं लौंडी तेरे दुखयारी
दरवाज़े की तेरी भिखारी
मौत की ख़्वाहाँ जान की दुश्मन
जान पे अपनी आप अजीरन
सह के बहुत आज़ार चली हूँ
दुनिया से बेज़ार चली हूँ

इस शैली में इससे अन्दाज़ा होता है कि अपना दुखड़ा बयान करने वाली विधवा स्त्री ने किन विपदाओं का सामना किया होगा। तथा यह वर्णन वास्तविक प्रतीत होता है :

दिल पर मेरे दाग़ है जितने
मुँह में बोल नहीं है उतने
तुझ पर है सब रोशन दुख दिल का
तुझ से हक़ीक़त अपनी कहूँ क्या
बयाह कै दम पाई थी न लेने
लेने के याँ पड़ गए देने
ख़ुशी में भी सुख आस न आया
ग़म के सिवा कुछ रास न आया
एक ख़ुशी न ग़म ये दिखाए
एक हँसी ने गुल ये खिलाये
चैन से रहने दिया न जी को
कर दिया मलयामेट ख़ुशी को।

ये तो बहुत अधिक दुखिया ही कह सकती है, जिसने खुशी की तमन्ना की थी, परन्तु स्वप्न का आरम्भ ही भयानक हो गया :

कोई नहीं दिल का बहलावा
आ नहीं चुकता मेरा बुलावा
आठ पहर का है ये जलापा
काटूंगी किस तरह रंडाँपा
सैलानी जब बाग़ में आऐ
फूल न थे खिलन अभी पाए
फूल खिले जिस वक़्त चमन में
जा सोऐ सैलानी वन में
पीत न थी जब पाया पीतम
पीत हुई तो गंवाया पीतम।

इस गंभीरता से किसी ने भारतीय महिलाओं की असमर्थता का आभास नहीं दिलाया। वही प्रथम व्यक्ति थे जिन्होंने सबसे पहले आवाज़ उठाई एवं इस वेग से उठाई कि विश्व की आँखें इस ओर उठ गई तथा उन्हें भी अपनी कठोरता की समीक्षा करनी पड़ी जो महिलाओं को समानता देने के लिए किसी स्थिति में सहमत नहीं थे। हाली की ये विशेषताएँ इस मामले में भी कम नहीं कि उन्होंने जिस विषय पर जो कुछ लिखा वह इनके अनुभव का ही परिणाम रहा। इसमें इनके सद्भावनाओं का भी प्रभाव रहा एवं मन और मस्तिष्क पर छाया रहा, इसी

कारण उनके काव्य एवं साहित्य का समाज पर अत्यधिक प्रभाव पड़ता है तथा उनमें भावनाओं की तपिश एवं अनुभवों की सच्चाई पूर्ण रूप से पायी जाती है। यही कारण है कि साहित्यिक सौन्दर्य भी बना रहता है। उनकी "मुसद्दस" की तरह "मुनाजात बेवा" तथा "चुप की दाद" को भी अधिकतर आलोचक इतना महत्वपूर्ण मानते हैं, कि वह यहाँ तक कह जाते हैं किः "यदि हाली ने "मुसद्दस" न भी लिखी होती तो "मुनाजात बेवा" ही उनको सदा जीवित रखने के लिए काफी थी।" क्या "यादगारे ग़ालिब", "मुक़द्मा शेरो-शायरी", "हयाते सादी", "हयाते जावेद", या लाहौर के मुशायरों के लिए लिखी हुई चार मसनवियां इस राय की अधिकारी नहीं है? सत्य यह है कि प्रत्येक रचना में उनकी सद्भावना अपना सौन्दर्य दिखाती है तथा किसी को उसमें अपनी झलक मिलती है, वही उसे एक अद्भुत कलाकृति दिखाई पड़ता है।" यह हाली को सर्वदा जीवित रखने के लिए पर्याप्त प्रतीत होता है।

यद्यपि इस विषय पर इनकी यही दो स्थायी कविताएँ हैं, परन्तु उन्होंने इन्हीं से प्रत्येक दृष्टि से स्वयं को महिला स्वतंत्रता का पक्षधर सिद्ध कर दिया है। वे खंडित समाज के ही सुधारक हैं तथा इस रूप में ऐसा न उनसे पूर्व कोई था, न ही उनके काल में हुआ।

हाली : एक महापुरुष

बेगम सालेहा आबिद हुसैन

ख़्वाज़ा अलताफ हुसैन हाली का व्यक्तित्व ऐसा है कि जो व्यक्ति भी उर्दू भाषा एवं साहित्य से परिचित होगा, सम्भव नहीं कि वह उनको न जानता हो। उन्होंने अपने कलम के द्वारा वर्षों तक देश, राष्ट्र, भाषा, ज्ञान, साहित्य एवं कविता की इतनी अधिक सेवाएं की हैं, जिनको भुलाया नहीं जा सकता। डॉ. ज़ाकिर हुसैन ने अपने एक निबंध "हाली मुहिब्बे वतन" में, जो उन्होंने 1937 में पानीपत में हाली की सौ वर्षीय वर्षगांठ के अवसर पर पढ़ा था, हाली के बारे में एक स्थान पर कहा था, "हमारे राजनैतिक इतिहास, शैक्षिक इतिहास, सामाजिक इतिहास एवं साहित्यिक इतिहास में जहां कहीं पिछली अर्द्ध शताब्दी में किसी उचित गति की गतिशीलता दिखाई देगी तो उसकी कड़ी उस साहित्यकार, कवि, सुधारक, देशभक्त एवं इससे भी अधिक उस पवित्र हृदय देवता स्वभाव मनुष्य के मानसिक परिश्रम के पवित्र एवं स्वच्छ स्रोत से जा मिलती है।

हम यहाँ उसी देवता समान, स्वच्छ हृदय, पवित्रमान व्यक्ति के चरित्र के कुछ ऐसे भागों पर प्रकाश डालेंगे, जिनसे यह मालूम होता है कि मौलाना हाली केवल एक महान साहित्यकार एवं कवि, समालोचक एवं सुधारक ही न थे अपितु, साथ ही एक मनुष्य थे, महान मनुष्य। उनकी बचपन, जवानी एवं बुढ़ापा एक खुली हुई पुस्तक के समान है। उनके सम्पूर्ण जीवन पर दृष्टि डालिए, बड़ी समालोचकीय दृष्टि, परन्तु कोई ऐसी बात नहीं मिलेगी जो निम्न एवं घटिया हो। भोंडापन, ओछापन, लगलसा एवं कठोरता जैसी चीज़ें उनको छू कर भी नहीं गईं थीं। आत्मप्रशंसा और घमंड का नाम न था। ऐसा प्रतीत होता है कि ऊपर वाले ने उनके सीने में एक बहुत बड़ा हृदय रख दिया था, जिसमें एक ओर अगर ज्ञान की तीव्र लालसा कविता एवं साहित्य की उत्कृष्ट योग्यताएं, राष्ट्र की सेवा की अथाह इच्छा थी, तो दूसरी ओर ऐसी गुणवत्ता रख दी गई थी, जो किसी व्यक्ति को उच्चतम मानव बनाती हैं।

मौलवी अब्दुलहक़ ने हाली के प्रति एक स्थान पर कहा है कि "उनके चरित्र की दो महत्वपूर्ण विशेषताएं थीं, साधारणता एवं सुशीलता। "ख़्वाज़ा ग़ुलामुस्सक़लैन का विचार है कि "मौलाना हाली के आचरण, स्वभाव, बरताव, शिष्टाचार, दानशीलता में अत्यधिक संतुलन था और वास्तविकता तो यह है कि सरलता, सुशीलता और संतुलन से हाली का ढाँचा बना था।

हाली का सम्पूर्ण जीवन सरलता एवं सज्जनता का एक मनमोहक उदाहरण है। वह सरलता नहीं जो फूहड़, असभ्य एवं बेहिम्मत लोग अपनी दुर्बलता छिपाने के लिए ग्रहण कर लेते हैं। उनका स्वभाव स्वच्छताप्रिय उत्तम रुचि और रहन-सहन की प्रणाली, प्रतिष्ठित, सभ्य एवं सहृदयता का था। वह अच्छी वस्तुओं और अच्छे व्यक्तियों का आदर करते थे। इस सरलता में वह चतुरता छुपी हुई थी जो हृदय को मोह लेती। स्वभाव में संतुलन एवं बराबरी का यह चमत्कार था कि सीमित आय में न केवल स्वयं अच्छे रूप से रहते थे, अपितु वह सम्पूर्ण कर्त्तव्य जो कुटुम्ब के उनके ऊपर देय होते उनकी भी पूर्ति करते थे। परन्तु इससे कहीं अधिक कर्त्तव्य तो उस युग में प्रत्येक व्यक्ति पूरा करता था। उनको अपने विस्तृत कुटुम्ब के प्रत्येक व्यक्ति का ध्यान, उसके प्रत्येक कष्ट का आभास, और उसकी भलाई की चिंता रहा करती थी। युवाओं की शिक्षा का ध्यान रखना, उनको उच्च शिक्षा के लिए अलीगढ़ भेजना और वहाँ उनकी देख रेख करना कि वह पढ़ने लिखने पर ध्यान देता है या नहीं। (जब वह स्वयं न कर सकते अपने पुत्र ख़्वाजा सज्जाद हुसैन से इस बोझ को उठाने के लिए कहते जो वह सहर्ष उठा लेते) और केवल कुटुम्ब ही के नहीं पानीपत के (और दिल्ली के सभी) पड़ोसियों के लड़कों की शिक्षा आदि की भी उन्हें ऐसी ही चिंता थी (और यह स्पष्ट रहे कि उनके मित्रों की सीमा अधिक विस्तृत थी। जिनमें हिन्दू, मुसलमान और अन्य धर्मों के लोग भी सम्मिलित थे)। अच्छे युवाओं को प्रोत्साहित करते, युवा साहित्यकारों एवं कवियों के कार्यों की प्रशंसा करते और उनमें अधिक लगन एवं रुचि उत्पन्न करते। मौलाना मो० अली ने जब समाचार पत्र "हमदर्द" प्रकाशित किया तो उनकी बहुत प्रशंसा की। मौलवी ज़फ़र अली खां के समाचार पत्र "ज़मीनदार" और उनकी राष्ट्रीय सेवाओं से प्रसन्न होकर उनकी प्रशंसा में एक कविता कही। मौलवी अब्दुलहक़ के समाचार पत्र "अफ़सर" की प्रशंसा की और उसके विषयों की प्रशंसा उनके बहुत से पत्रों में मिलती है। (परन्तु जब उन्होंने मौलाना हाली पर एक निबंध लिखा तो उस पर उनको चेतावनी दी और कहा कि किसी भी व्यक्ति के कार्यों की असली परख उसके बाद हो सकती है।) शैख़ अब्दुल क़ादिर जो एक

योग्य युवा थे, उस समय उनकी बहुत प्रशंसा की कि वह शैक्षिक युवाओं में विशिष्ट है और उन्हें उर्दू एवं अग्रेज़ी साहित्य से अधिक लगाव है। हबीबुरहमान खां शरवानी की एक पुस्तक देखी तो लिखा कि इसको देख कर आपके प्रति प्रेम मेरे हृदय में और अधिक बढ़ गया है। ख़्वाज़ा गुलामुल्हस्नैन और ख़्वाज़ा गुलामुस्सक़लैन जो उनके परिवार के अच्छे, श्रेष्ठ और प्रतिष्ठित युवा थे, उनमें ज्ञान एवं साहित्य की अभिलाषा और रुचि पैदा करने, धर्म से लगन लगाने और राष्ट्रीय सेवा की भावना उत्पन्न करने में हाली का बड़ा योगदान रहा है। मौलाना हाली के कुछ समकालीनों को यह बात बुरी लगती थी कि वह युवा कलाकारों और अच्छे युवाओं की इतनी अधिक प्रशंसा क्यों करते हैं। इससे उनका मस्तिष्क फिर जाता है। परन्तु हाली जानते थे और यही कहते भी थे कि देश एवं राष्ट्र की रस्सी इन्हीं के हाथ में आएगी, इन्हीं पर तो हमारा भविष्य निर्भर है।

हाली के हृदय में वैसे तो सभी के लिए प्रेम था, परन्तु नारियों, लड़कियों और बालकों से उन्हें अधिक लगाव था। उनके प्रेम में परिवार की नारियाँ और आदर एवं सम्मान में सम्पूर्ण विश्व की नारियाँ सम्मिलित थीं। वह अपनी बड़ी बहन और भावज का इतना आदर करते और उनका इस प्रकार आज्ञा पालन करते जैसे वह उनकी माता हों। उनकी पत्नी अशिक्षित एवं कठोर स्वभाव की थीं और स्पष्ट है कि बेचारी उस प्रतिष्ठा से अपरिचित थीं जो विश्व में उनके पति को प्राप्त था। वैसे उनमें बहुत से गुण थे। अति उत्तरदायी, सभ्य, प्रतिष्ठित, दाता, सहानुभूतिशील एवं सदात्मा नारी थी और हाली उनके इन गुणों की क़द्र करते थे। हाली का अपनी पत्नी से बड़े अच्छे सम्बन्ध थे और वह उनके कठोर स्वभाव को भी हंस कर टाल देते थे। कभी मनोरंजक शैली में कोई वाक्य कह कर टाल देते थे। उनके घर का वातावरण बड़ा कुलीन एवं निष्कपट था। इसमें सम्पूर्ण योगदान हाली का था। उन्हें परिवार की लड़कियों से अधिक लगाव था। अपनी पोतियों और नवासियों को बहुत चाहते और उनकी लिखाई पढ़ाई की ओर बड़ा ध्यान देते, विशेष रूप से अपनी बड़ी पोती मुश्ताक़ फ़ातमा को अत्यधिक चाहते थे।

बच्चों से तो उनको इतना प्यार था जो उन जैसे बहुत कम लोगों को होता है, जो अपने आपको ज्ञान व साहित्य या देश एवं राष्ट्र की सेवा के लिए समर्पित कर देते हैं। बच्चे परिवार के हो या मित्रों, पड़ोसियों, नौकरों या राह चलने वालों के, सब इस प्यार के भागीदार थे। भंगी के बच्चे तक को गोद में लेकर प्यार करते (यह उस युग में बहुत बुरी और आश्चर्यजनक बात समझी जाती थी कि किसी अछूत को छू लिया जाए) इस सम्बन्ध में एक घटना बहुत महत्वपूर्ण है। एक बार

वह पानीपत में तांगे में बैठे किसी स्थान से निकल रहे थे। एक स्थान पर लोगों की भीड़ देखी जो नाली में गिरे एक बच्चे को देख रहे थे। कुछ राम-राम कह रहे थे, परन्तु कोई भी बच्चे को नाली में से निकालता न था क्योंकि बच्चा भंगी का था। हाली ने तुरन्त तांगा रोका, उतरे, नाली के पास गए, बच्चे को नाली से निकाला, उसके शरीर की मलिनता स्वयं साफ की, बच्चे को उठाया और तांगे में बिठाकर उसके घर छोड़ आए। चलते समय लोगों से कहा; जिस राम का नाम जप रहे हैं, अगर चाहते तो राम की छाया एवं दर्शन इस छोटे बच्चे में आप को प्रतीत हो सकती थी। उनका यह वाक्य एक सम्पूर्ण पुस्तक पर भारी है और केवल यही एक घटना उनकी लोकप्रियता पर पर्याप्त प्रकाश डालती है। अपने नौकरों से हाली का व्यवहार ऐसा था जिसका उदाहरण न उस युग में मिलता था और न ही आज आसानी से मिल सकेगा। जब समानता, बराबरी एवं बंधुता का बड़ा प्रचार किया जा रहा था, वह उन्हें अपने बच्चों या भाइयों के समान समझते और ऐसा ही व्यवहार करते, उनके आराम और खाने-पीने का ध्यान रखते। ठंड में अपने मोटे गर्म वस्त्र नई रज़ाइयां नौकरों को दे देते, स्वयं पुरानी में निर्वाह कर लेते। रुपया-पैसा में नौकरों की बेइमानी की अनदेखी करते। उनके बुरे स्वभाव को हंस कर झेल लेते। उनका एक नौकर अताउल्लाह था, बहरा भंड, एक टांग से अपंग और हाथ में भी कुछ कमी थी, स्वभाव भी बहुत कठोर था, संभवतः इन्हीं आशक्तियों के कारण उसे नौकर रखा हो कि ऐसे व्यक्ति को और कौन नौकर रखता। (जब कि उस युग में दो-दो, एक-एक रुपये में अधिकांश नौकर मिल जाया करते थे) उसके कठोर स्वभाव बेइमानी धृष्टता सब प्रसन्नचित्त होकर झेल लेते। किसी ने कहाः आज अताउल्लाह का स्वभाव बहुत गरम है। उत्तर दियाः "हाँ कभी वह हम पर बिगड़ लेता है, कभी हम उस पर।"

वह मौलाना की मृत्यु के बाद कहा करता था : मौलवी जी तो देवता थे, देवता। उनके एक नौकर नानू खां ने (दिल्ली में) एक बार घी के धोखे में मिट्टी का तेल पी लिया और फिर रोता हुआ मौलाना के पास आया कि अब मैं मर जाऊंगा। मौलाना ने तुरन्त डाक्टर के लिए आदमी दौड़ाया। उसी समय उन्हें नवाब लोहारू के यहाँ निमंत्रण में जाना था। उन्हें विवशता लिख भेजी कि वह नानू खाँ की परिचर्या कर रहे हैं, इसलिए निमन्त्रण में सम्मिलित न होने के लिए विवश हैं। हाली का हृदय मानवता के दर्द से भरा हुआ था, उनका सम्पूर्ण जीवन संवेदना, सहानुभूति, दया, त्याग एवं दान पुण्य से परिपूर्ण था! उनका कहना था :

चीस्त इंसानी? तपीदन अज़ ग़मे हम सायागान
अज़ सोम नजद दर बाग़े अदन पज़मा शुदन

स्वयं मौलाना इन पंक्तियों की सम्पूर्ण तस्वीर थे। कहीं जल प्लावन हो, सूखा पड़े, कोई बीमारी या आपदा फैले, मौलाना व्याकुल हो जाते! रात भर जागते दिनभर बेकल रहते। मौलवी अब्दुलहक़ ने हैदराबाद की एक घटना लिखी है—कि मौलाना हाली वहाँ गए हुए थे। बड़े-बड़े लोग जिनमें रईस और पूंजीपति लोग भी थे, उनसे भेंट करने आते रहते थे। एक दिन एक जागीरदार भेंट करने आए। मौलाना छत पर बैठे हुए थे। कोचवान ने गाड़ी दो कदम की दूरी पर खड़ी कर दी, जागीरदार साहब को बुरा लगा, उन्होंने फिटन से उतर कर कोड़ा लेकर दुर्बल कोचवान को पीटना आरम्भ कर दिया! मौलवी अब्दुलहक़ लिखते हैं कि मौलाना चिन्तित हो उठे। वह साहब मौलाना के पास आए बैठे, बातचीत की, चले गये, परन्तु हाली चिन्तित ही रहे भोजन भी ठीक से न किया टहलते जाते थे और कहते थे हाय अत्याचारी ने क्या किया। मौलवी अब्दुल हक़ ने लिखा है कि सम्भवतः उस अभागे कोचवान को उतनी पीड़ा न हुई होगी जितनी मौलाना हाली को इस घटना से हुई थी।

उनकी दानशीलता की यह दशा थी कि कोई भी निर्धन उनके पास से निराश नहीं जाता था! उनके नौकर बताते थे कि वह इस प्रकार मुट्ठी बन्द करके देते थे कि किसी को पता नहीं चलता था कि क्या दिया है। जिन लोगों को रुपया पैसा की सहायता की आवश्यकता नहीं होती परन्तु उन्हें नौकरी के लिये प्रयत्न करना हो या चिकित्सीय सहायता अथवा शैक्षिक सहायता, वह भी उसी लगन से करते थे। उनमें अत्यधिक संतोष था; थोड़ा सा धन और छोटी सी नौकरी और बाद में वृत्ति से जो आय होती (जो सौ सवा सौ रुपये से अधिक कभी नहीं हुई) उसमें निर्वाह करते, पुस्तकों का पारिश्रमिक भी न लेते थे। मुसदस हाली उनकी वह प्रसिद्ध पुस्तक है जिससे हज़ारों प्रकाशकों ने सौ वर्ष में लाखों रुपये की कमाई की होगी। यदि हाली उस समय इसे पंजीकृत करवा लेते तो भली-भांति वह और उनका समस्त परिवार जीवन व्यतीत कर सकता था। परन्तु उनकी शान ही यह थी कि निर्धनता में ही राज कर गये और अपना सब कुछ राष्ट्र के लिए लुटा दिया। धन से भी अधिक एक वस्तु का महत्व है जिसकी इच्छा से बड़े-बड़े महान व्यक्ति नहीं बच सके वह है ख्याति। मनुष्य धन को त्याग सकता है, परन्तु उसके कार्यों की ख्याति एवं कुशलता का ठीक मूल्यांकन न हो तो उसका हृदय टूट जाता है और वह उसके लिये निरन्तर प्रयत्न करता रहता है। परन्तु हाली उससे भी निस्पृह

थे। अपितु उससे उनको घबराहट होती थी। जब उनको शम्सुल उलमा के उपनाम से सम्मानित किया गया (जिसके लिए लोग बड़ा प्रयत्न किया करते थे) तो उनको अधिक उलझन हुई और अपने पुत्र ख़्वाजा सज्जाद हुसैन को लिखा कि (नियम के अनुसार) अब इस उपनाम के मिलने के पश्चात् पानीपत में जब बड़े सरकारी पदाधिकारी आएंगे; तो उस समारोह में उन्हें सम्मिलित होना होगा। भला मैं कहाँ और यह झंझट कहाँ। लोग उनकी प्रशंसा में निबन्ध लिखते या किसी समारोह में कविता पढ़ते या भाषण देते तो मौलाना बहुत शर्माते। अपने चाहते वालों को सदैव रोक देते कि इस प्रकार के निबन्ध न लिखा करें। बुरी धारणा रखने वाले लोग उनकी आलोचना करते, बुरा-भला कहते, गद्य एवं पद्य में उन पर कीचड़ उछालते, इन सबको वह बड़ी सहनशीलता से लेते। कभी कुछ कहा तो केवल यह :

क्यों कहूँ कि कैसे सब नुक्ताचीं हुए चुप
सब कुछ कहा उन्होंने पर हम ने दम न मारा

साहित्य एवं कविता के क्षेत्र में समकालीनों में सैदव से ही वैर चला आया है। उनके कुछ समकालीन भी उनसे ईर्ष्या करते और उनकी आलोचना करते, परन्तु हाली उस पर कुछ ध्यान न देते और उनका स्वयं यह हाल था कि उन सब लोगों की शैक्षिक एवं साहित्यिक योग्यताओं को स्वीकार करते और उनको यदि कोई सम्मान या उपनाम मिलता तो प्रसन्न होते और उन्हें बधाई देते।

दोष एवं अपशब्द उनको घोर अप्रिय थे। सैय्यद हाशमी फ़रीदावादी का कहना है कि मुझे यह पाठ उन्हीं की संगत से मिला कि मनुष्य चाहे तो अपनी बातों को दूसरों की बुराई व दोषारोपण एवं अपशब्द से पवित्र रख सकता है। ख़्वाज़ा गुलामुस्सकलैन ने लिखा है कि "कभी किसी की बुराई मैंने उनके मुँह से नहीं सुनीं, हर व्यक्ति के दोष का सरलता से कोई कारण तलाश करना उचित समझते थे।

मौलाना आज़ाद लिखते हैं कि "मौलाना हाली गम्भीरता की मूर्ति थे, परन्तु इस गम्भीरता में सरल हंसमुखता और हास्य भी उपलब्ध था, जो उनके वर्णन को रोचक एवं संगत को मनमोहक बना देता था।"

किसी महान मृतक के जीवन को न तो हम पूर्ण रूप से समझ सकते हैं, न ही उसका वर्णन कर सकते हैं। हाँ, उसके सम्बन्ध में दूसरे लोगों के कथन, निबन्ध और पुस्तकें कुछ प्रकाश डाल सकती हैं। या फिर स्वयं उसकी रचनाएं,

निबन्ध, कविता आदि से अनुमान लगा सकते हैं कि वह किन गुणों से युक्त व कितना महान व्यक्ति था। इन दोनों वस्तुओं से जो कुछ हमें अनुभव हुआ है, वह यह है कि ख़्वाजा अल्ताफ़ हुसैन हाली जैसा मनुष्य सदैव पैदा नहीं होता। स्वयं उनका कहना है :

फ़रिश्ते से बेहतर है इनसान बनना
मगर इसमें पड़ती है मेहनत ज़ियादा।

और हाली सच्चे अर्थों में फ़रिश्ता नुमा इन्सान थे, महान इन्सान।

राष्ट्र उपकारी : हाली

ख़्वाजा गुलामुस्सयेदैन

हाली एक भावुक एवं सहानुभूतिशील हृदय के मालिक थे तथा उन्हें सत्य विनम्रता एवं सत्यवादिता का गुण प्राप्त हुआ था। शिक्षा एवं प्रशिक्षण ने धर्म परायणता को उनके मन में सुदृढ़ कर दिया था। जब उन्होंने होश संभाला और अपने युग के वातावरण पर ध्यान दिया तो एक दुखद एवं कष्टजनक दशा नज़र आई। उन्होंने स्वयं इसी दृश्य को इन शब्दों में दर्शाया है :

"राष्ट्र की दशा दूषित है, स्वजन अपमानित हो गए हैं, कुलीन धूल में मिल गए हैं, विद्या का नाश हो चुका है। धर्म का केवल नाम बाकी है, शिष्टाचार पूर्णतः बिगड़ चुके हैं एवं बिगड़ते जा रहे हैं। पक्षपात की घनघोर घटा सम्पूर्ण राष्ट्र पर फैली हुई है। प्रथा एवं परंपरा की बेड़ी एक-एक के पैर में पड़ी है। अज्ञात एवं अनुकरण सबकी गर्दन पर सवार है। शासक, जो राष्ट्र को बहुत कुछ लाभ पहुँचा सकते हैं, निष्कर्म एवं निष्क्रिय हैं। विद्वज्जन, जिनका राष्ट्र के सुधार में अत्यधिक हस्तक्षेप है, युग की आकांक्षाओं एवं हितों से अपरिचित हैं।"

क्या हाली के लिए यह सम्भव नहीं था कि वह इस्लामी समुदाय की इस विनाश वाटिका का दर्शन करने के बाद गुल व बुलबुल की कविता में गूढ़ विचार दिखाते? निःसंदेह ऐसे कवि भी उस युग में हुए हैं जिनके पास नेत्र थे। परन्तु उन्होंने देखा नहीं, कान थे, परन्तु सुना नहीं, हृदय था, परन्तु उन्होंने अनुभूत नहीं किया। क़ौम का घर जलता रहा और वह रोम के शासक की भाँति बैठे बांसुरी बजाते रहे। परन्तु हाली के हृदय एवं मस्तिष्क पर इस अग्नि का धुआं छा गया, तथा यह धुंध उनके नेत्रों से आंसू बन कर टपक पड़ी। हाली की कविता एक चोट ग्रस्त हृदय की न्याय याचना है, किन्तु किसके हृदय की? वह केवल एक व्यक्ति अलताफ हुसैन हाली का हृदय नहीं, अपितु एक राष्ट्र, संस्कृति एवं सभ्यता का हृदय है, जो अपने विस्तार में दुखों का एक जहान लिए हुए है। हाली की कविता का सबसे महत्वपूर्ण गुण यह है कि केवल भावनाओं एवं अभिभूतियों का दर्पण

नहीं अपितु सम्पूर्ण राष्ट्र के उत्थान एवं पतन की कथा है।

दूसरा गुण कवि की दृष्टि की पहुँच एवं विचार की शुद्धता है। उन्होंने राष्ट्र की नाड़ी पर केवल हाथ ही नहीं रखा, अपितु रोग का ठीक पता करके उपयुक्त दवाई का सुझाव भी दिया। यह कोई आसान कार्य न था। महान लोगों की बुद्धि यहाँ लाचार हो चुकी थी, लोग अनिश्चितता की स्थिति में थे। कुछ रूढ़िवाद के पुजारी भूतकाल के अभिमान में उन्मत्त यह चाहते थे, कि आधुनिक शास्त्रों एवं संस्कृति को पूर्णरूप से नकार दें। कुछ पश्चिमी संस्कृति से मंत्रमुग्ध होकर अपनी राष्ट्रीय परम्पराओं एवं गुणों को त्यागने को तैयार थे। उसी कठिन समय पर हाली की सत्यनिश्चयी बुद्धि ने मार्ग दर्शक के दीप का कार्य किया। उन्होंने एक ओर 'मुसद्दस हाली' में मुसलमानों को उनके उत्थान एवं पतन की कथा सुनाई और उनके आत्म-गौरव एवं आत्मसम्मान को उभारा, उन्हें इस्लाम के भूले हुए पाठ याद दिलाए। दूसरी ओर पश्चिमी संस्कृति एवं सभ्यता का निरीक्षण करके, उसके उन गुणों की ओर ध्यान दिलाया जो पश्चिमी राष्ट्रों की उन्नति एवं उत्थान का कारण बनी हैं। उनकी सत्यप्रियता ने अपनी सभ्यता के अवगुणों को ढकना स्वीकार नहीं किया न ही परायों के गुणों की स्वीकृति से हिचकिचाए। उन्होंने स्पष्ट कह दिया कि जब तक हम स्वयं आधुनिक विचारक शस्त्र धारण नहीं करेंगे, जीवन के युद्ध क्षेत्र में पैर रखने योग्य नहीं होंगे। यही कारण है कि हाली का सम्पूर्ण लेख, विशेष रूप से "मुसद्दस" जहां सहानुभूतिशील हृदय के लिए एक शोकगान का आदेश रखता है, वहां सत्यनिश्चयी बुद्धि के प्रति चिंतन का निमंत्रण एवं मार्ग दर्शन स्रोत है।

सभ्यता एवं समाज की सम्पूर्ण विवादग्रस्त समस्याओं में हाली सदैव उस ओर होते हैं जो न्याय एवं निष्पक्षता का मार्ग होता। वह सत्यनिष्ठा, न्यायप्रियता, स्वाभिमान, साहस उत्साह एवं उदारता के पक्षपाती हैं। वह समय का आदर करना, परिश्रम का सम्मान करना, समवयस्कों के अधिकारों का निरीक्षण करना अथवा राष्ट्र के लाभ के लिए व्यक्तिगत आवश्यकताओं का बलिदान करना सिखाते हैं। उनकी शिक्षाओं में एक महान क्रांति की संभावना छिपी है, जिसको नादान लोगों ने अभी पूर्ण रूप से नहीं समझा है, जो लोग उनके लेख पर सर धुनते हैं अथवा उनका राष्ट्रीय सोग गान पढ़ कर आँसू बहाते हैं। उनकी कविताओं में न केवल राष्ट्र का हृदय धड़कता है, अपितु उसकी उत्तम संभावनाओं एवं श्रेष्ठ उद्देश्यों की व्याख्या उपलब्ध है। उनके व्यक्तिगत गुण एवं आंतरिक योग्यताओं का वर्णन असंबद्ध एवं अनुचित नहीं, क्योंकि हाली का व्यक्तित्व अब आत्म-व्यक्तित्वता

की सीमा को तोड़कर हमारी संस्कृति एवं सभ्यता तथा हमारे इतिहास एवं साहित्य में समा गया है। उनकी सुधारवादी भावना ने उन्हें राष्ट्र प्रेम से ग्रसित कर दिया। यही सुधारवादी भावना थी, जिसने उनके जीवन का मार्ग-दर्शन किया। इसी के द्वारा उन्हें "मुसद्दस" के विषयों का ज्ञान हुआ जिसकी अत्यधिक मांग थी, जिसने प्राचीन कविता के जीर्ण ढांचों को तोड़ कर उनके बहुसर्जक स्वभाव के लिए सांचे तैयार किए और केवल कविता पर ही क्या निर्भर? साहित्य का कौन सा क्षेत्र था जिसको उन्होंने न सुधारा हो। तात्पर्य यह है कि हाली ने जिस प्रकार कर्म के संसार में जीवनभर झूठ, अत्युक्ति एवं पाखंड के विरुद्ध युद्ध किया, इसी प्रकार विचार के संसार में भी इन वस्तुओं को जारी रखा। उनकी प्रत्येक रचना में वही सत्यता एवं सहानुभूति है, जो उनके स्वभाव में प्रभावी थी। इसी कारण उनके लिए न केवल कवियों की प्रथम पंक्ति में प्रमुख स्थान है, अपितु विद्वानों के विचार में उनकी गणना ईश्वर के प्रमुख उपासकों में है, क्योंकि उन्हें ईश्वर की सृष्टि से प्रेम था और उसकी सेवा में रुचि एवं उत्साह था।

आज जो लोग राष्ट्रीय सेवा में व्यस्त हैं, हाली का स्वभाव एवं उनकी कविता हर समय उनका मार्ग दर्शन करती है एवं सूचक लक्षण से यह कह रही है :

निगह बलन्द, सुख़न दिल नवाज़, जां पुरसोज़
यही है रख़्ते सफ़र मीरे कारवाँ के लिए।

हाली : साहित्य सुधारक

डॉ. आबिद हुसैन

हाली केवल एक महान कवि एवं समालोचक ही नहीं थे बल्कि कुछ इससे भी बढ़कर थे। वह अपने युग के ऐसे साहित्य सुधारक थे, जिन्होंने देश की बिगड़ी हुई दशा को सुधारा एवं संवारा। उर्दू साहित्य को निम्न स्तर से उठाकर शिखर तक पहुँचने का मार्ग दर्शन प्रदान किया।

हाली के बचपन का युग भारत में सभ्यता एवं समाज के अत्यधिक पतन का युग था। मुग़ल शासन, जो तीन सौ वर्षों से भारतवासियों, विशेष रूप से मुसलमानों के सभ्य जीवन का केन्द्र बिन्दु बना हुआ था, उसका अन्तिम समय था। राजनैतिक बिखराव के कारण समाज का ढांचा तितर-बितर हो चुका था और स्वार्थ की पवन चल रही थी। लोगों में न उद्देश्य की एकता थी, न कार्य की। एक को दूजे की चिंता न थी। सबको अपनी-अपनी पड़ी थी। अंतर केवल इतना था कि किसी को शारीरिक भोग-विलास की चिंता थी, किसी को आत्मिक मोक्ष एवं मुक्ति की, धनवान अपने धन में उन्मत्त थे, निर्धन अपनी दशा में। धर्म संसार से विमुख था, विद्या कृत्य से अपरिचित।

स्वार्थ के यह दोनों रंग वासना एवं विरक्ति, साहित्य एवं कविता में भी प्रवेश कर गए थे। साहित्यकार एवं कवि जिनका कार्य जीवन को प्रभावित करना एवं वास्तविकता की व्याख्या है, जीवन की कठिनाइयों से भयभीत होकर, यथार्थता की कड़वाहटों से घबरा कर अपने अपने काल्पनिक किलों में बंद हो गए थे।

एक ओर कहानी वाचक देव एवं अप्सरा की कहानियां सुना कर ऊबने वालों को सुलाते थे। रसिक कवि रेख़्ती एवं वासोख़्त वासना में डूबे लोगों के मन को उत्तेजित करते थे। दूसरी ओर कुछ दिलजले कवि संसार की अस्थिरता, मनुष्य की लाचारी, प्रयास एवं कर्म की निष्प्रभाविता, भाग्य के अत्याचार, आकाश की अनीति का दुखड़ा रोते थे।

इस आपा-धापी के युग में जीवन के प्रत्येक क्षेत्र, प्रमुखता से साहित्य एवं

काव्य में व्यक्तित्वत्ता अन्तिम सीमा तक पहुँच गई थी। युगों की घृणा ने साहित्य एवं लेख के स्रोत को मलिन कर दिया था। किन्तु इनमें से कुछ स्रोत पवित्र एवं स्वच्छ जल के भी थे। मीर, सौदा, दर्द, आतिश, ग़ालिब एवं अनीस जैसे कवि भी इसी उजड़े देश में जन्मे। हाली के सुशील स्वभाव का वृक्ष इसी पतन के युग की ऊसर छाती पर उगा, एवं इसकी सिंचाई मीर एवं दर्द की दानशीलता के रसाव ने की और उसका पालन पोषण ग़ालिब एवं शेफ्ता के दयालु हाथों ने किया। हाली की प्रारम्भिक ग़ज़लों में युग का रंग प्रतीत होता है, किन्तु वह स्वच्छ रंग, जो शिष्टजनों के एक छोटे से समुदाय तक सीमित था उनकी रसिकता की शुद्धि एवं स्वभाव की योग्यता का अनुभव उन कविताओं में होता है, जो उन्होंने लाहौर के आधुनिक पद्धति के कवि सम्मेलनों के लिए लिखी। "बरखारूत", "निशाते उम्मीद", "मुनाज़ेरा रहमो इन्साफ" एवं "हुब्बे वतन" जैसी कविताओं का एक ऐसे कवि की क़लम से निकलना जो प्रारम्भ से ग़ज़ल कहने का अभ्यस्त था। यह स्पष्ट करता है कि उसके स्वभाव से उपजी कविता स्वयं ही पारंपरिक कविता की काल कोठरी से ऊब गई थी और अपने लिए एक विशालतम एवं उज्ज्वल क्षेत्र ढूंढ़ती थी।

चालीस वर्ष की आयु में हाली के मन पर उदासी एवं निराशा के बादल छा गए थे। संभव है इसमें सांसारिक चिंताओं एवं कठिनाइयों का भी हस्तक्षेप रहा हो, किन्तु मूल कारण यह है कि हाली की दृष्टि जिस "उत्तम से अतिउत्तम" की खोज करती थी उस स्थान पर पहुँच कर रूकी, जहां से उन्हें अपनी पूर्व कविता व्यर्थ एवं बीती आयु अकारत दिखाई देने लगी। हृदय देश की पीड़ा से परिचित हो चुका था, किन्तु देश एवं देशवासियों की दशा और भी अधिक निराशा-जनक एवं हृदय को कष्ट पहुँचाने वाली थी। जो निराशा के बोझ से दबा हो वह वीरगाथा तो एक ओर, मृतक के लिए विलाप भी नहीं कर सकता।

अचानक उसी गहरे काले अंधियारे में आशा की एक किरण फूटी। सर सैय्यद के व्यक्तित्व में हाली को वह मार्ग-दर्शक मिल गया, जिसकी उन्हें खोज थी। अब क्या था, बुझे मन में नई आग भड़क उठी। उन्हें जीवन का एक उद्देश्य मिल गया। वह यह था कि साहित्य एवं कविता में वही आन्दोलन उत्पादित करें, जो उन के मार्ग-दर्शक (सर सैय्यद) ने सभ्यता एवं समाज में उत्पन्न किया था।

इसी संकल्प का प्रथम परिणाम "मुसद्दस" (मुद्दोजज़रे इस्लाम") (मुसद्दस हाली) था, जो सर सैय्यद की याचना पर 1879 ई० में लिखा। इस मुसद्दस में

हाली की कविता के द्वितीय युग के सम्पूर्ण गुण उपलब्ध हैं।

वर्णन की सरलता एवं स्वच्छता, भाषा की स्पष्टता एवं कोमलता और मृदुलता हाली की विशेषता है। हिन्दी भाषा के सरल एवं कोमल शब्द जो उर्दू में खप सकते थे, घरेलू लोकोक्तियाँ जो बोल-चाल में प्रचलित थीं, किन्तु लिखावट में नहीं आती थीं, हाली के प्रभाव से गद्य एवं पद्य में सम्मिलित होने लगीं। इस भाषा को ग्रहण करने में साहित्यिक हितों के अतिरिक्त लोकतंत्र एवं समानता की भावना का भी हस्तक्षेप था। हाली का सम्बोधन किसी एक वर्ग से नहीं अपितु सम्पूर्ण राष्ट्र से है। राष्ट्र का अर्थ उनके मस्तिष्क में इससे कहीं अधिक विस्तृत था, जो उनके समकालीनों के मस्तिष्क में था।

मुसद्दस के पश्चात् हाली ने उसी रंग में बहुत सी कविताए लिखीं, जिसके सरल एवं सीधे शब्दों में वास्तविकताओं के भंडार निहित हैं। 1883 ई० में हाली ने अपने प्राचीन एवं आधुनिक ग़ज़लों का संग्रह एक प्रस्तावना के साथ प्रकाशित किया, जिसमें कविता की वास्तविकता पर अत्यधिक रोचक एवं परिणामवाची वार्ता है। इससे उर्दू भाषा में शैक्षिक समालोचना की नींव पड़ी। हाली ने इसी प्रस्तावना में कविता की कला, विशेषतः उर्दू कविता की वह नियमावली कर्मबद्ध की जो कविता कहने वालों एवं पढ़ने वालों के लिए सदैव मार्ग-दर्शक का काम देगा।

हाली का गद्य भी अपने रंग में परिपक्वता एवं सरलता का वही उच्च स्थान रखता है, जो उनके पद्य में है। सबसे बड़ी बात यह है कि रचना की कोमलता एवं गतिशीलता के साथ अर्थ एवं स्वर की दृढ़ता को हाथ से नहीं जाने देते। विद्या से सम्बन्धित समस्याओं एवं साहित्यिक सूक्ष्मताओं को स्वच्छ एवं सुलझे हुए वाक्यों में इस प्रकार लिखना कि हल्कापन न उत्पन्न होने पाए, यदि किसी को ज्ञात हो तो उसने अवश्य हाली से ही सीखा होगा।

स्वभावतः सज्जन हाली एवं हास्य

जावेद वशिष्ट

हरियाणा के गौरव, शम्सुल उलमा मौलाना ख़्वाजा अलताफ़ हुसैन हाली पानीपती (1837-1914 ई.) की चर्चा पवित्र होकर ही की जा सकती है, क्योंकि वह एक पवित्र एवं पुनीतात्मा व्यक्तित्व एवं चरित्र के मनुष्य थे। प्रमाण के रूप में रास मसूऊद में वर्णित सैय्यद महमूद का यह कथन प्रस्तुत किया जा सकता है :

"पिता श्री! यदि ईश्वर कभी मुझसे यह प्रश्न पूछेगा कि मेरे जितने उपासकों से तू मिला है, उनमें से कौन ऐसा है जिसकी पूजा उपासना के लिए तेरा हृदय तैयार हो जाए तो मेरा उत्तर होगा कि वह व्यक्ति अलताफ़ हुसैन हाली है।"

1891 ई० में अलीगढ़ की एक सभा को सम्बोधित करते हुए स्वयं सर सैय्यद अहमद खान ने यह घोषणा की थी :

"हमको ईश्वर का आभार व्यक्त करना एवं गर्व करना चाहिए कि हमारे राष्ट्र में एक ऐसे व्यक्ति ने जन्म लिया कि भविष्य में जब कहा जाएगा कि राष्ट्र गौरव, कवि गौरव, बुद्धिजीवी गौरव एवं आंतरिक भावनाओं को जीवित करने वाला कौन है तो कहा जाएगा, हाली।" अथवा ख़्वाजा गुलामुस्सक़लैन मरहूम ने अपने एक निबंध में लिखा है :

"मौलाना हाली यूनानी विचारों के अनुसार एक संतुलित एवं साधारण पूर्ण मनुष्य अथवा आध्यात्मिक विचारों के अनुसार एक हृदयीऋषि थे। कभी किसी की बुराई उनसे न सुनी गई। प्रत्येक व्यक्ति के दोष की कोमल व्याख्या उचित समझते थे।"

इन वास्तविकताओं की पृष्ठ भूमि में मौलाना हाली और हास्य की बात अतिविदूषक ज्ञात होती है, फिर भी हाली के व्यक्तित्व से हास्य का तत्व पूर्ण रूप से निकाल देना उनके प्रति अनीति होगी, क्योंकि मनुष्य के सम्पूर्ण प्राणी वर्ग में सबसे श्रेष्ठ होने का एक स्पष्ट गुण यह भी है कि वह ठहाका लगा कर हंस सकता है, मुस्कुरा सकता है। मौलाना हाली के यहाँ हास्य अनुभव का अभाव नहीं।

मौलाना हाली का पालन पोषण कठोर किन्तु शुद्ध धार्मिक वातावरण में हुआ था, इसलिये उनके व्यक्तित्व पर धार्मिक आज्ञा एवं निषिद्ध का अधिक प्रभाव था। यहां तक कि युवा अवस्था में भी हाली के स्वभाव पर धार्मिक रंग हावी था और जैसा कि उस युग की परम्परा थी, मूल्यों में कठोरता। उन्होंने जब यह देखा कि उनके गुरु एवं मित्र मिर्ज़ा ग़ालिब वृद्धा अवस्था के बावजूद अब तक शराब का सेवन कर रहे हैं और कभी भूलकर भी नमाज़ नहीं पढ़ते हैं तो उन्हें स्वाभाविक रूप से इसका बहुत दुःख हुआ। फलस्वरूप हाली ने ग़ालिब को एक विस्तृत पत्र लिखा जिसमें नमाज़ पढ़ने की ओर सचेत कराया, कर्त्तव्य का ध्यान दिलाया और निवेदन किया :

"आप खड़े होकर या बैठकर या संकेत के रूप में, तात्पर्य है कि जिस प्रकार हो सके, पाँच समय की नमाज़ नियमित रूप से पूरी करें। यदि वज़ू न हो सके तो तयम्मुम ही सही किन्तु नमाज़ न छोड़ें।"

धार्मिक बाध्यता एवं कट्टरपन ने मानसिक इच्छाओं को दबाने पर ही अधिक बल डाला है, परन्तु सत्य है कि इस दबाव की प्रतिक्रिया तेज़ी से किसी दूसरे रूप में उभरती है। मनोविज्ञान ने यह प्रमाणित भी कर दिया है कि बुरे कार्यों की ओर प्रवृत्त करने वाली मानसिक शक्ति की हत्या नहीं की जा सकती, इससे मुक्ति का उपाय दबाव (suppression) नहीं अपितु वाष्पीकरण (sublimation) है। मौलाना के यहाँ दोनों दशाएं पर्याप्त हैं।

हाली लाख सदाचारी सही किन्तु "मुसद्दस" हाली की प्रस्तावना में उन्होंने स्वयं इस बात को स्वीकार किया है कि :

"यद्यपि कविता के द्वारा कुछ दिनों "झूठा प्रेमी" बनना पड़ा। एक "काल्पनिक प्रेमिका" की चाह में वर्षों उन्माद के वन की ऐसी मिट्टी उड़ाई कि क़ैस व फरहाद को पीछे छोड़ दिया।"

यह झूठा प्रेमी और काल्पनिक प्रेमिका मानसिक इच्छाओं के प्रभाव की ही प्रतिक्रिया है। इस प्रतिक्रिया की प्रस्तुति ग़ज़ल में सबसे अधिक हुई है जैसे :

तुमने क्यों वस्ल में पहलू बदला
किसको दावा है शकेबाई का
उससे नादान ही बनकर मिलये
कुछ इजारा नहीं दानाई का
होंगे हाली से बहुत आवारा

घर अभी दूर है रुसवाई का
वस्ल का उसके दिले ज़ार तमन्नाई है
न मुलाक़ात है जिससे न शनासाई है
अब शौक़ से बिगाड़ की बातें किया करो
कुछ पा गये हैं आपके तर्ज़े बयाँ से हम
हाली निशाते नग़मओ मै ढूंढ़ते हो अब
आये हो वक़्ते सुबह रहे रात भर कहाँ?
टपकता है अशआरे हाली से हाल
कहीं सादा दिल मुब्तला हो गया
बिगडें न बात बात पे क्यों जानते हैं वह
हम वह नहीं कि जिनको मनाया न जायेगा
आने लगा जब उनकी तमन्ना में कुछ मज़ा
कहते हैं लोग जान का इसमें जियाँ है अब
हाली तुम और मुलाज़मते पीरे मैं फ़रोश
वह इल्म दीं किधर है वह तक़वा कहाँ है अब
हम रोज़े विदा उनसे हंस हंस के हुए रुख़्सत
रोना था बहुत हम को रोते भी तो क्या होता

इस छंद में हाली की प्रसन्नता देखिए :

ख़ुश रहते हैं दुःख में कामरानों की तरह
है ज़ोफ़ से लड़ते पहलवानों की तरह
दिल उने के हैं ज़रफ़ उनके हैं जो करते हैं तैज़
हंस बोल के पीरों को जवानों की तरह

एक छंद में विरह रात्रि का दृश्य इस प्रकार प्रस्तुत करते हैं :

फ़ुर्क़त में बशर की रात क्यों कर गुज़रे
इक ख़स्ता जिगर की रात क्यों कर गुज़रे
गुज़री न हों जिसके बग़ैर यां एक घड़ी
ये चार पहर की रात क्यों कर गुज़रे
उनको हाली भी बुलाते हैं घर अपने मेहमाँ
देखना आप और आप के घर की सूरत

तात्पर्य है कि इस प्रकार की पंक्तियों में एक कोमल हास्य का अनुभव एवं दबी मुस्कान की सी दशा उपलब्ध है। एक और मनमोहक उदाहरण सैय्यद गुलामुसैय्यदैन मरहूम की छोटी बहन सय्यदा खातून (मरहूम) पर चालीस पंक्तियों की कविता है, जिसमें स्वयं हाली का साधारणपन, लज्जापन, सरलता एवं सहानुभूति मिलकर मुस्कान की एक कोमल तरंग उत्पन्न कर देती हैं। कविता इन पंक्तियों से प्रारम्भ होती है :

सय्यदा कैसी प्यारी बच्ची है
सूरत अच्छी समझ भी अच्छी है

इस कविता में बहन भाई की लाग भी देखिए :

पर ज़रा भाई से है लाग उसको
क्योंकि ऊपर तले के हैं दोनों
बस जहाँ भाई माँ के पास आया
और वहीं उसने हाथ फैलाया
जा लिपटती है दौड़ कर माँ से
भाई से कहती है हटो याँ से

बच्ची की तोतली भाषा की प्रशंसा देखिए :

यूं तो थी जब ही प्यारी उसकी ज़ुबां
जब करने लगी थी वह गूं ग़ां
फिर तो आता है उस पे और भी प्यार
होती जाती है जिस क़दर हुशियार
नहीं मुँह से निकलते पूरे बोल
बोलती है सदा अधूरे बोल
लोट जाते हैं हँसते हँसते सब
ज़रगरी अपनी बोलती है जब

सर सैयद के समर्थक होने के कारण ही मौलाना हाली निंदा की बाण का लक्ष्य बने हुए थे, कि "मुकद्दमा शेर व शायरी" ने तो अग्नि ही भड़का दी। विशेषतः लखनऊ वाले जो उस समय अपनी कंघी चोटी की कविता को ही संसार की पूंजी समझते थे, उत्तेजित हो उठे। प्रत्येक ओर से आपत्ति, आलोचना एवं भर्त्सना का प्लावन उठ खड़ा हुआ। हाली के पास पचासों पत्र निंदा, एवं अपशब्द से भरे हुए आते। समाचार पत्रों में उनके विरुद्ध निबन्ध लिखे जाते। "अवध पंच"

इनमें सबसे आगे था। अधिक दिनों तक इसमें "प्रस्तावना" के विरुद्ध निबन्ध प्रकाशित होते रहे। इन निबंधों में केवल चित अनुचित आपत्तियाँ ही नहीं थीं, परन्तु व्यंग्यों एवं अश्लील शब्दों का भी प्रयोग किया जाता था। ख़ाली ख़्याली एवं डफाली नामक प्रतिद्वंद्वी हाली की समानता के लिए कार्यक्षेत्र में उतारे गए :

अब्तर हमारे हमलों से हाली का हाल है
मैदन पानीपत की तरह पायमाल है

अथवा दिल्ली दिल्ली कैसी दिल्ली/पानीपत की भीगी बिल्ली/और न जाने क्या क्या उल्टा-सीधा लिखा जाता था। हाली सब कुछ पढ़ते, सुनते एवं सहन करते रहे। न स्वयं इन व्यर्थ, अर्थहीन बातों एवं कट्टरपंथी आपत्तियों का उत्तर दिया न किसी दूसरे को देने दिया। एक बार ख़्वाजा गुलामुल्हस्नैन मरहूम ने और एक बार हाली के किसी मित्र ने उनसे अनुरोध किया कि हमें इनका उत्तर लिखने की आज्ञा दीजिए, किन्तु हाली ने उन्हें रोक दिया और कहा तो केवल यह :

एतराज़ो का ज़माने के है हाली पर निचोड़
शायर अब सारी ख़ुदाई में है क्या एक ही शख़्स?

"जवाबे जाहिलां बाशद खामोशी" के एक ही उपाय से हाली ने अपने प्रतिद्वंद्वियों को परास्त कर दिया :

क्या पूछते हो क्यों कर सब नुक्ताचीं हुए चुप
सब कुछ कहा उन्होंने पर हम ने दम न मारा

और अन्ततः गुल तो बहुत यारों ने मचाया पर गए अक्सर मान। यदि इन घटनाओं का मूल्यांकन किया जाए तो हाली की इस असाधारण सहन शक्ति में भी उनका हास्य अनुभव दर्शित होगा।

हाली की बिनम्रता का एक आनन्दनीय उदाहरण एक नाई की घटना है, जो मौलाना के पास इसलिए आया था कि वह उसे कोई ऐसा मंत्र दे जिससे उसका प्रेमी उसे प्राप्त हो जाए। मौलाना ने मंत्र पढ़कर लोगों से उसकी अनुशंसा भी की। संभवतः मौलाना के ध्यान देने के कारण नाई अपने प्रेम में सफल रहा।

इमामुल हिन्द मौलाना अबुल कलाम आज़ाद मरहूम के मुख से एक चुटकला देखिए :

"जिस समय सर सय्यद मरहूम सूरे इस्रा की व्याख्या लिख रहे थे तो बहुधा इस्रा की घटना अर्थात् "मेराज" का वर्णन रहता था। मेराज के सम्बन्ध में हज़रत आईशा का विचार मालूम है कि वह शारीरिक मेराज से सहमत नहीं थी। सर

सय्यद ने भी यही राह चुनी और शारीरिक मेराज से सम्बन्धित रिवायत एकत्र करके उनकी प्रत्येक रूप से रचना की। एक दिन सर सैय्यद के यहां ख़्वाजा साहब मरहूम भी थे और मौलाना शिब्ली भी। हज़रत आईशा के विचार का वर्णन होने लगा। मौलाना शिब्ली विनम्रता के रूप में बोल उठे कि प्रतीत होता है, हज़रत आईशा भी नेचरी थीं, अन्यथा शारीरिक मेराज से क्यों इन्कार करतीं? यह सुनते ही ख्वाज़ा साहब ने कहा : इससे प्रमाणित हुआ कि नेचरी होना अतिश्रेष्ठता की बात है, कि हज़रत आईशा तक इस गिरोह में सम्मिलित हैं, परन्तु मौलाना कल तो आप बड़ी आग्रह के साथ कह रहे थे कि मैं नेचरी नहीं हूँ। अच्छा अब स्पष्ट हुआ यह आपकी नम्रता थी।"

ख़्वाजा सज्जाद हुसैन की पत्नी, उनके मामू की बेटी थी और वह भी अपनी फूफी एवं पिता के समान कठोर स्वभाव की थी और सास बहू में प्रायः नोंक-झोंक होती रहती थी। हाली ऊपरी कमरे में बैठे लिखते होते और सारी बातें सुनते, किन्तु एक शब्द भी न बोलते। पत्नी का अधिक सम्मान करते थे एवं बहू को भी बहुत प्यार करते थे। प्रायः इन्हीं झगड़ों में शाम हो जाती। वह अपना कार्य समाप्त करके उठते और कमरे की खिड़की खोल कर मुस्कुराते हुए मीठे स्वर में झुककर कहते :

"बस बी बस अब तो शाम भी हो गई अब तो लड़ाई तुग़ारी (मिट्टी का बड़ा बर्तन जिसे पानीपत में तुग़ारी कहते हैं) के नीचे दबा दो। इस समय तो भटयारियां भी नहीं लड़ती।"

मौलाना हाली ने एक "अल नामा" लिखना प्रारम्भ किया था। जो हास्य का एक विचित्र एवं रोचक उदाहरण है। खेद की बात है कि यह पूरा न हो सका। इसमें प्रत्येक धर्म एवं संप्रदाय, कट्टरपन, अनुदारता, मूर्खता, अज्ञान एवं स्वार्थ सिद्धि पर चोट की गई है। इसमें से कुछ शब्द उदाहरण के रूप में निम्नलिखित है :

अलमज़हब	: एलानेजंग (युद्ध की घोषणा)
अद्दीन	: तकीलीदे आबा व अजदाद (पूर्वजों का अनुकरण)
अलइल्म	: आज़माईशे लियाक़ते मुम्तहेनान (परीक्षकों की योग्यता की जांच)
अलयुनिवर्सिटी	: कारखानए कलर्क साज़ी (क्लर्क बनाने की कार्यशाला)
अल मुसलमानाने हिन्द	: चूं मार गज़ीदा अज़ रेसमां तर संदगान
अलरईस	: आं कि अज़ रियासत बे ख़बर बाशद

अल अमीर	: आं कि तही दस्त व क़रज़दार बाशद
अलमोलवी	: आं कि अज़ मुसमानां रा अज़ दाइरते इस्लाम खारिज़ बाशद
अलवाइज़	: आं किदर तफ़रीक़ बमनल युस्लेमीन ख़ता न कुनद
अलशिकार	: बहाना आदम कुशी

खेद है कि हाली की यह रचना पूर्णता की सीमा को न छू सकी अन्यथा अपनी शैली की अद्वितीय व्यंग्यपूर्ण वस्तु होती। यदि हाली की यह रचना पूरी हो जाती तो मौलाना को व्यंग एवं हास्य के साहित्यकारों में स्थान प्राप्त हो सकता था, परन्तु यहां भी मौलाना के सावधान स्वभाव ने अरबी एवं फारसी पद्धति अपनाई है, उर्दू में वर्णन करने का साहस न कर सके।

इन वास्तविकताओं के प्रकाश में हम यह निष्कर्ष निकालने में सत्य पक्षी होंगे कि मौलाना हाली को पूर्ण रूप से व्यंग लेखकों या हास्य लेखकों में सम्मिलित नहीं किया जा सकता।

तथापि हाली के यहां हास्यिक अनुभव का अभाव नहीं। हाली ज़ोर की हंसी एवं ठठ्ठा (खंदा व क़हकहा) से अपरिचित हैं, परन्तु दबी मुस्कान की एक कोमल सी तरंग उनके व्यक्तित्व एवं रचनाओं में उपलब्ध है। उदाहरण के रूप में "हयाते सादी" एवं "हयाते जावेद" के मुक़ाबले में हाली के कलम की तीव्रता, चपलता, नवीनता एवं चाहत "यादगारे ग़ालिब" में अधिक झलकती है, क्योंकि यहाँ सम्बन्ध एक विनोदप्रिय मिर्ज़ा से था।

समंदे नाज़ पे इक और ताज़ियाना हुआ

तात्पर्य मौलवीयत की गम्भीरता एवं धीरता का बहुमूल्य बोझ उठाने के उपरान्त भी हाली के निष्पाप अस्तित्व का विनोदपूर्ण रंग भी किसी न किसी रूप में झलक उठता है। संक्षिप्त रूप में

बहुत जी खुश हुआ हाली से मिलकर
अभी कुछ लोग बाक़ी है जहाँ में

हाली : देशप्रेम एवं राष्ट्रीय एकता के ध्वजवाहक

डॉ. शुजाअत अली संदीलवी

उर्दू भाषा में बहुत से संदेशवाहक एवं देश प्रेमी, राष्ट्रीय एकता एवं देश की अखण्डता के ध्वजवाहक कवि एवं साहित्यकार जन्मे, जिन्होंने अपने हृदय रक्त से कविता की बगिया सींची, उसको हरा-भरा एवं उन्नतिशील बनाया। उसमें मनमोहक एवं रंगीन फूल खिलाए जिनकी रंगत, सुगंध एवं शीतलता ने प्रत्येक हृदय को मोह लिया। इन कवियों में शम्सुलउलमा मौलाना अल्ताफ हुसैन हाली प्रमुख़ हैं, जिन्होंने उर्दू कविता को नई जीवन-शक्ति तथा विस्तार एवं उन्नति प्रदान की और उर्दू कविता को इस योग्य बनाया कि वह नवीन विचारों, आधुनिक प्रवृत्तियों और राष्ट्रीय एवं देश प्रेम की भावनाओं का वर्णन कर सके। हाली ने बौद्धिक रूप से साहित्य एवं समाज के सम्बन्ध पर ज़ोर दिया। कविता को काल्पनिक संसार से निकाल कर कृत्य के संसार में प्रस्तुत किया। उसको प्रेमगान के साथ-साथ कृत्य की भावना से परिचित कराया। उसको शिष्टाचारिक, संशोधिक, राजनैतिक, सामाजिक शैक्षिक एवं साहित्यिक कार्यों के लिए लाभकारी बनाया, जिससे उर्दू कविता में विस्तार एवं व्यापकता और लाभकारिता का उदय हुआ।

1857 ई. एवं उसके पश्चात् की निरन्तर घटनाओं से हाली अत्यधिक प्रभावित हुए। उन्होंने कविता से राष्ट्र को जाग्रत करने का कार्य किया और कविता केवल हृदय की प्रसन्नता के लिए नहीं परन्तु कुछ करके दिखाने के लिए आरम्भ की :

माना कि तुम ने हाली दरिया अगर बहाया
यह तो बताओ हज़रत कुछ कर के भी दिखाया

उनकी सम्पूर्ण कविता में यह भावना व्याप्त है। ग़ज़ल हो या मसनवी, क़ता हो या रुबाई, मुसद्दस हो या तरक़ीबे, बन्द, शोकगान हो या आधुनिक कविता, कविता के प्रत्येक वर्ग में हाली का आत्मताप एवं कृत्यसंदेश पाया जाता है। प्रायः

ग़ज़लें संदोपदेशक एवं सुधारवादी विचारों वाली है :

बढ़ाओ न आपस में मिल्लत ज़ियादा
मुबादा कि हो जाए नफ़रत ज़ियादा
तकल्लुफ़ अलामत है बेगनगी की
न डालो तकल्लुफ़ की आदत ज़ियादा
करो इल्म से इक्तेसाबे शराफ़त
नजाबत से है यह शराफ़त ज़ियादा
फ़राग़त से दुनिया में दम भर न बैठो
अगर चाहते हो फ़राग़त ज़ियादा

उनके क़तआत एवं रुबाइयाँ तो सम्पूर्णतः शिक्षा एवं कृत्य का पाठ पढ़ाते हैं। मानव सेवा पर बल देते हुए लिखते हैं :

गर चाहो कि जीते जी भले कहलाओ
अपनो को सुलूके नेक से परचाओ
पर मद्दे नज़र हो गर हयाते अबदी
बेगानों को आशना बनाऐ जाओ

जो राष्ट्र आनन्दमय जीवन में लीन हो जाता है वह शीघ्र ही नष्ट होकर मृत्यु की गोद में पहुँच जाता है। हाली ने कितने प्रभावकारी रूप में यह बात समझाई है :

इशरत का सागर तलख़ सदा होता है
हर क़हक़हा पैग़ामे बुका होता है
जिस क़ौम को ऐश दोस्त पाता हूँ मैं
कहता हूँ कि अब देखिए क्या होता है।

आज कल देश की अखंडता अथवा निर्माण एवं उन्नति के लिए राष्ट्रीय एकता को अधिक महत्व दिया जाता है, परन्तु मौलाना हाली ने अब से लगभग नब्बे वर्ष पूर्व कहा था :

कह रहा था यह इक आज़ाद कि है जिनगें गिलाप
दौलत व बख़्त है हर हाल में उनके हमराह
पर नहीं राबता जिस क़ौम में और यक जहती
उसकी दुनिया से यह समझो गई इ़ातोजाह

इसीलिए वह राष्ट्र को यह संदेश देते हैं कि मेल-मिलाप के साथ रहो देश प्रेम

को ईमान का अंग समझो और किसी देशवासी को पराया न समझो :

अगर तुम चाहते हो मुल्क की ख़ैर
न किसी हम वतन को समझो ग़ैर
सबको मीठी निगाह से देखो
समझो आँखों की पुतलियां सबको

हाली को अपने देश के कांटे भी परदेश के फूलों से भले एवं मनमोहक प्रतीत होते हैं। वह अपने देश की मुट्ठी भर मिट्टी के बदले स्वर्ग को भी स्वीकार करने से इन्कार कर देते हैं।

तेरी इक मुश्ते ख़ाक के बदले
लूं न हरगिज़ अगर बहिश्त मिले

हाली के विचार में "देश प्रेम" का यह अर्थ नहीं है कि केवल अपने देश के प्रति मोहित रहें। उनके विचार में ऐसा प्रेम तो जीव-जन्तुओं में भी उपलब्ध होता है, इसलिए सच्चा देश प्रेम यह है कि अपने देश एवं राष्ट्र की हृदय एवं मन के साथ सेवा करें और उसके निर्माण एवं उन्नति के प्रति अपना जीवन समर्पित कर दें। जब तक देशवासी अपने भाइयों की प्रत्येक रूप से सहायता नहीं करेंगे और उनकी दरिद्रता एवं कष्ट को देख कर तड़प न उठेंगे, उन्हें दरिद्रता एवं धनहीनता अथवा तिरस्कार एवं अपमान से उबारने का भरपूर प्रयत्न नहीं करेंगे, उस समय तक देश प्रेम की बात करना व्यर्थ है। किस कष्ट एवं दुःख के साथ कह रहे हैं :

है कोई अपनी क़ौम का हमदर्द?
नौऐ इन्सां का जिस को समझें फ़र्द
क़ौम पर कोई ज़द न देख सके
क़ौम का हाले बद न देख सके
क़ौम से जान तक अज़ीज़ न हो
क़ौम से बढ़ के कोई चीज़ न हो
जब पड़े इन पे गर्दिश अफ़लाक
अपनी आसाइशों पे डाल दे ख़ाक

कितने नेता और हमारे राष्ट्र के कितने मार्ग-दर्शक इस पर कार्य कर रहे हैं और सत्य हृदय से देश व राष्ट्र के लाभ के इच्छुक हैं?

हाली ने देश निर्माण एवं उन्नति, अखण्डता एवं राष्ट्रीय एकता के लिए राष्ट्र

की भावनाओं को जागरूक किया। राष्ट्र की सेवा को सबसे बड़ी पूजा कहा। शिक्षा एवं गुण को प्राप्त करने के लिये प्रोत्साहित किया। असावधानी एवं अज्ञानता के बुरे परिणाम से सचेत किया। सहानुभूति एवं प्रेम, भाईचारा एवं समानता एवं मेल-मिलाप के साथ रहने पर बल दिया। उनकी निम्नलिखित कविता का एक-एक शब्द देश प्रेम से भरा हुआ है।

बैठे बे फ़िक्र क्या हो हम वतनो
उठो और अहले वतन के दोस्त बनो
मर्द हो तो किसी के काम आओ
वरना खाओ पियो चले जाओ
गर रहा चाहते हो इज़्ज़त से
भाईयों को निकालो ज़िल्लत से
क़ौम की इज़्ज़त अब हुनर से है
इल्म से या कि सीम व ज़र से है
कोई दिन में वह दौर आयेगा
बे हुनर भीख तक न पायेगा
इज़्ज़ते क़ौम चाहते हो अगर
जाके फैलाओ इनमें इल्मो ब हुनर

इस वास्तविकता को अस्वीकार नहीं किया जा सकता कि हाली देश प्रेम के गान बड़े दुःख एवं ताप के साथ, बड़े परिश्रम और लगन के साथ जीवन भर लिखते रहे। इस राग में दासता एवं पराधीनता का अत्यधिक अनुभव है। स्वतंत्रता एवं स्वाधीनता की भावनाओं को उत्तेजित करने का भरपूर प्रयत्न है। राष्ट्र के पतन की दुखदाई कहानी है, अंग्रेज़ी राजनीति की उन्नति का दुःख है। राष्ट्र के लिए शिक्षा एवं कला, साहस एवं सुदृढ़ता, संकल्प एवं धीरज, उत्तम चरित्र एवं उच्च शिष्टाचार का संदेश है। एकता एवं सहमति के साथ रहने पर बल है। उनके विचार में एकता एवं अखण्डता में ही उन्नति एवं स्वतत्रता का भेद छिपा हुआ है। अनेकता एवं फूट, पतन एवं दासता का दूसरा नाम है।

मुल्क हैं इत्तफ़ाक़ से आबाद
शहर हैं इत्तफ़ाक़ से आबाद
क़ौम जब इत्तेफ़ाक़ खो बैठी
अपनी पूंजी से हाथ धो बैठी

हाली ने सचेत किया कि अब ऊँच-नीच और वंश के अभिमान एवं गर्व का युग समाप्त हो गया। अब राष्ट्र में श्रेष्ठता एवं सम्मान की निर्भरता राष्ट्र की सेवा अथवा शिक्षा एवं गुणों की प्राप्ति पर है।

अब न सय्यद का इफ्तिख़ार सही
न बिरहमन को शूद्र पर तरजीह

देश प्रेम से सम्बन्धित हाली के विचारों एवं भावनाओं के इस सक्षिप्त वर्णन से यह प्रमाण मिलता है कि वह देश-प्रेम का सामूहिक अनुभव एवं ज्ञान उत्पन्न करके राष्ट्र एवं देश को उत्तम एवं श्रेष्ठ स्थान पर पहुँचाना चाहते हैं। वह राष्ट्र में निर्माणवादी एवं सुधारवादी, धार्मिक एवं शैक्षिक, राष्ट्रीय एवं स्वदेशी भावनायें उत्पन्न करके राजनैतिक एवं सामाजिक ज्ञान की उत्पत्ति चाहते हैं।

हाली ने अपनी कविता से समाज सुधार का कार्य किया। बच्चों के लिए ऐसी कवितायें लिखीं, जिनमें से उनके हृदय में शिक्षा एवं कृत्य की भावना उत्पन्न हो। नारियों के लिये, "मुनाजात ऐ बेवा" और "चुप की दाद" जैसी लाभदायक एवं प्रभावकारी कविताएं लिखीं, जिनमें उनकी विवशता एवं पीड़ा को बड़े प्रभावकारी रूप में वर्णित किया। हाली का कथन राष्ट्र के नाम एक जीवनदायक संदेश है। उसको सुनकर सोया हुआ राष्ट्र जाग उठा, स्थिरता एवं ठहराव अचेतना एवं अनुभूति के अभाव का इन्द्रजाल टूट गया। घृणा एवं शत्रुता, प्रेम व निष्कपटता में बदल गयी। राष्ट्र के भीतर गति एवं कृत्य का उत्साह उत्पन्न हुआ, वह अपने चरित्र एवं शिष्टाचार को सुधारने और जीवन को ठीक करने पर लग गये। प्रत्येक हृदय में राष्ट्र एवं देश की सेवा और देश से सत्य प्रेम की ललक पैदा हो गयी।

हाली उठा हिला के महफिल को
आख़िर अपना कहा किया तूने

हाली की भाषा सम्बन्धी अवधारणा

सैयद ज़मीर हसन

किसी महान कवि का धरती पर आना प्रायः ही अत्यंत महत्वपूर्ण होता है। यहाँ तक कि, उसका आशय सदियों के लिए भाषा का निर्धारण हो सकता है, जैसे कि शेक्सपीयर ने अंग्रेज़ी का निर्धारण किया, सादी और हाफ़िज़ ने फ़ारसी का स्वरूप निश्चित किया, रैसिन एवं मोलियर ने फ्रेंच के वर्तमान स्वरूप को निश्चित किया तथा अरबी कवियों के एक समूह, जो "मुआल्लकत" के लेखक थे, उन्होंने अरबी की एक भूमिका तैयार की, जो बारह शताब्दियों से भी अधिक समय तक चिरस्थायी बनी रही है। इस प्रकार भाषा का निर्धारण तथा एकीकरण करना कोई साधारण कार्य नहीं है।

हमें अभी भी यह मानने के लिए निश्चय करना है कि उर्दू तथा भारतवासियों के लिए, हाली ऐसा करने के लिए कृतसंकल्प थे, परंतु इसमें कोई संदेह नहीं है कि वे उन महानतम कवियों में से हैं, जिन्होंने उस भाषा में लिखा, जिसका आविर्भाव भारत में मुगलों के आगमन के पश्चात् हुआ। उन्होंने रूप तथा विचार की स्वतंत्रता पर बल दिया, जिसमें बहुत ताज़गी है। अपनी प्रेरणा, अपने आदर्श, अपने उद्देश्य तथा स्वयं के द्वारा प्रस्तुत शैली, जो उर्दू साहित्य में आधुनिक प्रवृति की आधार साबित हुई; इस दृष्टि से भी हाली महान हैं। उर्दू और हिन्दी के सम्बन्ध में चाहे जितने भी विवाद उत्पन्न हों, एक बात निश्चित है, अर्थात् दोनों की रूढ़ि विरोधी शैली को हिन्दुस्तानी के रूप में अभिलक्षित किया गया है, और यही राष्ट्र के द्वारा उसकी "लोकभाषा" के रूप में स्वीकृत की जाएगी। उसके साहित्य का स्वरूप निश्चित करने में हाली के दावों की उपेक्षा नहीं की जा सकती, क्योंकि वे उर्दू कविता में एक नए आन्दोलन के प्रणेता की हैसियत रखते हैं, जिन्होंने उस भाषा को नवीन दिशाओं की ओर उन्मुख किया तथा उसमें भारत की राष्ट्रीय भावनाओं का समावेश किया।

हाली इस अर्थ में क्रांतिकारी थे कि उन्होंने सामंती तत्वों की सर्वोच्चता और

व्यर्थ की रूढ़िवादिता का विध्वंश कर दिया तथा उसके स्थान पर यथार्थता, सरलता और गम्भीरता के नए मापदण्डों को प्रस्तुत किया। एक सुधारक के रूप में" हाली ने ज़ोर देकर और त्रुटिरहित शब्दों में, कम विद्वतापूर्ण लोगों के हाथों में एक महान कला की दुर्गति की भर्त्सना की। उनकी कला एक निष्फल सृजन कार्य थी, जिसमें कल्पना तथा मनुष्य के उच्चतर मनोभावों के लिए कोई अपील नहीं थी। शब्दश्लेष ने साहित्य की इतनी अधिक हानि की है कि शब्दों के प्रति सावधानी ने लोगों को विचार के विषय में लापरवाह बना दिया है। अनावश्यक रूप से रूपक और अस्वाभाविक उपमाओं को भरना ठीक उसी प्रकार था, मानों किसी चेहरे को आभूषणों से इतना अधिक सजा देना कि वह कुल मिलाकर दृष्टि से ही ओझल हो जाए। उसकी सुन्दरता बढ़ाने के बजाय स्वयं चेहरा ही विकृत हो जाए। उर्दू कविता के साथ ऐसी ही स्थिति थी। "जीवन की समालोचना" के रूप में कविता विद्यमान नहीं थी। अपने एक भी उच्चतर दायित्व का निर्वहन किए बिना, कविता अपने पाठकों की इन्द्रिय इच्छाओं को भड़काती थी। लेकिन हाली ने दृढ़तापूर्वक यह घोषणा की, कि कविता का पहला सारभूत तत्व हृदय परिवर्तन की उसकी क्षमता में निहित है, और यह केवल तभी हो सकता है यदि वह वास्तविक प्रकृति का, अकृत्रिम और विचार तथा भाषा में सरल हो।

जैसा विचार में हो वही शैली में भी हो। उस समय प्रचलित कृत्रिमता तथा रूढ़िवादिता के विरुद्ध उन्होंने वड्र्सवर्थ की तरह ही विद्रोह किया। अभिव्यक्ति की स्वतंत्रता को बाधित करने वाले प्रतिबंधों से स्वयं को मुक्त करना एक साहसिक प्रयास था और उन्होंने उर्दू कविता में कृत्रिमता के तत्वों का समावेश किया। वे कविता की भाषा को दिन-प्रतिदिन की भाषा के समीप लाना चाहते थे। वे चाहते थे कि वह वास्तविक तथा स्वाभाविक हो। सरलता उनकी शैली की प्रमुख विशेषता है। उनके माप-दण्ड को अपनाने पर आने वाली कठिनाइयों के विषयों में वे पूरी तरह सचेत थे, परन्तु एक दृढ़ निश्चय के साथ अपने सिद्धान्तों के लिए उन्होंने अपनी लोकप्रियता को भी खतरे में डाल दिया।

जब हम हाली के विषय में सोचते हैं, तो क्रांति के बाद के दिनों में समुदाय तथा देश को सुधारने की उनकी तीव्र इच्छा को महसूस करते हैं, गद्य तथा कविता में जिसका प्रभाव लगभग स्पष्ट रूप से परिलक्षित होता है। उनकी कविता उन परिवर्तनों का निष्कर्ष है, जिससे नयी चेतना और नए विचार साहित्य में धीरे-धीरे आ रहे थे। जैसा कि इमर्सन अन्तिम रूप से यह टिप्पणी करते हैं, "महान कवियों का मूल्यांकन मन के उस मनोभाव द्वारा होता है, जिसे वे प्रेरित करते हैं" हाली की महानता निश्चित रूप से असंदिग्ध है।

हाली : एक परिचय

के.एल. पोसवाल
गृह मंत्री, हरियाणा

जब तक मैं उर्दू शायरी समझने और उसकी प्रशंसा करने की उम्र तक पहुँचा, मौलाना अल्ताफ हुसैन हाली, जिसे इक़बाल ने दिल्ली के अदबी समाज का अन्तिम अवशेष कहा है (यादगार-ए-बज़्म-ए-दिल्ली), इस दुनिया से कूच कर गए थे। यहाँ तक कि बज़्म-ए-दिल्ली टूटने के कगार पर थी तथा उर्दू अदबी दुनिया का केन्द्र-बिन्दु दिल्ली से लाहौर हो गया था, जहाँ इकबाल जैसी सिरमौर हस्ती सबके गुरुत्वाकर्षण का प्रमुख स्रोत थी। पूरे भारत से कवि और साहित्यकारों का झुंड का झुंड लाहौर चला गया, जिसके बारे में हाली ने बहुत ही विरक्ति पूर्वक कहा है "सभी मुसीबतों का घर" तथा "एक अजनबी शहर जहाँ बुलबुल गुलाब तक को नहीं जानती।" इसलिए मेरी पीढ़ी के लोग उस उर्दू शायरी की क़दर करते थे जिसमें, उस समय तक, उन लोगों के सामाजिक-आर्थिक आवेग अभिव्यक्त होने शुरू हो गए थे, जो विदेशी दासता से तथा सामाजिक बुराइयों से युक्त समाज से बाहर आने के लिए घोर संघर्ष कर रहे थे, जिसने हमारे जीवन की सम्पूर्ण प्रगति को तहस-नहस कर दिया था।

हाली के उर्दू अदब के चलचित्र पर पदार्पण करने से एक नए और सशक्त युग का प्रादुर्भाव (प्रारम्भ) हुआ, जिसमें कवियों ने पतन की ओर अग्रसर सामाजिक-आर्थिक ढाँचे को देखते हुए लोगों के गुस्से को कलम-बद्ध किया। हाली से पहले, कवियों ने, दिल्ली के मुग़ल परिवारों के अन्तिम अवशेष के राजमहलों के ऐशो-आराम अथवा दक्षिण के आसफ जाही तथा अवध के नवाबों के भ्रष्टाचारी महलों के बारे में ही लिखा था। यह आश्चर्यजनक है, फिर भी सत्य है, कि इस दौर के कवियों ने देश में बदलते राजनीतिक, सामाजिक तथा आर्थिक परिदृश्य से अपने क़लम को अलग रखा। वे अपनी निराकार दार्शनिक उत्कंठाओं को छन्दोबद्ध करने में व्यस्त रहे, जिसे ग़ालिब ने मसाइले तसव्वुफ़ से ताबीर किया या अपने

सरपरस्त नवाबों अथवा राजाओं की खुशामद करने में व्यस्त रहे अथवा प्यार-मुहब्बत की बातें करते रहे। मीर तकी मीर, मीर दर्द, मोमिन, नासिख़ तथा ग़ालिब सूफियाना दार्शनिकता से प्रेरित थे तथा उन्होंने अपनी प्रतिक्रिया ज़ाहिर भी की क्योंकि अपने दैनिक जीवन में वे उसका पालन भी करना चाहते थे। इन्शा, आतिश तथा ज़ौक़ ने अपने आक़ाओं तथा परामर्शदाताओं की प्रशंसा में चापलूसी के गीत गाए, जबकि ज़फ़र, दाग़ तथा उनके साथ के दूसरे शायरों ने भाषाई महारत दिखाई तथा अपने स्वप्निल संसार के गुल-ओ-नग़मा तथा बुलबुल और महबूब से स्वयं को जोड़े रखा। किसी ने भी अंग्रेज़ों की बेड़ियों को तोड़ने के लिए भारतीयों द्वारा किए जा रहे संघर्ष की पीड़ा को महसूस नहीं किया, ना ही उन्होंने सामाजिक-आर्थिक व्यवस्था के अपकर्ष में कोई दिलचस्पी ली। इसलिए, इस युग के साहित्य में केवल प्यार-मुहब्बत तथा जीवन के निराकार पहलू ही परिलक्षित हो सके; इससे अधिक कुछ नहीं।

1857 के संघर्ष के बाद, सामन्ती व्यवस्था पूर्णतः तितर बितर हो गई। उदीयमान अंग्रेज़ी शक्ति को चुनौती देने वाले मुखिया विनम्र हो गए थे। भारतीय समाज अशान्त था। भारत में प्रत्येक समुदाय ने अपने हितों के लिए यही उचित समझा कि अंग्रेज़ी ताक़त के चमकते सितारों की ही पूजा की जाए। पश्चिमी शिक्षा आरम्भ होने से लोगों के पश्चिमी उदारवादी विचार तथा स्वतन्त्रता और समानता की परम्परा का हमारे समाज पर काफ़ी प्रभाव पड़ा। यूरोपियन पुनर्जागरण आन्दोलन तथा बाद में औद्योगिक क्रान्ति भारत में अनुवर्ती लाभ तथा हानि लेकर आई। भारतीय समाज के शांत पानी में जल लहरें उठने लगीं। राजा राममोहन राय तथा सर सैयद अहमद खान जैसे समाज सुधारकों ने सोई हुई जनता को झकझोरना शुरू कर दिया।

इन उग्र घटनाओं के बीच हाली ने सामन्ती युग के चांद को तकते कवियों से ऊपर उठते हुए राष्ट्र-निर्माण की गतिविधियों की ओर रुख़ किया। उनके संवेदनशील मस्तिष्क ने पतन की ओर अग्रसर सामाजिक-आर्थिक संरचना को देखा और अपने मज़बूत क़लम से गहरा रोष व्यक्त करना शुरू कर दिया। वह पहले ऐसे कवि थे जिन्होंने सामाजिक अन्याय तथा कुरीतियों के विरुद्ध आवाज़ उठाई। वह उर्दू साहित्य में उस युग के प्रवर्तक थे, जिसमें लेखक तथा कवि अपनी रोमानी लालसाओं से अलग होकर समाज को जाग्रत करने के लिए लिखने लगे थे।

हरियाणा के ऐतिहासिक नगर पानीपत में 1837 को जन्मे हाली 77 वर्ष की वयोवृद्ध आयु तक जिए। वह ख़्वाजा मलिक अली के वंश से थे, जो राजा गयासुद्दीन बलबन के शासनकाल के दौरान हैरात से भारत आए थे। ख़्वाजा जी

महान विद्वान तथा गहन धार्मिक विचारों के पुरुष थे। राजा बलबन द्वारा उन्हें पानीपत के परगना में ज़मीन पुरस्कार स्वरूप दी गई थी। हाली को विद्वता और धैर्य की परम्परा उत्तराधिकार में मिली थी तथा उन्होंने अपने साहित्यिक प्रयत्नों में उसे आत्मसात भी किया। जब वह केवल (नौ) वर्ष के थे तब उनके पिता की मृत्यु हो गई। इसलिए, उनकी कोई औपचारिक शिक्षा स्कूल में नहीं हुई। स्थानीय मौलवियों से उन्होंने पर्शियन और अरबी भाषा का ज्ञान प्राप्त किया। हिसार के कलक्टर के कार्यालय में बहुत छोटी सी नौकरी से उन्होंने अपने जीवन की शुरुआत की। वह नवाब मुस्तफ़ा खान "शेइफ्ता", तालुकदार, जहाँगीराबाद की नौकरी में चले गए, जिन्होंने हाली को अपनी विचार-शक्ति को और भी गहन करने के लिए उत्साहित किया। बाद में हाली ने लाहौर में पंजाब सरकार बुक डिपो में अंग्रेज़ी से उर्दू में अनुवाद कार्य करने की नौकरी आरम्भ की। वहाँ वह महान मुस्लिम विद्वान तथा साहित्यकार आब-ए-हयात के लेखक मौलाना मोहम्मद हुसैन आज़ाद, जिनका लाहौर में अच्छा साहित्यिक संपर्क स्थापित था, के सानिध्य में आए। समाज में उस समय प्रचलित सामाजिक असमानताओं के सम्बन्ध में अपने क्रोध को अपनी कविताओं के माध्यम से प्रतिबिम्बित किया था उम्मीद, रहमान-ओ-इन्साफ तथा हब्बे-ए-वतन इत्यादि जैसी प्रसिद्ध कविताएँ लिखीं।

लाहौर वो स्थान नहीं था, जहाँ हाली रहना चाहते थे। वह दिल्ली आ गए तथा एंगलो-अरेबिक स्कूल में उन्हें अध्यापक की नौकरी मिल गई। उन्हें जिस साहित्यिक वातावरण की तलाश थी, वो उन्हें वहाँ मिल गया। वह ग़ालिब से मिले तथा उन्होंने इस महान शायर के साथ जीवन-पर्यन्त मित्रता निभाई। अलीगढ़ विश्वविद्यालय के संस्थापक सर सैय्ययद अहमद खान ने उन्हें प्रेरित किया कि वह अपनी लेखनी से मुस्लिम समुदाय की पद-दलित अवस्था का चित्रण करें, जो हिन्दु भाइयों की भाँति अंग्रेज़ी शिक्षा पद्धति तथा जीवन पद्धति को स्वीकार करने के लिए बिल्कुल भी तैयार नहीं थे। इसलिए अंग्रेजों की आँख में खटक रहे थे। हाली ने सर सैयद के साथ मिलकर धर्म युद्ध शुरू किया, ताकि मुस्लिम समुदाय को अंधविश्वास के गहरे दलदल से उबारा जाए। अपनी पुरानी शान में खोए दिलो दिमाग़ को नई दिशा की ओर मार्ग प्रशस्त करने के लिए परिवर्तित किया जाए। "माद्द-ओ-जज़्रे-इस्लाम" नामक उनका प्रसिद्ध "मुसद्दस" अपनी तरह की एक उत्कृष्ट रचना है। इसके प्रकाशन के साथ ही उर्दू शायरी ने ख़ालिस कपोल-कल्पना से यथार्थवाद तक का सफ़र तय किया तथा इस तलाश को आरम्भ

करने वाले हाली पहले शायर थे, जिसे उन्होंने अपनी रचनाओं जैसे "तोहफातुल इख़लवान", "मुनाजात-ए-बेवा" तथा "चुप की दाद" तक जारी रखा। भारतीय महिलाओं के उद्धार के लिए उनका आह्वान, नैतिकता की अपनी मध्यवर्गीय धारणाओं से अभी तक चिपके परम्पराओं के वशीभूत समाज में एक निर्भीक कदम था। हाली, अपने सुधारात्मक उत्साह के बावजूद एक अत्यंत धार्मिक व्यक्ति थे। उनमें इतना साहस नहीं था कि वो धार्मिक कट्टरता को चुनौती दे सकें। संभवतः उस समय ऐसा रहा होगा कि वह किसी डर से धार्मिक आदेश के विरुद्ध कोई लाठी-डण्डा न उठा सकें हों। उनके कुछ समय बाद लेकिन उनके नेतृत्व का पालन करते हुए, इक़बाल, यद्यपि एक निष्ठावान मुसलमान थे, तब भी, उन्होंने स्वयं अल्लाह को सम्बोधित अपनी रचना "शिकवा" द्वारा ज़ोरदार आवाज़ में पतोन्मुखी धार्मिक व्यवस्था को चुनौती दी। संभवतः तभी बाद में शायर शकील बदायूनी को कहना पड़ा :

"अल्लाह तो सबकी सुनता है जुरात है शकील अपनी-अपनी
हाली ने जुबां से उफ़ भी न की इक़बाल शिकायत कर बैठे"

हाली की गद्य-रचना निस्संदेह सशक्त थी। साहित्यिक आलोचना लिखने वाले वह पहले व्यक्ति थे। उनके जीवन सम्बन्धी अध्ययन जैसे "हयात-ए-सादी" "यादगार-ए-ग़ालिब" तथा "हयात-ए-जावदे" उर्दू साहित्य में मील के पत्थर हैं।

सेवा-निवृत्त होने के बाद, हाली अपने प्रिय शहर पानीपत वापस आ गए जहाँ 1914 में उनकी मृत्यु हो गई। इस प्रकार, एक जीवन का अन्त हो गया जो कला और साहित्य को समर्पित था। एक जीवन जो उदार, समर्पित, सादा तथा अत्यधिक धार्मिक था। समाज की वस्तुनिष्ठ शक्ति की तलाश, जिसको हाली ने जीवन-पर्यन्त बलवती किया, उर्दू शायरी को सम्पूर्ण व्यक्तिनिष्ठा की स्थिति से ऊपर उठा कर उसका कायापलट कर दिया। हाली के लिए प्रत्येक निष्पादित प्रयत्न एक नए प्रयत्न की शुरुआत थी। यह लक्ष्य उन्होंने स्वयं के लिए व अपने देशवासियों के लिए निश्चित किया था। कुछ समय पहले, मुझे हाली के पोते स्वर्गीय सैय्यद गुलामुस सैय्येदैन के निवास पर हाली की रचनाओं के कुछ खण्ड पढ़ने का सुअवसर मिला। उनमें से एक पुस्तक के मुख-पृष्ठ पर हाली की हस्त-लिपि में निम्नलिखित शब्द अंकित थे जो उनके जीवन-दर्शन को प्रतिबिम्बित करते हैं :

"ज़िंदगी एक मुसलसल सफ़र है
मंज़िल जो देखी तो मंज़िल बढ़ा दी"

मौलाना हाली : एक पार्श्वचित्र

डॉ. रफ़ीक़ ज़कारिया

ख़्वाजा अल्ताफ हुसैन हाली (1837-1914) सर सैय्यद के निकटतम सहयोगियों में से एक थे। एक महान उर्दू शायर होने के अलावा वह एक श्रेष्ठ गद्य लेखक भी थे तथा उन्होंने "हयात-ए-जावेद" नाम से उर्दू में सर सैय्यद के "जीवन" पर एक प्रामाणिक गद्य रचना भी लिखी है। मुस्लिम परम्परा के प्रति समर्पित हाली अयूब अंसारी के वंश से हैं, जो इस्लाम के पूर्व नायक थे तथा अपने भारतीय-पूर्वजों के प्रति उनकी निष्ठा में कमी झलकती थी। यद्यपि उनके पूर्वज हैरात से तेरहवीं शताब्दी के प्रारम्भ में ही भारत आ गए थे। जन्म से हाली भी अभिजात (कुलीन) व्यक्ति थे, लेकिन उन पर सांसारिकता की अपेक्षा आत्मिक छाप अधिक थी। दिल्ली के गुलाम राजा, बलबन के समय से उनके पूर्वज पानीपत के काज़ी, इसके धर्म संस्थानों के नयासी तथा इद्देन के इमाम रहे थे।

अपने शुरूआती जीवन में, हाली उच्च धार्मिक शिक्षा के लिए दिल्ली गए; वहाँ उन्होंने बहुत से उर्दू शायरों से मुलाकात की जिनमें महान शायर ग़ालिब भी थे। हाली शीघ्र ही ग़ालिब के शिष्य बन गए। हालांकि शुरू में उन्हें अपने गुरु की ग़ैर–परंपरावादी रवैया तथा शराब प्रेम में उनकी रुचि और स्वछन्द जीवन पसन्द नहीं आया था। "यह वह समय था" हाली लिखते हैं, "जब मैं धार्मिक आत्म-संतोष की मस्ती में था। ईश्वर के बनाए हुए सभी जीवों में से मैं केवल मुसलमानों का आदर करता था, और मुसलमानों के तिहत्तर (73) पन्नों में से अहल-ए-सन्ना और अहल-ए-सुन्ना में से केवल हनिफिया तथा यहां तक कि हनिफिया में से केवल उनका, जो प्रार्थना तथा व्रत का कड़ाई से पालन करते हैं तथा मुक्ति के हक़दार हैं।" को सही मान्यता था। परन्तु हाली को अपनी विचारधारा में इस संकीर्णता से बाहर निकलने में ज्यादा समय नहीं लगा। यद्यपि वह अपने व्यक्तिगत जीवन में कट्टर में धार्मिक रहे। फिर भी, ग़ालिब के मानवतावाद की गहरी जड़े उन्हें प्रभावित नहीं कर पाई। उनकी कार्यकर्ता, शाफिया का प्रभाव भी हाली की सोच में कुछ परिवर्तन लाने में सफल रहा।

इसके अलवा, 1857 के विद्रोह के परिणाम ने, जिसमें हज़ारों मुस्लिम कुलीन परिवारों को कुचल दिया, हाली को समस्याओं के प्रति अधिक यथार्थवादी और सक्रिय बना दिया जिसका सामना उनकी धर्मान्धता को करना पड़ा। उन्होंने यह स्वीकार कर लिया कि जब तक मुसलमानों को पुनः संगठित नहीं किया जाता, उनका आगे भी पतन होना अवश्यम्भावी है। इस्लाम ने जिस प्रकार पतन को झेला, उससे वह हिल गए। इसका ज़िक्र उन्होंने अपनी कविता में भी दुख भरे शब्दों में किया है और पुराने इस्लाम के स्थान पर एक नए इस्लाम का सपना देखा है। इसके अलावा, लाहौर में अपने अल्पकालीन निवास के दौरान उन्होंने अलीगढ़ वैज्ञानिक समाज तथा पंजाब बुक डिपो के उर्दू अनुवाद के माध्यम से योरोपियन साहित्य का विशेष अध्ययन किया। इससे उन्हें अंग्रेज़ों के आगमन से उत्पन्न हुई भारत की नई स्थिति को बेहतर तरीक़े से समझने में बहुत सहायता मिली।

हाली का पहला संपर्क सर सैयद से अलीगढ़ संस्थान राजपत्र के प्रति उनके योगदान के माध्यम से हुआ। पर बाद में वे दिल्ली में उनसे व्यक्तिगत रूप से मिले और अच्छे मित्र बन गए। उनकी मित्रता अलीगढ़ आन्दोलन के लिए बहुत महत्वपूर्ण साबित हुई। एक प्रतिष्ठित लेख में हाली ने सर सैयद से अपनी पहली मुलाकात का वर्णन इस प्रकार किया है–"अचानक मैंने ईश्वर के प्रतिनिधि के रूप में एक मानव को देखा। आदमियों के बीच एक नायक–कठिनाई वाले रास्ते पर आगे बढ़ता हुआ। उसके साथ चलने वाले बहुत लोग थक गए और पीछे रह गए; उनमें से कुछ उनके साथ पैरों में छालों के साथ सिर्फ पैदल चलते रहे, वो भी लगभग बेदम और थके-मांदे। परन्तु उनका नेता, वह संरक्षक, पहले की ही तरह तरो-ताज़ा लग रहा था। वह आगे बढ़ता रहा, थकान और थके साथियों तथा दूरगामी उद्‌देश्य को भूल कर। इसके अलावा, उस व्यक्ति में कोई न कोई चुम्बक था, कोई न कोई सम्मोहन था; वह किसी को भी एक नज़र देख ले और बस वह सम्मोहित हो जाता था,... दैवयोग से, उनकी ऐसी ही दृष्टि मुझ पर भी पड़ गई। बीस वर्षों तक इधर-उधर घूमते हुए मैं हालांकि थका हुआ और कुंठित था, मैं उनकी ओर खिंच गया, लगभग अचानक ही...न ही मुझे उद्‌देश्यों की जानकारी थी न ही प्रयोजन मालूम था (कि मैं क्या कर रहा हूँ) परन्तु एक शक्तिशाली हाथ मुझे अपने साथ कहीं खींच कर ले जा रहा था।

वो दिल जो यौवन की सुन्दरता के आकर्षण से बचा रहा, वह एक श्वेतकेशी वृद्ध मनुष्य की एक ही झलक से उसकी गिरफ़्त में आ गया।"

एक बार फिर, केवल सर सैयद के कारण ही मुख्यतः हाली को अपनी प्रसिद्ध रचना "मुसद्दस" लिखने की प्रेरणा मिली, जिसमें इस्लाम के उत्थान तथा पतन को

विशुद्ध उर्दू कविता में चित्रित किया गया है। ग्राहम बैल के अनुसार, "उर्दू बोलने वालों पर कोई और कविता इतना वृहत् प्रभाव नहीं छोड़ पाई।" सर सैय्यद के अनुसार उसके काम को प्रोत्साहित करने में अल्लाह का ही हाथ है।

तथापि, जैसे-जैसे वर्ष बीतते गए, हाली को अपने नेता का अंग्रेजों पर इतना अधिक भरोसा करना ठीक नहीं लगा, ना ही अपने उद्देश्यों की पूर्ति को आसान बनाने के लिए क़ुरान तथा हदीस में किसी जगह दी गई व्याख्या से ही हाली खुश थे। किसी ना किसी कारणवश, अलीगढ़ आन्दोलन के प्रति उनकी रुचि के बावजूद, 1857 के विद्रोह के बाद मुसलमानों के विरुद्ध किए गए अंग्रेज़ों के अपराध के लिए हाली अंग्रेज़ों को क्षमा नहीं कर पाए; जिसके वह स्वयं दिल्ली में प्रत्यक्ष-दर्शी थे। ना ही उन्होंने नवयुवक मुस्लिम पीढ़ी के आधुनिकीकरण के तरीकों का समर्थन किया; जैसाकि उन्होंने स्वयं कहा है कि "प्रगति" से अभिप्राय "नकल" नहीं है।

पुनः, 1893 के प्रारम्भ में, एक लेख में जिसका शीर्षक "क्या हम जिंदा हैं या मुर्दा" है, हाली ने उन्हें सरकारी नौकर बनने की अभिलाषा के विरुद्ध चेतावनी दी, "उन्हें स्वयं पर कोई विश्वास नहीं है। वह सिफारिशों के बलबूते जीवित रहते हैं।" वे लोग जो सरकारी सेवा में नहीं हैं, उन्होंने कहा, उनका उद्देश्य नेता बनना है, "अपने मूल अधिकारों के लिए सरकार से अपेक्षा करना और राष्ट्र के प्रति अपने कर्त्तव्यों के बारे में ज़रा भी विचार ना करना।" "इंग्लैंड रिटर्न" बाक़ी सभी से श्रेष्ठ समझे जाते हैं। "वे समझते हैं कि पारस पत्थर हैं, जो एक बार किसी को छू लें तो पीतल भी सोना बन जाता है।" हाली को यह सोच कर बहुत अफसोस होता था कि चाहे वे अपने जीवन के बहुत से मूल्यवान वर्ष जिस देश में रह कर बिताते हैं, गर्व महसूस करते हैं, देशभक्त हैं, सक्रिय हैं तथा वहीं शिक्षा भी प्राप्त करते हैं और जब वे भारत वापिस आते हैं तो वे उपहास पूर्ण व्यवहार करते हैं तथा अधकचरी नकल करते हैं। अपितु, उनमें से कुछ इससे भी बुरा व्यवहार करते हैं, अपने ही लोगों से घृणा करते हैं और यहाँ तक कि अंग्रेज़ों की अपेक्षा और भी तिरस्कार पूर्ण दृष्टि से देखते हैं। हाली कहते हैं, "अंग्रेज़ हमारे नागरिकों को अर्ध-सभ्य कहते हैं और ये नवयुवक उन्हें असभ्य कहते है।" इसी मनोवृत्ति की हाली ने अपनी प्रसिद्ध कविता "नांग-ए-खिद्मद" में अंग्रेजी–शिक्षित मुसलमानों की विचार-धारा और क्रिया-कलापों की भर्त्सना की है। सर सैयद की मृत्यु के पश्चात् हाली उनके भविष्य के सम्बन्ध में और भी निराशावादी हो गए। उनकी मृत्यु 1914 में हुई, एक टूटे हुए दिल के साथ। जब सर सैय्यद के अधीन उन्होंने अपना नया मिशन शुरू किया तो उन्हें कहाँ मालुम था कि इसका फल इतना कड़वा होगा।

हाली : राष्ट्रवादी के रूप में

ख़्वाजा अहमद अब्बास

ख़्वाज़ा अल्ताफ हुसैन, जो शायर के रूप में बाद में "हाली" तखल्लुस से मशहूर हुए, का जन्म छोटे से शहर पानीपत में हुआ था। पानीपत उस समय पंजाब में था परन्तु आज हरियाणा में है।

हाली का जन्म 1837 में हुआ। उस समय भारत अथवा विश्व में राष्ट्रीय जागरूकता का शुभारम्भ भी नहीं हुआ था। इससे लगभग तीस वर्ष बाद भारत में गांधी तथा रूस में लेनिन का जन्म हुआ।

जब 1857 में पहला विद्रोह हुआ, जिसे 'स्पॉय म्यूटिनी' के नाम से जाना जाता है, हाली केवल बीस वर्ष के ही थे। उस कठिन समय के दौरान हाली जैसे संवेदनशील व्यक्तित्व ने अपने आस-पास के तथा देश के दूसरे लोगों की परेशानी को बहुत गहराई से महसूस किया, जिससे उनके अन्दर एक असंतोष की लहर स्वाभाविक रूप से उभर आई। इस असंतोष की भावना ने उन्हें राष्ट्र के प्रति संवेदनशील बनाने में महत्वपूर्ण भूमिका निभाई।

संवेदनशील होने के साथ-साथ हाली बहुत ही करुणापूर्ण और सौहार्दपूर्ण थे तथा दूसरों के दर्द को अपना दर्द समझते थे। वर्षों बाद उन्होंने पर्शियन में मानवता के सम्बन्ध में ये अमर पंक्तियाँ लिखीं–

"चीस्त इन्सानी? ताजीदान एज़ ताप-ए-हमसाएगान शुदन"

एज़ सामूम-ए-नाज़्द दार बाग़-ए-आदान पाझमान शुदन (मानवता क्या है? यह किसी पड़ोसी के बुखार से जलती है। किसी मरूस्थल की गर्म हवाओं से तपती है चाहे आप किसी ईडन गार्डन में हों)।

और तब, जब बदले की भावना से प्रेरित अंग्रेजी सेना के आतंक के डर से भागे हुए रिफ्यूजी पानीपत में सुरक्षित स्थान की तलाश में आने शुरू हुए तो इस युवा व साहसी हाली ने अपने आप को उन मज़लूमों की सेवा के लिए समर्पित कर

दिया। परन्तु, एक संवेदनशील हृदय तथा करुणापूर्ण स्वभाव वाले हाली के पास एक तार्किक मस्तिष्क भी था। हाली ने भारतीयों की इस पराजय तथा विध्वंस के कारणों का विश्लेषण किया—सामान्य रूप से और भारतीय मुसलमानों के परिप्रेक्ष्य में, तो वह इस निर्णय पर पहुँचे कि हम अंग्रेज़ों से इसलिए पराजित हुए क्योंकि अंग्रेज़ों के पास न केवल आधुनिक हथियार थे, बल्कि उनके पास आधुनिक वैचारिकता तथा वैज्ञानिक सोच भी थी। राजा राम मोहन राय की तरह हाली ने (महान समाज सुधारक तथा शिक्षाविद्, सर सैय्यद अहमद खान के साथ) बुद्धि-परक तथा वैज्ञानिक दिशा की ओर भारतीय विचार तथा दृष्टिकोण के सामाजिक सुधार तथा अनुकूलन की वकालत की। जहाँ एक ओर सर सैय्यद ने शिक्षा को माध्यम बनाया तथा (हाली तथा अन्य मित्रों की सहायता से) मुहमडन एंग्लो-ओरिएंटेड कॉलेज को स्थापित किया जो बाद में अलीगढ़ मुस्लिम युनिवर्सिटी के नाम से प्रसिद्ध हुआ वहीं दूसरी ओर हाली ने उर्दू शायरी को एक नया आयाम दिया जो अब तक गुला-ओ-बुलबुल के पर्शियन बिम्ब-विधान की प्रेम में पकी नज्मों अथवा ग़ज़लों के लिए प्रसिद्ध थी। हाली ने कविता को सामाजिक सुधार तथा सांस्कृतिक परिवर्तन के लिए एक प्रबल (शक्तिशाली) हथियार के रूप में परिवर्तित किया। यह उद्देश्यपूर्ण, प्रगतिवादी कविता भारत में सामाजिक-जागरूक साहित्य का सूत्रपात थी और बाद के समय में यह हथियार राष्ट्रीय जागरूकता का एक महत्वपूर्ण हिस्सा भी बना। इसमें कोई आश्चर्य नहीं कि पं० जवाहर लाल नेहरू ने अपनी पुस्तक (भारत एक खोज) में हाली को भारतीय संस्कृति तथा सामाजिक नवचेतना के संस्थापकों के बीच सूचीबद्ध किया है तथा उन्हें "उर्दू साहित्य का एक उत्कृष्ट सितारा" कहा है।

हाली की कविताओं में प्रेरणा का प्रमुख स्रोत देशप्रेम अथवा देशभक्ति था। यह इस तथ्य से साफ पता चलता है कि उनकी पहली लम्बी कविता का नाम था—"हुब-ए-वतन" (मातृभूमि के प्रति प्रेम), अपने देश के प्रति शायर के सच्चे, गहन, निष्कपट प्रेम की कविता।

यह भी महत्वपूर्ण है कि हाली देश के आर्थिक पिछड़ेपन के लिए एक रामबाण के रूप में स्वदेशी आन्दोलन के सबसे पहले समर्थकों में से एक थे। उन्होंने इसके बारे में न केवल अपनी कविता में लिखा, बल्कि कराची में आयोजित अखिल भारतीय मुस्लिम शैक्षिक सम्मेलन के 1907 के सत्र में उनके अध्यक्षीय भाषण का एक प्रमुख हिस्सा इसी को समर्पित था—

"जब से स्वदेशी आन्दोलन शुरू हुआ है, हमारे देशी भाई उस दिशा में प्रगति पथ पर है। यद्यपि मुसलमान इसकी महत्ता से इन्कार नहीं कर सकते (सैद्धान्तिक रूप से), सभी व्यावहारिक उद्देश्यों के लिए, उन्हें इस आन्दोलन से अलग रखा गया है। और खतरा यह है कि आधुनिक अंग्रेज़ी शिक्षा के विरुद्ध उनके प्रारम्भिक पूर्वाग्रह के कारण ही वे अन्य समुदायों के अपने देशी भाइयों से पिछड़े हैं, उसी तरह, स्वदेशी आन्दोलन के प्रति उनकी उदासीनता कहीं उन्हें अपने देशी भाइयों से बहुत पीछे न छोड़ दें..."

हाली ने न केवल स्वदेशी की वकालत की, समर्थन किया बल्कि उन्होंने वही किया जो उन्होंने कहा। उन्होंने मोटा अनाज, हाथ से बना सूत, हाथ से बुने हुए कपड़े, जो पानीपत के बुनकरों द्वारा बने थे, वही इस्तेमाल किए।

हाली की राष्ट्रीय चेतना उनकी कुछ व्यंगात्मक रचनाओं में भी प्रतिबिम्बित होती है जो उन्होंने उसी कालावधि में लिखी जिसमें उन्होंने चालू शब्दों तथा पद बन्धों की हास्यात्मक परिभाषाएं दीं। इस प्रकार उन्होंने जन साधारण तथा विशेष रूप से मुसलमानों में पूर्वागृह, संकीर्ण मनोदशा, अज्ञानता तथा पाखंडता की उग्रता पर व्यंग किया। उदाहरण के रूप में "धर्म" को उन्होंने "युद्ध की घोषणा" कह कर परिभाषित किया, "विश्वास" को उन्होंने "अपने पिता तथा दादा की नकल" कहा; "विश्वविद्यालय" केवल "बाबू पैदा करने वाली फैक्ट्री" तथा "मौलवी" की निंदा उन्होंने इस रूप में की–वे जो मुसलमानों को मुस्लिम ईमान से दूर कर देते हैं "-स्पष्ट रूप से कट्टर धर्मतत्वज्ञों के सन्दर्भ में उन्होंने ऐसा कहा, जिसके कारण सर सैयद और उनके समर्थकों को अंग्रेज़ी भाषा तथा वैज्ञानिक शिक्षा तथा सामाजिक सुधारों की वकालत करने के लिए उनके विरुद्ध फतवा जारी कर दिया गया।

हाली की एक मूलभूत विशेषता यह थी कि वह सभी धर्मों के प्रति उदार थे; सभी धर्मों के समुदायों के लोगों के प्रति उनका सार्वभौमिक, मानवीय दृष्टिकोण था। उनके दर्जनों हिन्दू मित्र थे और अपने व्यक्तिगत व्यवहार में उन्होंने उनकी निष्ठा तथा समुदाय के आधार पर कभी भी भेदभाव नहीं किया। उनके द्वारा लिखे गए पत्रों के संकलन पर दृष्टि डालने से (जो प्रकाशित हो चुके हैं) यह पता चलता है कि उनमें से उनके हिन्दू मित्रों को तथा उनके बारे में लिखे गए दर्जनों पत्र अधिकतर आत्मीय और अनौपचारिक है।

लाला बिहारी लाल की मृत्यु होने पर उनके पुत्र को पत्र में संवेदना प्रकट करते हुए उन्होंने लिखा, "मेरे प्रिय अंतरंग मित्र की मृत्यु का समाचार मेरे लिए

एक गहरा आघात है, जिसे मैं कभी नहीं भूल सकता। मैंने अपना एक सच्चा तथा निष्कपट मित्र खो दिया है, जिसकी कमी कोई पूरी नहीं कर सकता...।"

वह हिन्दू-मुस्लिम एकता के प्रबल समर्थक थे तथा दोनों समुदायों के बीच अविश्वास तथा शत्रुता फैलाने वालों को देश का दुश्मन मानते थे। उन्होंने वास्तव में लिखा है, "जो हिन्दुओं को मुसलमानों से तथा मुसलमानों को हिन्दुओं से दूर करने के लिए किताबें लिखते हैं, वे भारत के सबसे बुरे शत्रु हैं, चाहे वे हिन्दू हैं या मुसलमान।"

एक अन्य अवसर पर वह कहते हैं, "यह धारणा कि हिन्दू तथा मुसलमानों के बीच कभी भी मित्रता तथा एकता नहीं हो सकती, सच्चाई से कोसों दूर हैं। दुर्भाग्य से, किसी न किसी कारण से, कुछ समय के लिए दोनों समुदायों के कुछ सीमित समूह एक दूसरे से अलग हो गए थे..., लेकिन हमारे लिए यह असम्भव होगा कि हम एकता तथा अखण्डता प्राप्त किए बिना सम्मान से जी सकें। (उन्होंने 65 वर्ष पहले ही "यह जेहती शब्द का इस्तेमाल किया था—इससे पहले राष्ट्रीय अखण्डता की धारणा का उल्लेख किसी ने नहीं किया था)।

मतान्धों तथा कट्टरपंथियों के विरुद्ध हाली ने इस्लाम को सर्वमुक्तिकारी धर्म के रूप में सही अर्थों में प्रतिपादित किया, जो सम्पूर्ण मानवता को मातृत्व के रूप में देखता है। वह अपने महाकाव्य में लम्बी कविता में लिखते हैं—"पवित्र कुरान में पहला पाठ था, जिसमें यह कहा गया है कि सम्पूर्ण मानवता ईश्वर का कुनबा हैं। केवल वही सृजक का सच्चा मित्र है, जो उन सभी से मित्रतापूर्ण व्यवहार करता है, जिन्हें ईश्वर ने सृजित किया है। ईश्वर के प्रति यही सच्चा विश्वास तथा सच्ची भक्ति है कि मानव को मानव की सेवा करनी चाहिए।

यह मनुष्यता का सिद्धान्त है। लेकिन यहाँ पर भारतीयों के बीच एकता की कमी पर शोक प्रकट करते हुए अधिक राजनीतिक-जागरूक टिप्पणी की गई है :

देश तभी स्वतंत्र होंगे जब एकता होगी,
नगर तभी फले-फूलेंगे जब एकता होगी,
अगर केवल भारतीय एक होते तो,
विदेशी हमें धूल में नहीं मिलाते

उर्दू-हिन्दी विवाद पर हाली के विचारों में एक सन्तुलित, विवेकपूर्ण तथा राष्ट्रीय उपागमन स्पष्ट झलकता है, जो दोनों पक्षों के भाषा-विज्ञानिक मतान्धों के लिए स्वस्थ शोधक हो सकता है :

"दुर्भाग्य से, उर्दू भाषा के मुद्दे पर हिन्दू-मुस्लिम मतभेद उत्पन्न हो गया है, जिसका कुछ लोग समर्थन कर रहे हैं और कुछ लोग विरोध। समाधान यह है कि हमारे हिन्दू मित्रों को उदार-चित और व्यापक दृष्टिकोण रखते हुए यह याद रखना चाहिए कि उर्दू वास्तव में ब्रज-भाषा से ही ली गई है तथा उनसे भी समान रूप से समबद्ध है तथा उन्हें उर्दू को अपनी ही भाषा समझना चाहिए तथा हमारे प्यारे मित्र लाला श्री राम की तरह ही इसका इस्तेमाल करना चाहिए। उसी तरह, हमारे मुस्लिम लेखकों को अनावश्यक तथा अपरिचित अरबी तथा फारसी शब्दों के इस्तेमाल से बचना चाहिए। इसके बजाय, सुपरिचित तथा आसानी से समझ आने वाले ब्रज भाषा के शब्दों का प्रयोग करके उर्दू भाषा को समृद्ध बनाना चाहिए। हिन्दुओं पर पक्षपात तथा संकीर्ण मानसिकता का आरोप लगाया जाता रहा है परन्तु मुसलमानों पर इससे भी अधिक गम्भीर आरोप लगाया जा सकता है, जो यह नहीं जानते कि यद्यपि मुसलमान भारत में हज़ारों वर्षों से रह रहे हैं, लेकिन इस लम्बी अवधि में, कुछ अपवादों को छोड़ कर, उनमें से किसी ने भी संस्कृत अथवा उससे भी कहीं आसान ब्रज भाषा सीखने की परवाह नहीं की जो सुन्दर, कोमल तथा अर्थपूर्ण कविता का भण्डार है। उन्होंने इस भाषा की अवहेलना की है तथा इसे निम्न दर्जे का समझा है, यद्यपि उसे सीखना आवश्यक था क्योंकि उर्दू भाषा का व्याकरण पूर्णतः ब्रज भाषा तथा संस्कृत व्याकरण से लिया गया है...मुसलमानों के लिए भारत में रहना तथा संस्कृत व ब्रज भाषा के प्रति उदासीन बने रहना मूर्खतापूर्ण तथा आत्मघाती है..."

एक अन्य लेख में लिखते हुए वह हर उस व्यक्ति के लिए जो उर्दू भाषा में पारंगत होना चाहता है, हिन्दी की शिक्षा अनिवार्य बताते हैं, और वह आगे कहते हैं, "यह सर्वविदित है कि हिन्दी, उर्दू भाषा की आधारशिला है तथा इसकी सभी क्रियाएं व अधिकतर संज्ञाएं हिन्दी से ली गई हैं...कोई भी उर्दू कवि जो हिन्दी नहीं जानता तथा केवल अरबी तथा फारसी शब्दों का इस्तेमाल करना चाहता है, एक ऐसे व्यक्ति की तरह है जो बिना पहियों का रथ चला रहा है।"

यह सब एक कवि, जिसकी मृत्यु लगभग 60 वर्ष पूर्व हो चुकी हो, उसके राष्ट्रीय बल्कि एक उदार, विवेकपूर्ण तथा सुश्रुत दृष्टिकोण को दर्शाता है।

अपनी साधारण सी कविता "हिन्दुस्तानी" की इन पंक्तियों में अपनी राष्ट्रीयता को अंकित किया है, जो हिन्दी तथा उर्दू दोनों भाषाओं के लेखकों के लिए आदर्श होनी चाहिए।

तुम अगर चाहते हो मुल्क की ख़ैर
ना किसी हम-वतन को समझो ग़ैर
हो मुसलमान इसमें या हिन्दू
बौध मज़हब हो या कि हो ब्ररहमू
सब को मीठी निगाह से देखो
समझो आँखों की पुतलियाँ सब को

(अगर आप देश का उद्धार चाहते हो, तो किसी हमवतन को पराया मत समझो, चाहे वह मुसलमान हो या हिन्दू, बौद्ध हो या ब्राह्मण। सभी के साथ मित्र जैसा व्यवहार करो, उन सभी को अपनी आँखों का तारा समझो)।

यह विवेक तथा संवेदना का संदेश है, एकता और राष्ट्रीय एकीकरण का सन्देश है, जो हाली, महान शायर, अपनी कब्र की हर दिशा से हम सभी भारत वासियों को देता है।

हाली : साहित्य के अग्रदूत

आई. के. गुजराल
सूचना एवं प्रसारण राज्य मंत्री

हरियाणा के यशस्वी पुत्र मौलाना अलताफ़ हुसैन हाली केवल पानीपत या हरियाणा के ही नहीं, बल्कि सम्पूर्ण राष्ट्र के गौरव हैं। उर्दू गद्य और काव्य के इतिहास में प्रवर्तक के रूप में उनका योगदान एक युगान्तरकारी घटना है।

वे एक ऐसे समय में अवतरित हुए जब पश्चिमी ज्ञान का प्रभाव अधिकांश आधुनिक भारतीय भाषाओं में महसूस किया जा रहा था। उन्होंने तथा मौलाना मोहम्मद हुसैन "आज़ाद" ने साहित्य को इतिहास की तथा दिशा की चेतना प्रदान करने का चैतन्य प्रयास किया। उनकी "मुकद्दमा-ए-शेरो शायरी" ने उर्दू समालोचना में एक नवीन पथ की शुरुआत की। उन्होंने इस बात का समर्थन किया कि अच्छी कविता में सामाजिक विषय, दृष्टिकोण की नवीनता तथा प्रगतिशीलता होनी चाहिए। वे अलंकरण, सज्जा तथा साहित्यिक कलाबाजी के ख़िलाफ़ थे। कोमलता तथा विचार की स्पष्टता के साथ साधारण तथा स्पष्ट अभिव्यक्ति को उन्होंने प्रधानता दी।

केवल समालोचक के रूप में ही नहीं, बल्कि जीवनी लेखक के रूप में भी उनकी महानता अतुलनीय है। उनके द्वारा लिखी गई ग़ालिब तथा सर सैय्यद की जीवनियाँ आज भी उत्कृष्ट समझी जाती हैं। उनके पास वर्णन करने की दृष्टि है तथा वे जानते हैं कि किस तरह सामग्री का सूक्ष्म परीक्षण कर सन्तुलन स्थापित किया जाए। जिन लोगों के विषय में वे लिख रहे हैं, उनके विषय में उनका मूल्यांकन तटस्थ है तथा वे मित्रता या सम्बन्धों में सामीप्य के द्वारा अपने विचार को मलिन नहीं होने देते।

अपने जीवन के उत्तरकाल में, कविता के क्षेत्र में उन्होंने ग़ज़ल लिखना छोड़ कर फायदेमंद लम्बी कविताएं लिखनीं प्रारम्भ की, जिनमें से उनकी सर्वाधिक प्रसिद्ध कविता "मुसद्दस" है। यद्यपि, यह प्रारम्भिक रूप में, 1857 की पीड़ा के

पश्चात् दर्द से कराहते उनके सहधर्मियों को सम्बोधित है, तथापि उसकी सरलता, भाषा की शुद्धता तथा अभिव्यक्ति की आत्मीयता ने उसे सार्वभौमिक अपील प्रदान किया। उनकी बहुत सी कविताएं देशभक्ति की सशक्त भावना से ओत-प्रोत हैं, विशेष रूप से उनकी "हुब्बे वतन" शीर्षक कविता।

एक शिक्षाविद् के रूप में भी उनका बहुत महत्वपूर्ण स्थान है तथा वे उर्दू और फ़ारसी में आधुनिक शिक्षा के शिल्पकारों में से एक रहे हैं।

हाली ने रूढ़िवादी शिक्षा प्राप्त की थी, लेकिन उनकी आधुनिकता ने सहज भाव से अंग्रेज़ी के प्रति परिवर्तन को स्वीकार कर लिया। यह केवल एक पवित्र इच्छा भर नहीं थी, बल्कि अपने रिश्तेदारों को अंग्रेज़ी विद्यालयों में भेजकर उन्होंने स्वयं इसका अनुकरण किया।

बाद में उनके परिवार से बहुत से गौरवशाली व्यक्तित्व हुए, जिनमें ख़्वाजा गुलामुस सक़लैन डॉ. के.जी. सैय्यदैन, ख़्वाजा अहमद अब्बास और बेगम सलेहा आबिद हुसैन शामिल हैं, जिन्होंने अपने-अपने क्षेत्र में अपना नाम रौशन किया। वस्तुतः, केवल कुछ परिवार ही शिक्षाविदों और साहित्यकारों की ऐसी आकाशगंगा होने का गर्व कर सकते हैं। लेकिन साहित्यकार के रूप में उनका परिवार अधिक विस्तृत है। आज उर्दू में शायद ही कोई समालोचक या लेखक होगा जो हाली के प्रति कृतज्ञता से इन्कार कर सके।

अकबर इलाहाबादी की तरह, वे युवाओं की अनैतिकता के विरोधी थे तथा उन्हें पश्चिमी जीवन शैली के अनुकरण के विरुद्ध चेतावनी दी थी। वे उन लोगों में से थे, जो अंग्रेज़ी शिक्षा को इसलिए अंगीकार करना चाहते थे ताकि तेज़ी से बदलती दुनिया के कर्त्तव्यों को पूरा किया जा सके। परन्तु वे चाहते थे कि युवा पीढ़ी सारभूत भारतीय परम्पराओं को संरक्षित रखें और पश्चिम की औद्योगिक सभ्यता की झूठी चकाचौंध में अपनी पहचान न खो दे।

इसलिए, यह इस देश के लोगों, विशेष रूप से हरियाणा के लोगों के लिए उपयुक्त होगा, कि वे उनकी स्मृति को अक्षुण्ण बनाए रखने के लिए उनके अर्थोगाय पर विचार करें। हमें, देशभक्ति, राष्ट्रीय अखण्डता और आधुनिकता के उनके आदर्शों का प्रचार करने का प्रयास करना चाहिए, जो उनके हृदय के बहुत समीप थे। उनका संदेश उर्दू न जानने वाली नई पीढ़ी तक पहुँचाने के उद्देश्य एवं भारत की सांझी संस्कृति को उनके योगदान को निरन्तर बनाए रखने के लिए, उनकी रचनाओं को हिन्दी (देवनागरी लिपि) में प्रकाशित करवाने के लिए गम्भीरतापूर्वक विचार करना होगा।

हाली : गद्य लेखक के रूप में

डॉ. ज्ञान चन्द

हाली इन अर्थों में अद्वितीय साहित्यकार थे कि वे गद्य लेखक के रूप में भी उतने ही महान थे, जितने एक कवि के रूप में। ग़ालिब उर्दू शायरी में भी उतने ही कुशल थे, जितने कविता में, लेकिन गद्य के क्षेत्र में उनका योगदान उनके व्यक्तिगत पत्रों के सिवाय और कुछ भी नहीं है। शिबली को एक कवि के रूप में कम बल्कि एक गद्य लेखक के रूप में ज्यादा याद किया जाता है। हाली विलक्षण थे, जिनकी आधुनिक कविताएं प्रवृत्तियों का निर्धारण करने वाली थीं तथा गद्य रचनाएँ युगांतरकारी थीं।

हाली बहुमुखी प्रतिभा के धनी लेखक थे। उनकी गद्य रचनाओं को निम्नानुसार वर्गीकृत किया जा सकता है।

1. मौलूद शरीफ़
2. तिर्यक़े मसमूम,
3. तारीख़े मोहम्मदी पर मुनसिफ़ाना राय

व्याकरण :

4. उसूले फ़ारसी

वैज्ञानिक अनुवाद

5. मबादी-ए-इल्म-ए-जीओलोजी

उपदेश प्रधान उपन्यास :

6. मज़लिस-उन-निसा (दो भाग में)

जीवनी :

7. तज़किर-ए-रहमानिया (निबन्ध के रूप में)
8. हकीम नासिर ख़ुसरो की जीवनी (फ़ारसी में)
9. हयाते सादी,
10. यादगारे ग़ालिब,

11. हयाते जावेद।

समालोचना :

12. मुकदमा शेरो-शायरी

निबन्ध :

13. मज़ामीने हाली

14. मक़ालाते हाली

पत्र :

15. मकतूबाते हाली (दो भाग में)

16. मकातीबे हाली

यदि हम तज़किर-ए-रहमानिया और फ़ारसी रचना हकीग नारिर खुसरो की जीवनी को अलग कर देते हैं, तो हमारे पास हाली की 15 उर्दू गद्य रचनाएं शेष बचती हैं। आइए इन पर संक्षेप में दृष्टि डालते हैं। मोलूद शरीफ को 1864 से 1870 के मध्य लिखा गया था, जो पहली बार 1932 में प्रकाशित हुई। वह पुरानी शैली में लिखी गई थी, वह इस विषय पर लिखी गई अन्य रचनाओं से भिन्न नहीं थी। अगली दो किताबें धार्मिक वाद-विवाद से सम्बन्धित हैं, जो 19वीं शताब्दी के उत्तरार्द्ध में बहुप्रचलित था। इमामुद्दीन नामक एक व्यक्ति, 1866 में धर्म परिवर्तन कर ईसाई बन गया था। वह एक ईर्ष्यालु धर्म प्रचारक बन गया तथा उसने इस्लामी विश्वास का विरोध करते हुए अनेक किताबें लिखीं। उनमें से एक हिदायतुल मुसलिमीन थी। हाली ने तिरयाक़े मासूम (1868) के द्वारा उसका जवाब दिया। हाली ने भावनात्मक रूप से क्रोधित स्वर में जवाब नहीं दिया बल्कि सौम्य रूप से तार्किक शैली में उसको लिखा।

फादर इमामुद्दीन ने एक अन्य पुस्तक "तारीखे मोहम्मदी" लिखी, जिसमें मुसलमानों के अनुसार उनके संतों को बदनाम किया तथा उनका मज़ाक़ उड़ाया। हाली ने इसका जवाब 25 पृष्ठों की एक पुस्तिका "तारीखे मोहम्मदी पर मुंसफिना राय" (1872) के रूप में दिया। यह स्पष्ट नहीं है कि यह रचना प्रकाशित हुई थी या नहीं। यह पुस्तिका अब अत्यंत दुर्लभ है। एक पाण्डुलिपि शैख इस्माईल पानीपती के पास उपलब्ध है, जो पाकिस्तान में रहते हैं। यह एक शोधपरक पूर्ण तार्किक पुस्तिका है, जिसमें लेखक ने अपने समर्थन में महान लेखकों के उद्धरण दिए हैं। "शवाहिदुल इलहाम" (1872), 22 पृष्ठों की एक पुस्तिका है, जिसमें लेखक ने यह सिद्ध करने का प्रयास किया है, कि मानवीय बुद्धि की शेष-पूर्ति के लिए संतों के द्वारा ईश्वर का प्रत्यक्षीकरण आवश्यक था।

ये धार्मिक रचनाएं हाली के क्रमिक विकास के उस दौर का प्रतिनिधित्व करती हैं, जब उन्होंने मौलिक रूप से लिखना प्रारंभ नहीं किया था।

"उसूले फारसी" 1868 में लिखी गई थी, जो एक विस्तृत फारसी व्याकरण है तथा यह 259 पृष्ठों की है। विभाजन के पूर्व इसकी एक प्रति हाली के परिवार में उपलब्ध थी। यह कोई नहीं जानता कि वह इस वक़्त कहाँ है। केवल उसकी प्रस्तावना, मासिक पत्रिका "नुकूश" में अक्टूबर-नवम्बर, 1953 में प्रकाशित हुई थी।" मुबादी-ए-इल्मे जीओलाजी", मूल फ्रेंच भाषा से अरबी अनुवाद का एक उर्दू संस्करण है। यह अनुवाद 1872 में किया गया था तथा पंजाब विश्वविद्यालय द्वारा अन्तिम रूप से 1883 में प्रकाशित करवाया गया था। यद्यपि हाली को भूविज्ञान का कुछ भी ज्ञान नहीं था, तथापि उन्होंने इसका इस बढ़िया शैली में अनुवाद किया है कि वह मौलिक लेखन ही प्रतीत होता है।

"मजलिसु-उन-निसा" (1874) एक उपदेश प्रधान उपन्यास है, जिसकी रचना मध्यम वर्गीय मुस्लिम महिलाओं को अच्छे व्यवहार सम्बन्धी नियमों की शिक्षा प्रदान करने के लिए की गई थी। इसकी रचना डॉ. नज़ीर अहमद की रचनाओं के प्रतिमान के आधार की गई है। यह कहानी सामाजिक तथा नैतिक उपदेशों को शामिल करने वाला एक झीना आवरण है। इसमें मुस्लिम महिलाओं में व्याप्त अंधविश्वासों के मकड़जालों को दूर करने तथा उन्हें एक स्वच्छ, उदार जीवन व्यतीत करने के लिए प्रेरित किया गया है। अपनी धार्मिक स्पर्शबोध के बावजूद, यह किताब महिलाओं के लिए एक प्रकार से आधुनिक दृष्टिकोण की दिशा में पहला कदम है। उस जमाने में भी हाली यह आग्रह करने की हिम्मत रखते थे कि विवाह से सम्बन्धित मामलों में लड़की से परामर्श किया जाना चाहिए तथा उसकी स्वीकृति ली जानी चाहिए।

यह किताब मुश्किल से ही एक उपन्यास है। यह एक समाज सुधारक के उपदेशों का संकलन है। प्रत्येक स्थान पर लेखक अंग्रेजों का उदात्त भाव से गुणगान करने से नहीं चूकता। यह कारुणिक है। इस किताब की मुख्य विशेषता यह है, कि इसे लेखक ने बहुत सुन्दर स्त्रियोचित शैली में लिखा हैं जो यह समझते हैं कि हाली का गद्य मुहावरों से वंचित है, उन्हें लाभान्वित होने के लिए इस रचना के प्रथम अध्याय का अध्ययन करना चाहिए।

"ताज़किर-ऐ-रहमानिया" एक वास्तविक पुस्तक नहीं है। हाली ने "इल्म-हदिस" की शिक्षा मौलाना कारी अब्दुर रहमान के चरणों में बैठकर ग्रहण की थी। 1896 में जब मौलाना क़ारी अब्दुर रहमान की मृत्यु हुई, तब हाली ने एक लम्बा स्मृतिलेख

अर्थात् जीवनी के साथ-साथ अपने शिक्षक के विषय में अपने अनुभव लिखे। यह लेख सन् 1896 में रावलपिंडी की एक पत्रिका में प्रकाशित हुआ था। क़ारी ईश्वर तथा मानवता की सेवा को समर्पित एक धर्मात्मा व्यक्ति थे। हाली ने अपने शिक्षक के इन्हीं गुणों को प्रकाशित किया है।

"सफ़रनामा-ए-हकीम नासिर खुसरो" फारसी में एक प्रसिद्ध यात्रा-विवरण है। हाली ने एक संक्षिप्त अनुसंधान कार्य किया और हकीम के जीवनचरित्र से सम्बन्धित यथातथ्य विवरण एकत्र किया। यह फ़ारसी विवरण सन् 1882 या 1872 में प्रकाशित सफ़रनामा के एक संस्करण में जोड़ा गया। यह अब उपलब्ध नहीं है।

हाली की चार महत्वपूर्ण रचनाओं पर विचार करने से पूर्व हम उनकी कम महत्व की अन्य रचनाओं पर विचार करेंगे।

प्रत्येक गद्य लेखकं विस्तृत रूप में किताबें लिखने के अलावा बहुत से निबन्ध भी लिखता है। हाली ने भी बहुत बड़ी संख्या में निबन्ध लिखे हैं। उनका क्षेत्र व्यापक है, जैसे कि अकार्मिक, साहित्यिक, जीवनचरित्र से सम्बन्धित है। वहीदुद्दीन सलीम ने विभिन्न पत्रिकाओं से हाली के निबन्धों को एकत्र कर 1902 में "मज़ामीने हाली" शीर्षक के अधीन प्रकाशित किया। शैख इस्माईल पानीपती ने उनके शेष निबन्धों और व्याख्याओं आदि को 1934 में "मिकालाते हाली" के नाम से दो खण्डों में संग्रहित किया। जिसकी भूमिका मौलवी अब्दुल हक़ ने लिखी थी। इस संकलन में 32 निबन्ध, 12 व्याख्यान तथा 27 समीक्षाएं हैं। इन प्रयासों के बावजूद अभी भी पत्रिकाओं में प्रकाशित उनके अनेक निबन्ध तथा समीक्षाएं इन दोनों संकलनों में शामिल नहीं हो पाई हैं। इन निबन्धों तथा व्याख्यानों में से अधिकांश में सर सैय्यद और अलीगढ़ आन्दोलन की अनुगूंज सुनाई देती हैं पत्र प्रकाशन के उद्देश्य से नहीं लिखे गए हैं।

अत:, किसी व्यक्ति का व्यक्तित्व, सभी प्रकार के आडम्बरों तथा सावधानियों को परे रखकर उसके पत्रों में स्पष्टतः परिलक्षित होता है। हाली के पत्रों में उनकी अपने समुदाय के प्रति गहरी चिंता परिलक्षित होती है। उनका व्यक्तिगत हित सामाजिक तथा बाहरी हितों से अलग नहीं है। उनके पुत्र ने उनके पत्रों को मकतूबाते हाली के नाम से 2 भागों में संकलित किया, जिसे 1925 में प्रकाशित किया गया था, जिस पर प्रस्तावना मौलवी अब्दुल हक़ ने लिखा था। एक अन्य संकलन "मकातीबे हाली" लाहौर में 1950 में शैख इस्माईल पानीपती द्वारा प्रकाशित की गई थी। आज भी हमें विभिन्न पत्रिकाओं के पृष्ठों पर हाली के अभी तक अप्रकाशित बहुत से पत्र मिलते रहते हैं। हाली के यत्र-तत्र बिखरे हुए सभी

निबन्धों तथा पत्रों को एकत्रित करके उन्हें एक या दो खण्डों में प्रकाशित करवाना ही हाली के प्रति सच्ची श्रद्धांजली होगी।

एक महान गद्य लेखक के रूप में हाली का महत्व उनके जीवनी लेखक तथा साहित्य समालोचक जैसे दो आयामों पर निर्भर है। उनकी पहली महत्वपूर्ण जीवनी हयात-ए-सादी" 1886 के आरम्भ में प्रकाशित हुई थी। यह आधुनिक पद्धति में लिखी गई पहली जीवनी है।

यह जीवनी केवल दो अध्यायों में विभाजित है। पहला अध्याय, जो समग्र पुस्तक का लगभग पाँचवाँ भाग है, यह कवि के जीवन से सम्बन्धित घटनाओं को समर्पित है। दूसरा अध्याय उनके लेखन से सम्बन्धित है। जीवन से सम्बन्धित हिस्सा वस्तुतः अत्यंत संक्षिप्त है। इसका मुख्य कारण यह है कि शेख के जीवन से सम्बन्धित विवरण अज्ञात है। तथ्यों को जटिलता के साथ कल्पना मिश्रित कर दिया गया है। हाली ने सादी के विषय में बहुत सी असंभाव्य किंवदंतियों जैसे कि उनका सोमनाथ मंदिर आना या अमीर खुसरो से मुलाक़ात को अस्वीकृत कर दिया है।

दूसरा भाग इस महान कवि के लेखन की आलोचनात्मक समीक्षा है। यह एक महान लेखक की उर्दू में पहली विस्तृत साहित्यिक समीक्षा है। सादी की साहित्यिक विशेषताओं को प्रकाशित करने में हाली सफल हुए हैं लेकिन वे कवि के माननीय गुणों का चित्रण करने में बहुत ज़्यादा सफ़ल नहीं हुए हैं। उनकी मानवीय कमज़ोरियों को छिपाने का प्रयास करते हुए, वे उन्हें एक महान व्यक्ति के रूप में चित्रित करने में अधिक रुचि रखते हैं। हाली ने, सबसे पहले जीवन की घटनाओं का वर्णन करते हुए तथा इसके बाद प्रश्नगत विषय की रचनाओं पर टिप्पणी करते हुए जीवनी लेखन की एक स्पष्ट शैली विकसित की। ग़ालिब और सर सैयद के मामले में भी उन्होंने ठीक उसी प्रतिमान का अनुसरण किया।

"यादगार-ए-ग़ालिब" पहली बार सन् 1897 में प्रकाशित हुई थी। यह कहना कठिन है कि यह जीवनी के रूप में अधिक उत्कृष्ट है अथवा ग़ालिब के मूल्यांकन के रूप में। आम तौर पर यह कहा जाता है कि ग़ालिब की जीवनी के रूप में यह रेखाचित्र जैसा है, सुव्यवस्थित नहीं है तथा इसके कुछ विवरण गलत हैं। तथापि, यह किताब बाद में लिखी गई ग़ालिब की सभी जीवनियों का स्रोत है। हाली ग़ालिब के शिष्य थे। उन्हें ग़ालिब के साथ एक लम्बी अवधि तक रहने का सौभाग्य प्राप्त हुआ। फिर भी उन्होंने कवि का उतना अधिक विस्तृत विवरण नहीं दिया है जितना कि वह सुविधाजनक रूप से दे सकते थे।

ग़ालिब का चरित्र-चित्रण करने में हाली अत्यधिक सफल रहे हैं। ग़ालिब,

मिज़ाज तथा हाज़िरजवाबी से भरे हुए एक जीवंत व्यक्तित्व थे। उनमें स्वाभिमान की गहरी भावना के साथ-साथ जीवन के प्रति उत्कंठा थी। हाली ने वर्तमान समय में बहुत प्रसिद्ध, असंख्य उपाख्यानों के द्वारा इस महान कवि को जीवन्त कर दिया है। एक व्यक्ति के रूप में, ग़ालिब के सम्बन्ध में हमारी जो भी धारणा है वह केवल "यादगार" द्वारा दी गई है। "यादगार" के पृष्ठों को पढ़ते समय पाठक को ऐसा लगता है, मानो वह ग़ालिब की खुशियों तथा ग़मों को बाँटते हुए उनके साथ जी रहा है।

किसी ने ठीक ही कहा है कि "यादगारे ग़ालिब" ने ग़ालिब को एक ऐसा महत्वपूर्ण स्थान प्रदान किया, जिसका वे आज उपभोग करते हैं। हाली के समय की तुलना में आज साहित्यिक समालोचना अत्यंत विकसित हो चुकी है, तथापि, ग़ालिब की ऐसी एक भी समालोचनात्मक मूल्यांकन नहीं है, जो हाली के मूल्यांकन से गहराई से प्रभावित न हो। हाली ने ग़ालिब की कविताओं की कुछ आधारभूत विशिष्टताएं प्रदान कीं और वे आज भी आधारभूत समझी जाती हैं। ग़ालिब के कुछ दोहे द्विअर्थी हैं। हाली ने ऐसी बहुत सी पंक्तियों की व्याख्या की है। शायद वे, स्वयं कवि की तुलना में दोहे के और अधिक सुकोमल पहलू की ओर प्रवृत्त हुए थे। ये स्पष्ट तथा छिपे हुए अर्थ के समुच्चय आज सर्वस्वीकृत हैं। चरित्र चित्रण के रूप में और ग़ालिब के मूल्यांकन के रूप में "यादगार" सदैव शीर्ष पर रहेगा।

सर सैयद की जीवनी, "हयाते जावेद" सन् 1901 में पूर्ण हुई। जहाँ ग़ालिब एक महान साहित्यिक व्यक्तित्व के मालिक थे, वहीं सर सैयद अपने समय के एक सामाजिक, शैक्षिक और राजनीतिक महापुरुष थे, जिन्होंने न केवल अपने स्वयं के समुदाय को प्रभावित किया बल्कि समग्र राष्ट्र की घटनाओं के सीमांत पर अपने चिह्न अंकित किए। हाली सर सैय्यद के कार्यकर्ताओं के समूह के एक समर्पित सदस्य थे, यही "हयात-ए-जावेद" की दृढ़ता तथा कमज़ोरी है। सर सैय्यद एक विवादास्पद व्यक्तित्व थे, जिन्होंने अत्यधिक प्रशासन किया तथा जो बहुत अधिक बदनाम हुए। यह आरोप लगाया जाता है कि यद्यपि हाली निष्पक्ष होने का दावा करते हैं, पर वस्तुतः उन्होंने अपने नायक का पक्ष-पोषण करने का प्रयास किया। इस आरोप के विषय में बिना किसी वाद-विवाद में पड़े यह स्वीकार किया जाना चाहिए कि हाली ने सत्य को दूषित नहीं किया है। अपनी कमियों के बावजूद, "हयात-ए-जावेद" एक महान व्यक्ति की श्रेष्ठ जीवनी रही है। एक बहुत सक्रिय तथा समर्पित नेता द्वारा चलाए गए एक सर्वव्यापक आंदोलन के सभी विवरणों को एकत्र करने में हाली सफल रहे हैं।

निस्संदेह, जीवनी होने के बावजूद "यादगारे ग़ालिब" व्यावहारिक साहित्यिक

समालोचना की एक महत्वपूर्ण पुस्तक है। उससे पहले हाली समालोचना के सिद्धान्त के ढाँचारहित क्षेत्र में रूके हुए थे। उन्होंने अपना दीवान 1893 में प्रकाशित किया और उसके साथ कविता के विभिन्न पहलुओं का वर्णन करते हुए उसकी भूमिका लिखी। बाद में यह भूमिका एक स्वतंत्र पुस्तक के रूप में प्रकाशित हुई, जो "मुकद्दमा-शेर-व-शायरी" के नाम से प्रसिद्ध है। यह आधुनिक कविता के साथ-साथ आधुनिक समालोचना की बाइबिल है। यद्यपि मोहम्मद हुसैन आज़ाद इन विचारों को पहले बहुत संक्षेप में प्रस्तुत कर चुके थे, तथापि हाली ने उन्हें एक सुसंगत सुविचारित स्वरूप प्रदान किया।

इसमें, वे पश्चिमी कविता तथा समालोचना से बड़ी हद तक प्रभावित थे। उर्दू कविता मुलम्मा चढ़े हुए रूप तथा पारस्परिक विचारों के दलदल में धंस चुकी थी। वह अस्वाभाविक हो चुकी थी; हाली ने स्वाभाविक भाषा में लिपटी हुई स्वाभाविक विचार से युक्त कविता का विचार प्रस्तुत किया। उन्होंने कविता में उद्देश्यपरकता का प्रवेश कराया। साहित्य में उपयोगितावाद में, निस्संदेह उनका आर्थिक के बजाय नैतिक दृष्टिकोण निहित है। उन्होंने ग़ज़ल के पारम्परिक दुर्ग में एक निर्णायक प्रहार किया। उन्होंने निश्चय किया कि ग़ज़ल को केवल शृंगारी भावनाओं तक ही सीमित नहीं रहना चाहिए, बल्कि मानवीय भावनाओं और अनुभवों के सभी रंगों का चित्रण करना चाहिए। प्रेम सम्बन्धी विषयों में उन्होंने कवि के केवल वास्तविक अनुभवों का समर्थन किया। उन्होंने कविता के अन्य रूपों का इसी प्रकार विवेचन किया। वास्तव में वे उन दिनों यह कहने वाले क्रांतिकारी थे कि कविता समाज से प्रभावित होती है तथा इसके बदले में उसे समाज को प्रभावित करना ही नहीं बल्कि सुधारना भी चाहिए। उर्दू कविता की दिशा को जितना "मुकद्दमा" ने प्रभावित किया उतना समालोचना के किसी अन्य घोषणापत्र ने नहीं।

हाली की गद्य शैली अत्यंत सरल, साधारण, स्पष्ट एवं गम्भीर है! इसे किसी साहित्यिक अलंकरण से वंचित समझना ग़लत होगा। कई स्थानों पर हाली बहुत मुहावरेदार और साहित्यिक गद्य लिखते हैं। अन्य स्थानों में उनकी शैली वह है, जिसे उर्दू गद्य की आधारभूत शैली कहा जा सकता है। यद्यपि उसमें शब्दाडम्बर कहीं नहीं है, तथापि वह मानवीय भावना की गहन अनुभूति प्रदर्शित करती है।

यद्यपि हाली आधुनिक गद्य के पारंपरिक लेखकों में से हैं, लेकिन वे आज भी सर्वश्रेष्ठ स्थान के अधिकारी है। यह संतुष्टि का विषय है कि उर्दू की दुनिया ने उन्हें यथायोग्य स्थान प्रदान किया।

हाली : एक मूल्यांकन

डॉ. मोहम्मद हसन

मौलाना अल्ताफ़ हुसैन हाली उन लेखकों में से थे जिन्होंने स्वयं में मस्तिष्क और हृदय की उत्कृष्टताओं का समन्वय किया। उनका युग अत्यंत विक्षुब्ध था, जिसने उनमें उत्कृष्टता का सृजन किया। एक संवेदनशील कवि, एक विवेकी साहित्य समालोचक, एक उत्कृष्ट गद्य शैलीकार तथा सबसे बढ़कर एक विनम्र, ईमानदार और कुलीन व्यक्तित्व के रूप में वे भारत के एक विख्यात पुत्र हैं।

प्रसिद्ध उर्दू कवि रघुपति सहाय 'फ़िराक़' ने "संवेदनशील बुद्धिवाद के पैगंबर" कहकर उनकी सही व्याख्या की है। वे पहले उर्दू समालोचक थे, जिन्होंने "यथार्थता, सरलता और आवेग" के वस्तुपरक मानकों पर साहित्यक समालोचना को आधारित करने पर बल दिया और यही वे मानदण्ड थे जिनके आधार पर उन्होंने उर्दू कविता का सर्वेक्षण किया तथा अपने समकालीनों को, अपने संकीर्ण विचारों दूर कर नए पश्चिमी विचारों को फैलाने के लिए प्रेरित किया। यद्यपि, उनकी "मुकदमा-शेर-ओ-शायरी", वस्तुतः उनके दीवान की एक विस्तृत भूमिका है, जिसने उर्दू समालोचना में नयी विचारधारा की शुरूआत की तथा यह उर्दू समालोचना की अत्यंत उत्कृष्ट कृति रही है।

पुनः उनके दीवान में अनेक युगांतकारी प्रयोग समाहित हैं। वास्तव में उनका नाम सर्वोत्कृष्ट कवियों में नहीं गिना जाता, तथापि उनकी असफलताएं भी सार्थक हैं। उनकी "मद्द-ओ-जाज़रे इस्लाम" या "मुसद्दस-ए-हाली" ने संवेदनशीलता के साथ इस्लाम के उत्थान और पतन का वर्णन किया है और यह कहानी इतनी जीवन्त थी और इतनी ईमानदारी से कही गई थी, कि यह कविता दशकों तक सभी धार्मिक समारोहों में एक नियम के रूप में सुनाई जाती थी। इस कविता ने हिन्दी में मैथिलीशरण गुप्त की "भारत भारती" को प्रेरित किया। उनकी "चुप की दाद" भारतीय स्त्रियों की त्रासद दशा को ऐसी भाषा में वर्णित करती है जिसे एक बार

गांधीजी ने हिन्दुस्तान की वास्तविक जनभाषा कहा था। उनकी सरल, बोलचाल की भाषा तथा प्रांजल शैली उसे साहित्यिक अभिव्यक्ति में एक महत्वपूर्ण ऐतिहासिक घटना बना देती है। उनकी ग़ज़लों में भी उनके व्यक्तित्व की छाप है। वे प्रेम और विरह के नहीं बल्कि नैतिकता और मर्यादा के गीत गाते हैं। उनकी मोहक निश्छलता तथा नवीन प्रांजलता ने उर्दू ग़ज़ल को उसकी स्वयं की ताज़गी प्रदान की। उन्नीसवीं शताब्दी के मध्य दिल्ली के दो अद्वितीय उर्दू कवियों शेफ्ता और ग़ालिब के शिष्य हाली ने उर्दू ग़ज़ल को एक गम्भीरता प्रदान की जो उसमें लम्बे समय तक विद्यमान रही।

पुनः, तीन सर्वकालिक महान व्यक्तियों की, उनके द्वारा लिखी गई जीवनियाँ उर्दू साहित्य में युगांतरकारी घटनाएं रही हैं। उनके द्वारा लिखी गई, उनके प्रिय गुरु की जीवनी ने ही मुख्य रूप से एक विस्तृत क्षेत्र में उन्हें लोकप्रिय बनाया। ग़ालिब अब एक महान कवि के रूप में सर्वमान्य हैं और हाली ही वे पहले व्यक्ति थे जिन्होंने ग़ालिब का परिचय कराया। उनकी रचना "यादगारें ग़ालिब" आज भी इस विषय पर सर्वोत्कृष्ट रचनाओं में से एक है। उनकी "हयाते जावेद" सर सैय्यद अहमद खान की जीवनी है जो उनके मित्र, दार्शनिक और मार्गदर्शक की विविध उपलब्धियों से समृद्ध है। उनकी तीसरी जीवनी, प्रसिद्ध फारसी कवि शेख सादी की है, जिनकी आनन्ददायी रचनाएं, "गुलिस्तां" तथा "बोस्तन" विश्वभर में प्रसिद्ध हैं। शिक्षा, नैतिकता तथा बुद्धिवाद में हाली की गहन रुचि थी। ज्ञान तथा शिक्षा के प्रति उनकी लिप्सा, सर सैय्यद अहमद खान से उनका घनिष्ठ सम्बन्ध तथा सर सैय्यद अहमद खान के उद्‌देश्यों के प्रति उनका स्पष्ट समर्थन यह स्पष्ट रूप से दर्शाता है कि वे प्रगतिशील विचारों के कितने समर्थक थे तथा उच्चतर मूल्यों को प्रोत्साहन देने में उनकी कितनी गहरी रुचि थी। इसलिए न केवल वे आधुनिक उर्दू गद्य के सर्जकों में से थे, बल्कि वे आधुनिक जीवन के उत्कृष्ट विचारों तथा उदात्त मूल्यों के प्रकाश स्तंभ भी हैं।

इसलिए, हाली एक ऐसा नाम है, जिसे सम्मान दिया जाना चाहिए एवं जिससे प्यार किया जाना चाहिए। भारत के एक महानतम पुत्र के रूप में शिक्षा के उद्‌देश्यों, सामाजिक प्रगति तथा साहित्यिक परम्पराओं को प्रदान की गई उनकी सेवाओं के लिए, आने वाली पीढ़ियाँ उन्हें कृतज्ञतापूर्वक याद रखेंगी।

हाली का युग (1837-1914)

कुंवर महेन्द्र सिंह बेदी 'सहर'

ख़्वाजा अलताफ़ हुसैन हाली का युग भारत की साहित्यिक, सामाजिक, सांस्कृतिक तथा राजनैतिक गतिविधियों की दृष्टि से अत्यन्त महत्वपूर्ण है। हाली ने जब आँख खोली तो भारत पर अंग्रेजी साम्राज्य का प्रभुत्व बढ़ता जा रहा था। 1857 का स्वतंत्रता संग्राम, तथा उसकी असफलता, अंग्रेजी, सरकार के अत्याचार तथा अपने शासन को दृढ़ता प्रदान करने के प्रयास एंव जोड़-तोड़, सर सय्यद अहमद ख़ाँ का अंग्रेज शासकों को सहयोग देने का निर्णय तथा प्रयास, कांग्रेस के आरम्भिक कार्यकलाप...ये सभी कुछ हाली ने देखा और वह इससे प्रभावित हुए। और फिर उन्होंने स्वयं एक साहित्यिक आन्दोलन आरम्भ किया, तथा अपने समकालीन साहित्यकारों एंव बुद्धिजीवियों को उद्देश्यीय साहित्य की रचना करने का आह्वान किया।

जन्म तथा आरम्भिक प्रवृत्तियाँ

हाली का जन्म 1837 में पानीपत में हुआ था। उनका परिवार धार्मिक तथा शौक्षणिक क्षेत्र में प्रतिष्ठित था, किन्तु उसकी आर्थिक स्थिति अच्छी नहीं थी। कुछ ज़मीन थी जो थोड़ी सी आय का साधन थी। अतः परिवारजनों को जीवनयापन के लिए परिश्रम करना पड़ता था। हाली ने आरम्भ में परम्परानुसार क़ुरआन शरीफ कंठस्थ किया, किरत (सही उच्चारण तथा ढंग से कुरान शरीफ की आयतें पढ़ना) सीखी, तथा उर्दू, फारसी की शिक्षा प्राप्त की। प्रतिकूल परिस्थितियों में भी उन्होंने अपनी शिक्षा जारी रखी।

दिल्ली आगमन और मिर्ज़ा ग़ालिब से परिचय

शिक्षा प्राप्ति की लालसा के साथ हाली दिल्ली आए, और यहाँ के विद्वानों से लाभान्वित होने लगे। मिर्ज़ा ग़ालिब से परिचय प्राप्त किया तथा उनके शिष्य हो गए। मिर्ज़ा की कृपा दृष्टि ने उन्हें आकर्षित एंव प्रेरित किया। दिल्ली में हाली ने विद्वानों से तर्कशास्त्र, दर्शनशास्त्र तथा हदीस का ज्ञान प्राप्त किया। 1857 के

स्वतंत्रता संग्राम के समय उनकी आयु बीस वर्ष थी। उस समय वह पानीपत में थे। दिल्ली के विनाश, समाजी कलह तथा सांस्कृतिक जीवन की हलचल से प्रभावित होकर उन्होंने एक मर्मस्पर्शी कविता लिखी जिससे उनकी व्यथा का पता चलता है :

तज़किरा देहली-ए-मरहूम का ऐ दोस्त न छेड़
न सुना जाएगा हम से ये फसना हर्गिज़
दास्तां गुल की खजांमें न सुना ऐ बुलबुल
हंसते हंसते हमे ज़लिम ने रुलाना हर्गिज़
लेके दाग आए गा सीने पे बहुत ऐ सय्याह
देख इस शह के खंड़रों में न जाना हर्गिज़
चप्पे चप्पे ये हैं यां गौहरे यकत तहे खाक
दफन होगा न कहीं इतना खजाना हरर्गिज
मिट ए तेरे मिटाने के निशां भी अब तो
ऐ फलक इस से ज्यादा न मिटाना हरगिर्ज
जिस को जख्मों से हवादिस के अछूता समझें
नज़र आता नहीं इक ऐसा घराना हरर्गिज
बख्त सोए हैं बहुत जाग के ऐ दौर-ए-ज़मां
न अभी नीदं के मातों को जगाना हर्गिज़।

इन शेरों से पता चलता है कि अंग्रेज शासकों ने क्रूरता एवं दमन का कैसा चक्र चलाया था और कैसी तबाही और बर्बादी दिल्ली ने झेली थी, तथा हाली के हृदय से किस तरह खून की बूंदें टपकी थीं।

नवाब मुस्तफ़ा खां शेफ़ता के यहाँ नौकरी

1836 ई. में हाली ने नवाब मुस्तफा खां शेफता रईस-ए-जहांगीराबाद के यहाँ नौकरी कर ली। नवाब शेफता फारसी के प्रतिष्ठित कवि थे, और उर्दू में भी अच्छी कविता करते थे। उनका यह शेर बहुत प्रसिद्ध है :

शायद इसी का नाम मुहब्बत है शेफता
इक आग सी है सीने के अन्दर लगी हुई।

नवाब शेफता की संगत ने हाली को अत्यन्त लाभान्वित किया। शेफता गुणगान करने एवं अतिशयोक्ति पसन्द नहीं करते थे तथा इससे बचते थे। हाली भी यथार्थ प्रिय स्वभाव के थे। इस प्रकार दोनों में वैचारिक एवं स्वाभाविक एकरूपता थी। शेफता पर 1857 के स्वतंत्रता संग्राम के सिलसिले में मुक़दमा चला था, तथा

उन्हें दोषी ठहराया गया था। अन्ततः नवाब सिद्दीक हसन की मध्यस्थता तथा अनुशंसा से वह मुक्त हुए थे। किन्तु उनकी आधी जागीर विद्रोह के जुर्म में जब्त कर ली गई थी। इससे स्पष्ट है कि शेफ़ता के साथ रहकर हाली के हृदय में विदेशी शासन के प्रति घृणा उत्पन्न हो गई थी, और वह उसके विरुद्ध थे।

सर सय्यद से सम्पर्क

1857 ई. के स्वतंत्रता संग्राम की असफलता के पश्चात् सर सय्यद अहमद खाँ ने यह महसूस किया कि यदि अंग्रेजी राज का पक्ष न लिया गया, और अंग्रेज शासकों का संरक्षण प्राप्त न हुआ तो भारत में मुसलमानों का भविष्य अंधकारमय हो जायगा। अतः उन्होंने अपने कथनों एंव कार्यो से अंग्रेज शासकों को इस बात का विश्वास दिलाया कि मुसलमान अंग्रेज शासन के वफ़ादार हैं, और यदि अंग्रेज अपने शासन की जड़ों को मजबूत करना चाहते हैं, तो उन्हें चाहिए कि मुसलमानों को जीवन के हर क्षेत्र में उभरने और उन्नति करने के अवसर प्रदान करें। जब तक मुसलमानों के लिए ऐसे साधन उपलब्ध नहीं कराए जाएंगे जिससे वे अपनी धार्मिक शिक्षा के साथ अंग्रेजी की उच्च शिक्षा प्राप्त कर सकें, उच्च सरकारी पद ग्रहण कर सकें, अंग्रेजों की सभ्यता एंव संस्कृत अपना सकें, उस समय तक वे पिछड़े रहेंगे। अतः अंग्रेज़ शासकों ने सर सय्यद के दृष्टिकोण एवं विचारों से सहमति व्यक्त थी और अलीगढ़ कालेज वर्तमान अलीगढ़ विश्व विद्यालय की स्थापना हुई। इस कालेज का उद्देश्य यही था, और यही सर सय्यद का सबसे बड़ा कारनामा था। हाली ने सर सय्यद के दृष्टिकोण का अनुमोदन किया तथा पक्ष लिया, और अपने आलेखों में सर सय्यद के आन्दोलन का समर्थन किया। "हयात-ए-जावेद" में हाली ने लिखा : "हजारों का यह विचार है कि मदरसा कौम के उत्थान के लिए नहीं अपितु इसलिए स्थापित किया गया है कि अंग्रेजी साम्राज्य को सुदृढ़ता प्राप्त हो। इस मंतव्य का दूसरा भाग ठीक था, किन्तु पहला भाग इसलिए ग़लत था कि वर्तमान परिस्थितियों में मुसलमानों की क़ौमी जिन्दगी, इस बात पर निर्भर करती है कि अंग्रेजी शासन अधिक सुदृढ़ हो।"

हाली के इस लेख से प्रतीत होता है कि मुसलमानों का धार्मिक नेतृत्व अंग्रेजी शिक्षा तथा अंग्रेज भक्ति के विरुद्ध था, और वह सर सय्यद के आन्दोलन का विरोध कर रहा था। अतः सर सय्यद को अपने दृष्टिकोण एंव विचारों के समर्थन के लिए अपने जैसे विचार रखने वाले बुद्धिजीवियों एंव शिक्षाविदों का सहयोग प्राप्त करना पड़ा। हाली लिखते हैं :

"यद्यपि सर सय्यद का मुख्य उद्देश्य मुसलमानों की राजनैतिक एंव सामाजिक दशा को सुधारना था, किन्तू चंकि मुसलमान अपने धर्म को सदैव से दीन व दुनिया दोनों का मार्ग दर्शक समझते रहे हैं, और किसी भी ऐसी बात को स्वीकार नहीं करते जो उनके धर्मानुसार प्रमाणित न हो। इसके अतिरिक्त मुसलमानों की राजनीतिक स्थिति का बहुत कुछ सम्बन्ध उनके धर्म से जुड़ा था, इसलिए सर सय्यद को 1857 के बाद से जीवन-पर्यन्त धार्मिक तर्क-वितर्क एंव विवादों में पड़ा रहना पड़ा।"

इस प्रकार स्पष्ट होता है कि हाली ने भी सर सय्यद की तरह यह सोचा कि मुसलमानों के कल्याण का केवल एक ही रास्ता है कि भारत में अंग्रेजी शासन को स्थिरता एंव सुदृढ़ता प्राप्त हो।

डा. मुईन अहसन जज़्बी ने अपने लेख "हाली का सियासी शऊर" में लिखा हैः

"1866 ई. में सर सय्यद ने साइन्टिफ़िक सोसाइटी का अखबार जारी किया जो बाद में इंस्टीट्यूट गज़ट बन गया। इसके प्रारम्भिक अंक जिन्हें हाली सर सय्यद के राजनैतिक कार्यों की संज्ञा देते हैं, उनकी नज़रों से अवश्य गुजरे होंगे और वह अंग्रेजी शासन व्यवस्था एवं उसकी उपलब्धियों से अवश्य अवगत हुए होंगे। 1868 में उन्हें संभवतः स्वयं भी शेफ़ता के यहां सर सय्यद से मिलने का अवसर प्राप्त हुआ हो। 1870 में "नहज़ीब-उल-अखलाक़" के प्रकाशन ने भी हाली को उन तमाम समकालीन समस्याओं से अवगत कराया, जिनका अनुभव सर सय्यद एक लम्बे समय से कर रहे थे। 1871 तक हाली में इतनी सूझ पैदा हो गई थी कि वह अपने विवेक से सर सय्यद के आन्दोलन एवं कार्यकलापों का समालोचन करने लगे। अतएव इसी वर्ष "सर सय्यद अहमद खाँ और उनके नाम" के शीर्षक से उनका एक लेख "इन्स्टीट्यूट गज़ट" में प्रकाशित हुआ जिसमें उन्होंने सर सय्यद के कार्यों पर सतर्क टिप्पणी करते हुए अपना व्यक्तिगत विचार भी व्यक्त किया। लेख के अन्त में हाली ने विशेष रुप से अपनी तटस्थता पर बल दिया :

"मैंने जो कुछ लिखा है उससे मेरा आशय मौलवी सर सय्यद अहमद खाँ को प्रसन्न करना नहीं है, न ही उनके विरोधियों से तर्क करना मेरा उद्देश्य है। इस बात का आशय केवल वह आवश्यकता है जिसके कारण भटके की राह बनाई जाती है तथा रोगी को कड़वी दवा पीने के लिए प्रेरित किया जाता है।" किन्तु इस तटस्थता के बावजूद हाली ने इस लेख में सर सय्यद के तमाम कार्यकलापों से लगभग पूर्ण सहमति व्यक्त की है।

लाहौर वास तथा अंग्रेजी अनुवादों का शुद्धिकरण

1872 में हाली को पंजाब गवर्नमेण्ट बुक डिपो में जगह मिली और अंग्रेजी अनुवादों

की भाषा की त्रुटियों को सुधारने का कार्य सौंपा गया। इस प्रकार वह अंग्रेजी साहित्य और अंग्रेज साहित्यकारों के विचारों से लाभान्वित हुए, और उन्होंने उर्दू कविता एंव साहित्य में नयी दिशाओं एवं संभावनाओं के समावेश की ओर ध्यान दिया। मौलाना मुहम्मद हुसैन आजाद ने नेचुरल शायरी के पक्ष में जो आवाज़ उठाई थी, हाली ने उसका समर्थन किया। इसका उद्देश्य उर्दू शायरी को पश्चिमी शायरी के उच्च एवं स्वस्थ मूल्यों से परिचित कराना था। 1857 में हाली लाहौर से दिल्ली आए। 1879 में उन्होंने अपना प्रसिद्ध "मुसद्दस" मद्दोजज़र-ए-इस्लाम लिखा। इस नज़्म में हाली ने मुसलमानों के पिछड़ेपन पर अपना दुख व्यक्त किया है और पूर्वजों के कारनामों की चर्चा करते हुए उन्हें अपनी दशा सुधारने तथा उज्ज्वल भविष्य के निर्माण का प्रयास करने का आह्वान किया है। साथ ही अंग्रेजी शासन के अच्छे कार्यो के लिए उसका गुणगान भी किया है तथा उसकी आज्ञाकारिता का पाठ भी पढ़ाया है :

हुकूमत ने आज़ादियां तुमको दी हैं
तरक़्क़ी की राहें सरासर खुली हैं
सदाएं ये हर सिम्तसे आ रही हैं
कि राजा से परजा तलब सब सुखी हैं
तसल्लुत है मुल्कों में अम्नों अमांका
नहीं बन्द रस्ता किसी कारवां का
खुली हैं सफ़र और तिजारत की राहें
नहीं बन्द सनअत थी हिरफ़त की राहें
जो रोशन हैं तहसीले हिकमत की राहें
तो हमवार हैं कस्बे दौलत की राहें
न घर में ग़नीम और दुश्मन का खटका
न बाहर है क़ज्जाक व रहज़न का खटका।
महीनों के कटते है रस्ते पलों में
घरों से सिवा चैन है मंजिलों में
हर इक़ गोशा गुलज़ार है जंगलों में
शबो रोज़ है एंमनी क़फ़िलों में
सफ़र जो कभी थ नमूना सफ़र का
पसीला है यह अब सरासर ज़फ़र का।
पहुंचनी हैं मुल्कों से दम दम की खबरें
चली आती हैं शादी-व-ग़म की खबरे
अयां हैं हर इक बर्रेआजम की खबरें

खुली हैं जमाने वे आलम की खबरे
नहीं वाक़िया कोई पिन्हां कहीं का
है आईना अहवाल रुप ज़मीं का

किन्तु अंग्रेजी राज की इन ख़ूबियों एवं गुणों की प्रशंसा तथा सराहना के बावजूद हाली को शासक तथा शासित, एंव अत्याचारी तथा पीड़ित की स्थितियों का बोध था। वह जानते थे कि अंग्रेज़ जो कहना है अपने तथा अपने राज के लाभ के लिए कहता है। नज़्म "तदबीर-ए-क़याम-ए-सलतनत" के ये शेर देखिए :

तदबीर ये कहानी थी कि जो मुल्क हो मफ़तूह
वां पाँव जमाने के लिए तफ़रक़ा डालो
और अक्ल खिलाफ़ इसके थी, ये मशवरा देती
यह हर्फ़-ए-सुबुक भूल के मुँह से न निकालो
पर राए ने फरमाना कि जो कहती है तदबीर
मानो उसे और अक़्ल का कहना भी न टालो
करने के हैं जो काम वह करते रहो लेकिन
जो बात सुबुक हो उसे मुंह से न निकालो।

अंग्रेज़ शासकों की कार्यशैली ऐसी थी कि जबान से ऐसी बातें कही जाएं कि भारतीय राजनेताओं को भलाई तथा सुधार की आस बंधी रहे, किन्तु वस्तुतः सम्पूर्ण राष्ट्र को दासता की जंजीरों में सख्ती एवं क्रूरता से जकड़ दिया जाय। हाली ने अंग्रेजों की इस धूर्तता को इस प्रकार बेनकाब किया है :

ऐ बज़्म-ए-सफ़ीरान-ए-बवल के सुखनआरा
हर खुर्द-व-कलां तेरी फ़साहत पे फ़िदा हैं
यह सच है कि जादू है बयां में तेरे लेकिन
गर सोचिए तो सैकड़ो पहलू हैं मफ़र के
और सुनिए तो जंजीरों से हर कौल बंधा है
खुलता नहीं कुछ इसके सिवा तेरे बंधा से
इक मुर्ग़ है खश लहजा कि कुछ बोल रहा है

स्वामी और दास तथा शासक और शासित की दशाओं की भिन्नता को नज़्म "काले और गौरे का मेडिकल इम्तिहान" में इस प्रकार दर्शाया है :

दो मुलज़िम एक काला और गोरा दूसरा
दूसरा पैदल मगर पहला सवार-ए-राहवार
थे सिविल सर्जन की कोठी की तरफ़ दोनो खाँ

क्योंकि बीमारी की रुखसत के थे दोनो ख़ास्तागार
राह में दोनों की बाहम हो गई कुछ हुश्त-मुश्त
कोख में काले की इक मुक्का दिया गोरे ने मार
सदमा पहुँचा जिससे तिल्ली को बहुत मिसकीन की
आके घोड़े से लिया साईस ने उसकी उतार
ठोक कर काले की गोरे ने तो अपनी राह की
चोट के सदमें से ग़श काले को आया चन्द बार
अखिरश कोठी ये पहुंचे जाके दोनो पेश-न-पस
ज़रिब अपने पाँव और मज़रुबी डोली में सवार
डाक्टर ने आके दोनो की सुनी जब सरगुज़िश्त
तह को जा पहुँचा सुख़न की सुन के क़िस्सा एक बार
दी सनद गोरे को लिख थी जिसमें तसदीक़-ए-मरज़
और यह लिखा था कि साहूल है बहुत ज़ारो नज़ार
यानी इक काला न जिस गोरे के मुक्के से मरे
कर नहीं सकता हुकूमत हिन्द में वह ज़ीनहार
और कहा काले से तुम को मिल नहीं सकती सनद
क्योंकि तुम मालूम होते हो बज़ाहिर जानदार
एक काला पिट के जो गोरे से फौरन मर न जाए
आए बाबा उस की बीमारी का क्योंकर एतबार

इन नज़्मों से स्पष्ट है कि अन्त में हाली ब्रिटिश शासकों के व्यवहार एवं कार्यप्रणाली से खिन्न हो गए थे और उन्होंने यह जान लिया था कि अंग्रेज़ भारतीयों से ऐसा व्यवहार नहीं कर सकता जैसा वह अपने देशवासियों से करता है।

'मुक़दमा-ए-शेर-व-शायरी' (उर्दू शायरी में परिवर्तनकारी आन्दोलन का आरम्भ) 1893 में हाली ने अपना कविता संग्रह तैयार करके प्रकाशित किया। इसमें उन्होंने अपना एक बहुमूल्य लेख भी शामिल किया जो उनके कविता संग्रह की प्रस्तावना के रुप में था। यह इतना उपयोगी सिद्ध हुआ कि बाद में इसे एक पृथक पुस्तक के रुप में प्रकाशित किया गया। यह लेख "मुकदमा-ए-शेर व शायरी" उर्दू साहित्य में एक परिवर्तनकारी आन्दोलन सिद्ध हुआ, क्योंकि इसके माध्यम से हाली ने उर्दू के यथार्थवादी कवियों को नई राहों एव नए गन्तव्यों से परिचित कराया, काल्पनिक कथाओं के बजाए वास्तविक अनुभवों की अभिव्यक्ति पर बल दिया, तथा काव्य में व्यावहारिक जीवन की घटनाओं का समावेश करने को प्रोत्साहित किया। यही वह आन्दोलन था जिसने इक़बाल के विवेक एवं सोच को नई रोशनी और नई जिन्दगी दी।

कविता का महत्व

हाली ने बताया कि शायरी मात्र मनोविनोद की वस्तु नहीं; शायरी से संसार में बड़े-बड़े क्रान्तिकारी परिवर्तन लाए गए हैं, तथा राष्ट्रों के निर्माण एवं जीवन में कवियों ने महत्वपूर्ण भूमिका निभाई हैं। लिखते हैं :

"यूरोप में राजनैतिक उथल पुथल के युग में प्राचीन युग से काव्य को राष्ट्र को प्रेरित करने का एक शक्तिशाली हथियार समझा जाता रहा है। एक समय एथेन्ज़ और मगारा वालों में स्लीयस के लिए लम्बे समय तक युद्ध छिड़ा रहा जिसमें एथेन्ज वालों को निरन्तर पराजय झेलनी पड़ी, और धीरे-धीरे इतने हतोत्साहित हुए कि उन्होंने सदैव के लिए युद्ध का परित्याग कर दिया, तथा उनमें एक सहमति बनी कि जो व्यक्ति इस युद्ध की चर्चा करे अथवा दोबारा युद्ध करने का आह्वान करे उसकी हत्या कर दी जाए। उस समय सोलन जीवित था। उसे बड़ी शर्म आई। वह एक शिखर पर खड़ा हो गया जहाँ से विद्वान प्रवचन देते थे। उसने कविता पढ़नी आरम्भ की जिसका आशय इस प्रकार थाः" काश मेरा जन्म एथेन्ज़ में न हुआ होता, मैं कहीं और पैदा हुआ होता, जहाँ के लोग मेरे देशवासियों से अधिक परिश्रमी कठोर हृदय, तथा यूनान के ज्ञान एंव बौद्धिक क्षमताओं से अनभिज्ञ होते। वह स्थिति मेरे लिए इससे अच्छी थी कि लोग मुझे देख कर एक दूसरे से कहें कि यह व्यक्ति उस एथेन्ज का रहने वाला है जो स्लीयस के युद्ध से भाग गए। मेरे प्रियजनो, शीघ्र ही शत्रुओं से बदला लो, और यह अपमान और अनादर हम से दूर करो, तथा उस समय तक चैन से न बैठो जब तक छिना हुआ देश ज़ालिम शत्रुओं के पंजे से मुक्त न करा लो। लज्जित करने एवं जोश दिलाने वाली इस कविता से एथेन्ज़ निवासियों के हृदय पर ऐसी चोट लगी कि उसी समय सबने हथियार उठा लिए और सोलन को सेना-नायक एवं शासक घोषित कर दिया। फिर सभी ने मछुवारों की नावों पर सवार होकर स्लीमस पर चढ़ाई कर दी और जैसा कि इतिहास में विस्तार पूर्वक वणित है, स्लीमस टापू पर अधिकार कर लिया।

लार्ड बायरन की "चाइल्ड हेराल्डज़ पिलग्रीमेज" एक सुप्रसिद्ध कविता है, जिसके एक भाग ने फ्राँस , इंग्लैण्ड तथा रुस के आत्म सम्मान को ललकारा, और यूनान को तुर्को के आधिपत्य से मुक्त कराने के लिए प्रेरित किया, और लिखा यूनान द्वारा दी गई शिक्षा एवं ज्ञान से यूरोप ने, विशेष रुप से फ्राँस तथा इंग्लैण्ड ने जो लाभ प्राप्त किए हैं उसके बदले में आज तक यूनान को कुछ नहीं दिया गया; और रुस ने भी, जो ग्रीक चर्च के नियमों के अनुपालन का दम भरता है, यूनान की किसी भी प्रकार की सहायता नहीं की; फिर यूनानियों से कहा कि गैरों से उन्हें कोई उम्मीद नहीं रखनी चाहिए। 1812 में यह कविता प्रकाशित हुई, और समस्त

यूरोप में बायरन की धूम मच गई। अंग्रेज इस कविता पर मुग्ध हो गए। फ्रांस, इंग्लैंड, इटली, अस्ट्रिया तथा रुस में इस कविता ने वह काम किया जो आग पर बारुद करती है। जिस समय यूनान टर्की के विरुद्ध खड़ा हुआ, यूरोपीय देशों का सामूहिक सैनिक बेड़ा उसकी सहायता को पहुंच गया। 1827 में इस सामूहिक सैनिक बेड़े ने तुर्को के बेड़े को परास्त किया, और टर्की को विवश किया कि वह यूनान को स्वतंत्र करे। टर्की ने यूनान को स्वतंत्र कर दिया। समस्त यूरोप ने इस स्वतंत्रता को मान्यता दे दी।

आचार-विचार तथा आध्यात्मिक शिक्षा का माध्यम

मौलाना हाली कविता को आचार-विचार तथा आध्यात्मिक शिक्षा का माध्यम समझते थे। उन्होंने लिखाः

"शेर से जिस प्रकार इन्द्रियाँ उत्तेजित होती हैं उसी प्रकार शेर से आध्यात्मिक आनन्द भी प्राप्त होता है। व्यक्ति के इस आध्यात्मिक आनन्द और उसकी मृदुलता में एक ऐसा स्पष्ट सम्बन्ध है जिसकी व्याख्या करने की आवश्यकता नहीं है। यह सच है कि शेर प्रत्यक्ष रुप में शिक्षा देने का कार्य नहीं करता, किन्तु यदि इन्साफ की दृष्टि से देखा जाए तो यह हमें शिक्षा एवं ज्ञान का प्रतिनिधि और सहायक नज़र आएगा। इसी बिना पर सूफियों के एक प्रतिष्ठित समूह ने कविता को इन्द्रियों को वश में करने का तथा ईश्वर की निकटता प्राप्त करने का माध्यम माना है।"

शायरी की उन्नति एवं प्रसार

हाली का मानना है कि राष्ट्र को शायरी की उन्नति एवं प्रसार के लिए कार्यरत होना चाहिए। कवि पूरे राष्ट्र में जागृति पैदा कर सकता है, एक नई चेतना का संचार कर सकता है। राष्ट्रीय सरकार चूँकि सर्वासाधारण की सोच, चिन्तन एवं भावनाओं को प्रतिबिम्बित करती है, अतः उसे कवि का सम्मान व सत्कार करना चाहिए। उन्होंने लिखाः

"जिन राष्ट्रों में शासक निरंकुश नहीं होते तथा कवियों का आदर सत्कार करते हैं वहां कविता उन्नति करती है, कवि ख्याति प्राप्त करते हैं। उन्हीं कवियों को अधिक ख्याति एंव लोकप्रियता प्राप्त होती है, जो निर्भीकता के साथ अपना दायित्व निभाते है।"

पूर्वजों का अनुसरण

आँख मूंद कर पूर्वजों के अनुसरण को हाली उचित नहीं समझते तथा इससे बचते हैं। वह चाहते हैं कि शायर एक ही लीक पर न चलता रहे। कहीं ऐसा न हो कि अनुसरण की चाह में उसकी अपनी सृजन शक्ति ही लुप्त हो जाए। हमारे बहुत से

शायर एक लम्बे समय तक अन्धे अनुसरण का शिकार रहे। हाली ने इस ओर इशारा किया है:

"अब जो नए लोगों ने पूर्वजों का अनुसरण करना आरम्भ किया तो केवल विषय में ही नहीं, विचारों, शब्दों, शैली, अंलकारों, उपमाओं, बहर, क़फ़ियों, रदीफ़ो अर्थात हर चीज में उनका ही ढंग अपनाया। फिर जब एक ही लीक पर चलते-चलते ऊब गए तो अत्यन्त भोंडे तरीके से नई-नई बातें गढ़ने लगे, भद्दे तौर तरीके अपनाने लगे।"

हाली अतिशयोक्ति से बचने को अनिवार्य मानते हैं। उनका विचार है कि यथार्थ तथा भावनाओं की सच्ची अभिव्यक्ति से ही शेर प्रभावशाली हो सकता है। वह लिखते हैं:

"जहाँ तक सम्भव हो यथार्थ एंव सच्चाई का दामन नहीं छोड़ना चाहिए। वर्तमान युग की माँग यह है कि झूठ, अतिशयोक्ति, दोषारोपण, खुशामद, चापलूसी, झूठी शान जताना, आरोप लगाना, बेमौका शिकायत करना और इस प्रकार के बहुत सारे दोष हमारी शायरी में घुल गए है; यथा सम्भव इनसे बचना चाहिए।"

नेचुरल शायरी

नेचुरल शायरी पर टिप्पणी करते हुए हाली ने लिखा है :

"नेचुरल शायरी से तात्पर्य वह शायरी है जो शब्द एवं शब्दार्थ दोनो तरह से नेचर अर्थात् स्वभाव के अनुरुप हो। नेचर के अनुरुप होने से अर्थात् स्वभाव के अनुरुप हो। नेचर के अनुरुप होने से आशय यह है कि शेर में प्रयोग किए गए शब्द एवं शैली जहाँ तक सम्भव हो उस देश की आम बोली और भाषा के शब्द एवं शैली हों। इस प्रकार शेर की भाषा जितनी ही आम बोलचाल की भाषा से अलग और भिन्न होगी उतनी है अननेचुरल समझी जाएगी। अतः शेर में ऐसी बातें की जाएं जैसी हमेशा दुनिया में हुआ करती हैं और होनी चाहिए। जो शेर इस कसौटी पर पूरा नहीं उतरता उसे अननेचुरल समझा जाएगा।"

दिल्ली और लखनऊ का अनुकरण ही पर्याप्त नहीं

हाली उर्दू शायरी की उन्नति के लिए देशी एवं विदेशी भाषाओं के ज्ञान तथा उससे लाभान्वित होने पर पूरा बल देते हैं। उनका विचार है कि दूसरी भाषाओं के ऐसे शब्द जो उर्दू में खूबी और खूबसूरती के साथ खप सकें, तथा ऐसे विषय जिनसे उर्दू साहित्य समृद्ध हो सके लाए जाने चाहिए। उन्होंने लिखा :

"उर्दू को सशक्त एवं समृद्ध करने के लिए केवल दिल्ली और लखनऊ की भाषा का अनुकरण करना ही पर्याप्त नहीं है, अपितु यह भी आवश्यक है कि अरबी और

फारसी से कम से कम औसत दर्जे का ज्ञान और हिन्दी भाषा का थोड़ा ज्ञान अवश्य प्राप्त किया जाए। उर्दू की बुनियाद, जैसा कि विदित है, हिन्दी भाषा पर रखी गई है। इसकी बहुत सी संज्ञाएं एवं समस्त क्रियाएं हिन्दी से ली गई हैं। उर्दू शायरी का आधार फारसी है जो स्वयं अरबी शायरी से लाभान्वित है। उर्दू भाषा में संज्ञाओं का बहुत बड़ा भाग अरबी और फ़ारसी से लिया गया है। सारांश यह है कि उर्दू का जो शायर हिन्दी भाषा से अनभिज्ञ है वह मानो अपनी गाड़ी बगैर पहियों के अपने गन्तव्य तक पहुँचाने का प्रयास कर रहा है।"

युग की तीव्र गति और बदलती हुई परिस्थितियों का अनुभव

मौलाना हाली को उन्नीसवीं शताब्दी के अन्तिम दिनों में संसार में होने वाले परिवर्तनों का अनुभव हो रहा था। वह जानते थे कि जब तक हम संसार के समकालीन साहित्य की नवीनताओं और उनके सकारात्मक प्रभावों को स्वीकार नहीं करेंगे उस समय तक हमारा साहित्य नए युग का प्रतिनिधि-साहित्य नहीं बन सकता। उन्होंने लिखा :

"विश्व में एक बड़ा परिवर्तन हो रहा है, और होता चला जा रहा है। आज के संसार का हाल उस वृक्ष जैसा है जिसमें बराबर नई कोंपलें फूट रही है और पुरानी टहनियाँ झड़ती चली जा रही हैं। बड़े घने वृक्ष धरती की उर्वरक-शक्ति को चूस रहे हैं, और इर्द गिर्द के छोटे पौधे सूखते चले जाते है। पुरानी जातियां स्थान रिक्त करती चली जाती हैं, और नई जातियाँ उनकी जगह लेती जाती हैं। और यह कोई गंगा, यमुना की बाढ़ नहीं जो अड़ोस-पड़ोस के देहात को नष्ट करके रह जाएगी, वरन, यह एक समुद्री तूफान है जिससे यह समस्त मानव-गृह प्रभावित होता नज़र आता है। यदि कोई ध्यानपूर्वक देखे और समझे तो सुबह से शाम तक सैकड़ों ऐसी विचित्र एवं दिल दहला देने वाली घटनाएं घटती हैं कि उनके वर्णन के लिए शायर का पूरा जीवन भी पर्याप्त नहीं हो सकता। किसी घटना को देख कर आश्चर्य होता है कि यह क्या हुए! किसी को देखकर दुख होता है कि यह क्यों? कभी डर लगता है कि क्या होगा, और कभी दिल पर निराशा छा जाती है कि बस, अब कुछ नहीं। इससे अधिक रोचक विषय ग़ज़ल के लिए और क्या हो सकते हैं। हर बात का एक मौका तथा हर काम का एक समय होता है। प्रेम-प्रीत की तरंगे सौभाग्यशाली युग में रुचिकर थीं। अब वह युग बीत गया। भोग-विलास की रात बीत गई। अब बिहाग का नहीं जोगिया की अलाप का समय है।"

उपरोक्त पंक्तियों से विदित होता है कि हाली ने अपने युग की राजनैतिक, सामाजिक एवं साहित्यिक गतिविधियों का किस प्रकार अवलोकन किया, और देश

के शिक्षित वर्ग में किस प्रकार नवचेतना की लहर दौड़ाने का प्रयास किया। शायरों को उन्होंने नवीन युग की माँगों से अवगत कराया तथा उन्हें पूरा करने का आह्वान किया।

ख़्वाजा अलताफ़ हुसैन हाली एक बुद्धिजीवी, विद्वान, विस्तृत अध्ययनशील, विशाल हृदय शिक्षक एवं युग-निर्माता शायर थे। यह लेख हाली के युग पर मात्र एक सरसरी दृष्टि है, फिर भी मुझे इस बात की खुशी है कि मैं हरियाणा गवर्नमेंट की प्रेरणा से इस महान कवि एवं विद्वान के जीवन तथा विचारों का कुछ अध्ययन कर सका जो अपने युग का एक आदरणीय व्यक्ति था। हरियाणा सरकार इस सन्दर्भ में जो सराहनीय कार्य कर रही है उसके लिए उर्दू कविता एवं साहित्य के हर प्रेमी को उसका कृतज्ञ होना चाहिए।

चुनिंदा ग़ज़लें, नज़्में
और
अशआर

मुसद्दस हाली

मौलाना हाली की रेखांकित "मद्दो ज्ज़रे इस्लाम" जो "मुसद्दस हाली" के नाम से अधिक चर्चित है। उर्दू की राष्ट्रीय कविता की बुनियाद है। यह नज़म उर्दू कविता में क्रांति की प्रतीक है। वास्तव में मुसद्दस हाली प्रगतिशील साहित्य का आधार थी। यह उर्दू भाषा की यह पहली कविता है जिसने उर्दू कविता के धारे को मोड़ दिया। इसके द्वारा हाली ने सिर्फ शेर व शायरी के जगत में क्रांति की लहर नहीं पैदा की अपितु मनुष्य के मस्तिष्क एवं कल्पनाओं में भी क्रांति उत्पन्न कर दी थी।

मुसद्दस को अमीर ग़रीब, मर्द औरत, खास आम सभी ने पढ़ा, सर धुना और आँसू बहाए। इसके छन्दों ने मीलाद की सभाओं को उत्तेजित किया। राष्ट्रीय लीडरों ने क़ौम की सुधार एवं उन्नति का जोश दिलाने के लिए उसे पढ़ा। मुसद्दस पहली बार आज से लगभग सौ साल पहले प्रकाशित हुआ था। अब तक उसके सैकड़ों संस्करण प्रकाशित हो चुके हैं। कई हिन्दुस्तानी एवं विदेशी भाषाओं में उसके अनुवाद हो चुके हैं। परन्तु उसका वह प्रभाव आज भी बाकी है जो उसके रचना काल में था और जब तक लोगों में अच्छे बुरे तथा पुण्य एवं पाप की पहचान रहेगी उसका महत्व बना रहेगा।

मुसद्दस के बारे में राम बाबू सक्सेना ने लिखा है कि "वह एक इल्हामी पुस्तक है, उसे उर्दू साहित्य की उन्नति के इतिहास में संगेमील समझना चाहिए। यह एक तारा है जो उर्दू के क्षितिज पर उभरा। उससे हिन्दुस्तान में राष्ट्रीय कविता की नींव पड़ी...उसके मुखातिब उनके धर्म के मानने वाले ही नहीं बल्कि सम्पूर्ण देशवासी है। यहाँ उसके कुछ बन्द पाठकों की सूची हेतु प्रस्तुत किए जाते हैं।

मुसद्दस हाली से चुनिंदा बन्द

किसी ने बुक़रात से जा के पूछा
मरज़ तेरे नजदीक मुहलिक[1] है क्या क्या
कहा दुख जहाँ में नहीं कोई ऐसा
कि जिस की दवा हक़ ने की हो न पैदा
मगर वह मरज़ जिस को आसान समझें
कहे जो तबीब उस का हिज़यान[2] समझें

सबब या अलामत गर उन को सुझाएँ
तो तशख़ीस[3] में सो निकालें ख़ताएँ
दवा और परहेज़ से जी चुराएँ
यूं ही रफ़ता रफ़ता मरज़ को बढ़ाएँ
तबीबो से हरगिज़ न मानूस हों वह
यहाँ तक की जीने से मायूस हों वह

यही हाल दुनिया में उस क़ौम का है
भंवर में जहाज़ आ के जिसका घिरा है
किनारा है दूर और तूफ़ाँ बपा है
गुमा है यह हरदम के उब डूबता है
नहीं लेते करवट मगर अहले कश्ती
पडे सोते हैं बेख़बर अहले कश्ती।

ग़नीमत है सेहत अलालत[4] से पहले
फ़राग़त[5] मशग़िल[6] की कसरत से पहले
जवानी बुढ़ापे की ज़हमत से पहले
एक़ामत[7] मुसाफिर की रहलत[8] से पहले

1. बर्बाद करने वाला
2. बेहूदा बात, बीमारी की हालत में वकन
3. उपचार
4. बीमारी
5. फुर्सत
6. कामकाज
7. ठहरना, पड़ाव करना
8. सफर, कूच करना

फ़क़ीरी से पहले ग़नीमत है दौलत
जो करना है कर लो कि थोड़ी है मुहलत

ये पहला सबक था किताबे हुदा[9] का 9. कुर्आन पाक
कि है सारी मख़लूक़ कुमबा ख़ुदा का
वही दोस्त है ख़ालक़े दूसरा का
ख़लाइक़[10] से रिश्ता है जिस को वेला का 10. लोग, बन्दे इन्सान
यही है एबादत यही दीन व ईमाँ
कि काम आए दुनिया में इंसाँ के इंसाँ

हमें वाईज़ों ने यह तालीम दी है
कि जो काम दीनी या दुनयवी है
मुख़ालिफ़ की रेस उस में करनी बुरी है
निशँ ग़ैरते दीने हक़ का यही है
न ठीक उस की हरगिज़ कोई बात समझो
वह दिन को कहे दिन तो तुम रात समझो

क़दम गर रहे रास्त पर उस का पाओ
तो तुम सीधे रस्ते से कतरा के जाओ
पड़े उस में जो दिक़्क़तें वह उठाओ
लगें जिस क़दर ठोकरें उस में खाओ
जो निकलें जहाज़ उस का भंवर सै
तो तुम डाल दो नाव बच के भंवर के

पड़ी हैं राब उजड़ी हुई ख़ानक़ा हैं[11] 11. फ़क़ीरों के नज़ार
वह दुरवैश-ओ-सुल्ताँ की उम्मीद गाहें
खुली थीं जहाँ इल्में बातिन की राहें
फ़रिश्तों की पड़ती थी जिन पर निगाहें
कहाँ हैं वह जज़बे इलाही के फन्दे
कहाँ हैं वह अल्लाह के पाक बंदे

वह इलमें शरीअत के माहिर किधर हैं
वह अख़बारे दीं के मुबस्सिर किधर हैं

उसूली किधर है मुनाज़िर किधर हैं
मुहदिदस कहाँ हैं मुफ़स्सिर किधर हैं
वह मजलिस जो कल सर बसर थी चिराग़ाँ
चिराग़ अब कहीं टिमटिमाता नहीं वाँ

मदारिस वो तालीम-ए-दीं के कहाँ है
मराहिल वह इल्म-ए-यक़ीं के कहाँ हैं
वह अरकाने शरऐ मतीं के कहाँ हैं
वो वारिस रसूले अमीं के कहाँ हैं
रहा कोई उम्मत का मल्जा न मावा
ना क़ाज़ी न मुफ्ती न सूफी न मुल्ला

कहाँ हैं वो दीनी किताबों के दफ़्तर
कहाँ हैं वो इल्मे इलाही के मन्ज़र
चली एसी इस बज़्म में बादे सरसर[12]
बुझीं मशअलें नूरे-ए-हक़ की सरासर
रहा कोई सामा न मजलिस में बाक़ी
सुराही न तंबूर मुतरब न साक़ी

बिगड़ता है जब क़ौम में काई बन कर
अभी बख़्तओ-इक़बाल[13] थे जिस के यावर[14]
अभी गर्दनें झुकती थीं जिस के दर पर
मगर कर दिया अब ज़माने ने बे पर
तो ज़ाहिर है कुढ़ते हैं पर खुश हैं जी में
कि हमदर्द हाथ आया इक मुफ़लिसी में

अगर इक जवाँ मर्द हमदर्द इंसाँ
करे क़ौम पर दिल से जाँ अपनी कुर्बां
तो खुद क़ौम उस पर लगा दे ये बुहताँ[15]
कि है इस की कोई ग़रज़ इस में पिन्हाँ[16]
वगर ने पड़ी कया किसी को किसी की
यह चालें सरासर हैं ख़ुद मतलबी की

न सरकार में काम पाने को क़ाबिल
न दरबार में लब हिलान को क़ाबिल

12. हवा का झोंका
13. बलन्दी
14. मददगार
15. इल्ज़ाम
16. छुपा हुआ

न जन्गल में रेवड चराने के क़ाबिल
न बाज़ार में बोझ उठाने के क़ाबिल
न पढ़ते तो सो तरह खाते कमा कर
वो खोऐ गऐ और तालीम पा कर

न पूछो की हज़रत ने जो कुछ पढ़ा है
मुराद आप की उस के पढ़ने से क्या है
मफ़ाद इस में दुनिया का या दीन का है
नतीजा कोई या कि उस के सिवा है
तो मज्जूब की तरह सब कुछ बकैं गें
जवाब उस का लेकिन न कुछ दे सकें गे

बुरा शेर कहने की गर कुछ सज़र है
अबस[17] झूट बकना अगर नरवा है
तो वह मुहक़्कमा जिस का क़ाज़ी ख़ुदा है
मुक़र्रर जहाँ नेक-ओ-बद की सज़ी है
गुनहगार वाँ छूट जाऐंगे सारे
जहन्नुम को भर देंगे शायर हमारे।

17. बेकार

सुख़न[18] जो हे याँ आज हिस्सा हमारा
नहीं क़ौम को ज़ाहिरन जिस से चारा
हर इक क़िज़ब-ओ-बुहताँ[19] है जिस में गवारा
मुजस्सम[20] हो उस का अगर झूट सारा
बने हिन्द में उस से इक और हिमाला
हिमला से हो जिस की चौटी दोबाला[21]

18. गुफ़्तगू, बात चीत

19. झूठ एवं इल्ज़ाम

20. पैकर, पूर्णता

21. ऊँची, बुलन्द

ज़माने में जितने क़ुली और नफ़र हैं
कमाई से अपनी वह सब बहरावर[22] है
गवइये अगीरों के नूरे नज़र हैं
डफाली भी ले आते कुछ मांग कर हैं
मगर इस तपेदिक़ में जो मुबतला हैं
ख़ुदा जाने वह किस मरज़ की दवा हैं
शरीफों की औलाद बे तरबियत है
तबाह उन की हालत बुरी उन की गत है

22. फायदा उठाने वाला

किसी को कबूतर उड़ाने की लत ह
किसी को बटेरें लड़ाने की धत है
चरस और गंजे पे शेदा[23] है कोई
मदक और चन्डू का रसिया है कोई

बस ऐ नाउम्मीदी न यूँ दिल बुझा तू
झलक ऐ उम्मी अपनी आख़िर दिखा तू
ज़रा ना उम्मीदों की ढारस बंधा तू
फ़सुरदा दिलों के दिल आखिर बढ़ा तू
तेरे दम से मुर्दे में जानें पड़ी हैं
जली खैतियाँ तू ने सर सब्ज़ की हैं

सफीना पये नूहे तूफ़ाँ में तू थी
सुकूँ बख़्श याक़ूबे कनआँ में तू थी
ज़लेख़ा की ग़मख़्वार हिजराँ में तू थी
दिल आराम यूसुफ़ की जिंदाँ में तू थी
मसाइब ने जब आन कर उन को घेरा
सहारा वहाँ सब को था एक तेरा

बहुत डूबतों को तिराया है तूने
बिगड़तों को अकसर बनाया है तूने
उखड़ते दिलों को जमाया है तूने
उजड़ते घरों को बसाया है तूने
बहुत तूने पस्तों को बाला किया है
अन्धेरे में अकसर उजाला किया है

नवाज़ा बहुत नरावाओं को तूने
तवनगर बनाया गदाओं को तूने
दिया दस्तरस नारसाओं को तूने
किया बादशाह नाख़ुदाओ को तूने
सिकन्दर की शानें कई तूने बख़्शी
कोलम्बस को दुनिया नई तूने बख़्शी

वह रहरो नहीं रखते जो काई सामाँ
खुरद ज़ाद से जिन क़ा ख़ाली है दामाँ

23. लौमी

ना साथी काई जिस से मन्ज़िल हो आसाँ
ना मुहरिम कोई जो सुनें दर्दे पिन्हाँ
तेरे बल पे ख़ुश ख़ुश हैं इस तरह जाते
के जा कर ख़ज़ाने काई अब है पाते।

ज़मीं जोतने को जब उठता है जोता
समय का गुमाँ तक कहीं जब की होता
शबो रोज़ मेहनत में है जान खोता
महीनों नहीं पावँ फैला के सोता
अगर मोज ज़न उस के दिल न तू हो
तो दुनिया में गुल भूख का चार सू हो।

बने उससे भी गर सिवा अपने दम पर
बलाओं को हो सामना हर कदम पर
पहाड़ इक फज़ूँ और हो कोहे ग़म पर
गुज़रनी हो जो कुछ गुज़र जाऐ हम पर
नहीं फ़िकर तू दिल बढ़ाती है जब तक
दिमाग़ो में बू तेरी आती है जब तक

ये सच है कि हालत हमारी ज़बूँ[24] है
अज़ीज़ों की ग़फ़लत वही जूँ की तूँ है
जिहालत वही क़ौम की रहनुमूँ है
तअस्सुब की गरदन पे मिल्लत का ख़ूँ है
मगर ऐ उम्मीद इक सहारा है तेरा
कि जलवा यह दुनिया में सारा है तेरा।

24. परेशान, कमतर

समझते हैं इज्ज़त को दौलत से बेहतर
फ़क़ीरी को ज़िल्लत की शुहरत से बेहतर
कलीमे क़नाअत को सरवत से बेहतर
उन्हें मौत है बारे मिन्नत से बेहतर
सर उन का नही दर बदर झुकने वाला
वो ख़ुद पस्त हैं पर निगाहें हैं बाला

हुआ कुछ वही जिस ने याँ कुछ किया है
किया जिस ने फल बीज़ बो कर किया है

करो कुछ कि करना ही कुछ कीमिया है
मसल है कि करने की सब विद्दिया है
यूँ ही वक़्त सो सो के जो हैं गंवाते
वो ख़रगोश कछुओं से हैं ज़क़[25] उठाते। 25. नुक़सान, सदमा

ये बरकत है मेहनत की दुनिया में सारी
जहाँ देखिये फ़ैज़ उसी का है जारी
यही है कलीदे दरे क़ुफ़ले बारी
उसी से है मौक़ूफ़ इज़्ज़त हमारी
उसी से है क़ौमों में याँ आबरू सब
उसी पर है मग़रूर में और तू सब

हिलाते न अगले अगर दस्तो बाज़ू
जहाँ इतने हिकमत से होता न ख़ुशबू
न अख़लाक़ का वज़ा[26] होती तराज़ू 26. बन्ना, आकार पाना
न हक़ फैलता रूबए मस्कूँ[27] में हर सू 27. चौथाई
हक़ाइक़ यह सब गैर मालूम रहते
ख़ुदाई के असरार मक्तूम रहते

सितारा शरीअत का ताबाँ[28] ना होता 28. रोशन उज्ज्वल
असर इल्में दीं का नुमायाँ न होता
जुदा कुफर से नूरे ईमा न होता
मसजिद में यूँ विर्दे[29] क़ुरआँ ना होता 29. जाप, पाठ पढ़ना
ख़ुदा की सना माबदो में न होती
अज़ाँ जा बजा मस्जिदों में न होती

नहीं मिलती कोशिश से दुनिया ही तन्हा
कि अर्काने दीं भी उसी पर है बरपा
जिन्हें हो न दुनियाऐं फ़ानी की परवा
करें अख़िरत का ही वो काश सौदा
नहीं हिलते दुनिया की ख़ातिर अगर तुम
तो लो दीने हक़ की ही उठ कर ख़बर तुम
बनी नो में दो तरह के हैं इन्साँ
तफ़ाउत है हालत में जिन की नुमायाँ

कुछ उन में है राहत तलब और तन आसाँ
बदन के निगहबान बिस्तर के दरबाँ
न मेहनत पे माइल न क़ुदरत के क़ाइल
समझते हैं तिनके को रस्ते में हाइल[30] 30. रुकावट, रोड़ा

अगर है तवनगर[31] तो बेकार हैं सब 31. मज़बूत, तवाना
अपाहिज है रोगी है बेकार हैं सब
तअय्युश[32] के हाथों से लाचार हैं सब 32. ऐश-ओ-आराम
तन आसानियों में गिरफ़्तार हैं सब
बराबर है याँ उन का होना न होना
न कुछ जागना उन का बेहतर ना सोना।

अगर हैं तही दस्त और बैनवा वो
तो मेहनत से हैं जी चुराते सदा वो
नसीबों का करते हैं अक्सर गिला वो
हिलाते नहीं कुछ मगर दस्त-ओ-पा
अगर भीक मिल जाए क़िस्मत से उन को
तो सौ बार बेहतर है मेहनत से उन को

सुनी तुम ने ये जिस जमाअत की हालत
तनज़्ज़ुल की बुनियाद है या जमाअत
बिगड़ती हैं क़ौमें इसी की बदौलत
हवा उसकी है मुफसिद-ए-मुल्को मिल्लत
किया सूरो[33] सेदा को बरबाद उसी ने 33. अरब के दो पुराने शहरों के साथ
बिगाड़ा दिमश्क़ और बग़दाद उसी ने।

मशक़्क़त की ज़िल्लत जिन्हों ने उठाई
जहाँ में मिली उन को आख़िर बड़ाई
कसी ने बग़ैर इस के हरगिज़ न पाई
फ़ज़ीलत ने इज़्ज़त न फरमा खाई
निहाल इस गुलिस्ताँ में जितने बड़े हैं
हमेशा वो नीचे से ऊपर चढ़े हैं।
हुकूमत मिली उनको सफ्फार[34] थे जो 34. ताँबा पीतल का काम करने वाले

इमामत को पहुँचे वो क़स्सार[35] थे जो
वो कुतबे ज़माँ ठहरे अत्तार[36] थे जो
बने मरजऐ ख़ल्क़ नज्जार[37] थे जो
अबुल फज़ल याँ उठ्ठे सर्राज कितने
अबुल वक़्त हो गुज़रे हल्लाज कितने।

35. जुलाहा
36. पुड़िया बाँधने वाले
37. बढ़ई

घटा सर पे अदबार[38] की छा रही है,
फलाकत[39] समां अपना दिखला रही है।
नहूसत[40] पसोपेश[41] मंडला रही है,
चपोरास्त[42] से ये सदा आ रही है।

38. मुसीबत
39. मुसीबत
40. मनहूसियत
41. आस-पास
42. दाएं-बाएं

कि कल कौन थे आज क्या हो गए तुम
अभी जागते थे अभी सो गए तुम।।

पर इस क़ौम ग़ाफ़िल की ग़फ़लत[43] वही है,
तन्ज़्ज़ुल[44] पे अपने कनाअत वही है,
मिले खाक में पर रऊनत[45] वही है,
हुई सुबह और ख़्वाबे राहत[46] वही है।
न अफ़सोस उन्हें अपनी ज़िल्लत पे है कुछ
न रश्क[47] और कौमों की इज़्ज़त पे है कुछ।

43. काहिली
44. पतन
45. अकड़, घमण्ड
46. आराम की नींद
47. ईर्ष्या

वहाएम[48] की और उनकी हालत है यकसाँ[49]
कि जिस हाल में हैं उसी में हैं शादाँ[50]।
न ज़िल्लत से नफ़रत न इज़्ज़त का अरमाँ,
न दोज़ख़ से तरसां न जन्नत के ख़्वाहाँ[51]।

48. असभ्य, चौपाये, जानवर
49. समान
50. प्रसन्न
51. इच्छुक

लिया अक़्लोदी[52] से न कुछ काम इन्होंने
किया दीने बरहक़[53] को बदनाम इन्होंने।।

52. बुद्धि एवं धर्म
53. इस्लाम धर्म

अगर कान घर के सुनें अहले इबरत[54],
तो सीलान से ताबा कश्मीर व तिब्बत।

54. सीख लेने वाले

ज़मीं, रूख़, वन, फूल, फल, रेत-ओ-पर्बत,
ये फरयाद सब कर रहे हैं ब हसरत।

कि कल फ़ख़्र[55] था जिनसे अहले जहाँ को
लगा उन से ऐब[56] आज हिन्दूस्ताँ को

55. गर्व
56. अवगुण

हुकूमत ने तुम से किया गर किनारा,
तो इसमें न था कुछ तुम्हारा इजारा[57]।
ज़मानो की ग़र्दिश से है किसको चारा,
कभी यां सिकंदर कभी याँ है दारा।
नहीं बादशाही कुछ आख़िर ख़ुदाई
जो है आज अपनी तो कल है पराई

57. वश

ज़माने में हैं ऐसी क़ौमें बहुत सी,
नहीं जिसमें तख़सीस फ़रमादेही[58] की।
पर आफ़त कहीं ऐसी आई न होगी,
कि घर-घर पे यां छा गई आके पस्ती[59]।
चकोर और शहबाज़ सब औज पर हैं
मगर एक हम हैं कि बे बालो पर[60] हैं।

58. आज्ञाकारिता के गुण
59. गिरावट
60. मजबूर

वो मिल्लत[61] कि गरदूँ[62] पे जिसका कदम था,
हर एक खूँट में जिसका बरपा अलम[63] था।
वो फ़िरक़ा[64] जो आफ़ाक़[65] में मुहतरम[66] था,
वो उम्मत[67] लक़ब[68] जिसका ख़ैरूलउमम[69] था।
निशाँ उसका बाक़ी है सिर्फ़ इस क़दर याँ
कि गिनते हैं अपने को हम भी मुसल्माँ।

61. क़ौम
62. आसमान
63. झंडा
64. वर्ग
65. विश्व
66. प्रतिष्ठित
67. अनुयायी
68. उपनाम
69. सबसे अच्छा अनुसरणकता

वगरना[70] हमारी रगों में लहू में,
हमारे इरादों में और जुस्तजू[71] में।
दिलों में ज़बानों में और गुफ़्तगू में,
तबीयत में, फ़ितरत में, आदत में, खू[72] में।
नहीं कोई ज़र्रा[73] निजाबत[74] का बाक़ी
अगर हो किसी में तो है इत्तेफ़ाक़ी[75]।

70. नहीं तो
71. खोज
72. नहीं तो
73. कण
74. शराफत
75. संयोगवश

हमारी हर इक बात में सुफ़लापन[76] है,
कमीनों से बदतर हमारा चलन है।
लगा नाम आबा[77] को हम से गहन[78] है,
हमारा क़दम नंगे अहले वतन[79] है।
बुज़र्गों की तौक़ीर[80] खोई है हमने
अरब की शराफ़त डुबोई है हमने।

न क़ौमों की इज़्ज़त न ज़लसों में वक़अत[81],
न अपनों से उल्फ़त न ग़ैरों से मिल्लत।
मिज़ाजों में सुस्ती दिमाग़ों में निख़्वत[82],
ख़्यालों में पस्ती कमालों से नफ़रत।
अदावत निहाँ[83] दोस्ती आश्कारा[84]
ग़रज़ की तवाज़ो[85] ग़रज़ की मदारा[86]।

न अहले हुकूमत[87] के हमराज़ हैं हम,
न दरबारियों में सरफ़राज़[88] हैं हम।
न इल्मों में शायाने[89] एजाज़ हैं हम,
न सनअत[90] में हिरफ़त में मुमताज़ हैं हम।
न रखते हैं कुछ मंज़िलत नौकरी में
न हिस्सा हमारा है सौदागरी में।

तनज़्ज़ुल[91] ने की है बुरी गत हमारी,
बहुत दूर पहुँची है नुकबत[92] हमारी।
गई गुज़री दुनिया से इज़्ज़त हमारी,
नहीं कुछ उभरने की सूरत हमारी।
पड़े हैं इक उम्मीद के हम सहारे
तवक़्क़ो[93] पे जन्नत की जीते हैं सारे।

सयाहत[94] की गूँ है न मर्दे सफ़र हैं,
ख़ुदा की ख़ुदाई से हम बेख़बर हैं।
ये दीवारें घर की जो पेशे-ए-नज़र[95] हैं,

76. फूहड़पन
77. पुरखों के नाम
78. ग्रहण
79. देशवासी
80. प्रतिष्ठा
81. वजन
82. घमण्ड, अभिमान, गर्व
83. छुपा हुआ
84. ज़ाहिर
85. ख़ाकसारी
86. ख़ातिर
87. शासक
88. कामयाब
89. प्रतिष्ठा के योग्य
90. उद्योग-धंधे
91. तपन
92. बदनामी
93. आशा, उम्मीद
94. पर्यटन
95. आँख के सामने

यही अपने नज़दीक हद्दे बसर[96] है। — 96. देखने की सीमा
हैं तालाब में मछलियाँ कुछ फ़राहम[97] — 97. उपलब्ध
वही उनकी दुनिया वही उनका आलम।

अगर हम से माँगे कोई एक पैसा,
तो होगा कमोबेश[98] बार इसका दुनिया। — 98. बोझ
मगर हाँ वो सरमाय-ऐ-दीनो[99] दुनिया, — 99. धर्म एवं संसार की पूंजी
कि ऐक-ऐक लम्हा है अनमोल जिसका।

नहीं करते ख़िस्सत[100] उड़ाने में उसके — 100. कंजूसी
बहुत हम सख़ी[101] हैं लुटाने गें उसके।। — 101. दानी

गड़रिए का वो हुक्म बरदार[102] कुत्ता, — 102. आज्ञापालक
कि भेड़ों की हरदम है रखवाली करता।
जो रेवड़ में होता है पत्ते का ख़ड़का,
तो वो शेर की तरह फिरता है बिफरा।
गर इन्साफ कीजिए तो है हमसे बेहतर
कि ग़ाफ़िल नहीं फर्ज़ से अपने दम भर।।

मगर हम कि अब तक जहाँ थे वहीं हैं,
जमादात[103] की तरह बारे ज़मीं[104] हैं। — 103. निर्जीव
हैं दुनिया में ऐसे कि गोया नहीं है, — 104. धरती का बोझ
ज़माने से कुछ ऐसे फ़ारिग[105] नशी हैं। — 105. बेफिक्र
कि गोया ज़रूरी था जो काम करना
वो सब कर चुके एक बाक़ी है मरना।।

ज़माने का दिन रात है ये इशारा,
कि है आशती[106] में मेरी याँ गुज़ारा। — 106. शांति
नहीं पैरवी[107] जिनको मेरी गवारा, — 107. अनुसरण
मुझे उनसे करना पड़ेगा किनारा।।
सदा एक ही रुख़ नहीं नाव चलती
चलो तुम उधर को हवा हो जिधर की।।

चमन में हवा आ चुकी है ख़िज़ाँ[108] की, — 108. पतझड़
फिरी है नज़र दैर से बाग़बाँ की।
सदा और है बुलबुले नग़मा ख़वाँ[109] की, — 109. गायक

कोई दम में रिहलत[110] है अब गुलसिताँ की। — 110. मृत्यु
तबाही के ख़्वाब आ रहे हैं नज़र सब
मुसीबत की है आने वाली सेहर[111] अब।। — 111. ऊषा

फ़लाकत[112] जिसे कहिए उम्मुल जराएम[113], — 112. निर्धनता
नहीं रहते ईमाँ पे दिल जिससे कायम। — 113. अपराध की माँ
बनाती है इन्सानको जो बहाएम,
मुसल्ली[114] हैं दिलजमा[115] जिससे ना साइम[116]। — 114. नमाज़ी
वो यूँ अहले इस्लाम पर छा रही है — 115. संतुष्ट
कि मुस्लिम की गोया निशानी यही है। — 116. रोज़ादार

बिगाड़े हैं ग़र्दिश[117] ने जो ख़ानदानी, — 117. विपत्ति
नहीं जानते बस की रोटी कमानी।
दिलों में है ये यक क़लम[118] सबने ठानी, — 118. एक ही बात, साँझा तोर पर
कि कीजिए बसर[119] माँग कर ज़िन्दगानी।
जहाँ कद्रदानों[120] का हैं ख़ोज पाते — 119. गुज़ारा
पहुँचते हैं वाँ माँगते और खाते।। — 120. प्रश्रदायता

बहुत आपको कह के मस्जिद के बानी[121], — 121. संस्थापक
बहुत बनके खुद सैयदे ख़ानदानी। — 122. शोक गीत गाने की कला
बहुत सीख कर नोहा-व-सोज़ख़ानी[122],
बहुत मद्‌ह[123] में करके रंगीं बयानी[124]। — 123. प्रशंसा; 124. अतिश्योक्ति
बहुत आस्तानों[125] के खुद्दाम[126] बनकर — 125. मजार
पड़े माँगते खाते फिरते हैं दर-दर — 126. मुजावर

अर्जे हाल

ऐ खसा-ए-खसने रूसुल[1] व़क्ते दुआ है
उम्मत पे तेरी आके अजब वक़्त पड़ा है।

जो दीन बड़ी शान से निकला था वतन से
प्रदेश में वो आज ग़रीबुल ग़ुरबा[2] है।

जिस दीन के मदऊ[3] थे कभी क़ैसरो किसरा
ख़ुद आज वो महमाने सराए फ़ुक़रा है।

वो दीन हुई बज़्में जहाँ जिससे चराग़ाँ[4]
अब उस की मजालिस में बत्ती न दिया है।

जो दीन के था शिर्क[5] से आलम का निगहबाँ
अब उसका निगहबान अगर है तो ख़ुदा है।

जो तफ़रिक़े अक़वाम के आया था मिटाने
उस दीन में ख़ुद तफ़रिक़ा[6] अब आके पड़ा है।

जिस दीन ने ग़ैरों के दिल आके मिलाए
उस दीन में ख़ुद भाई से अब भाई जुदा है।

जो दीन के हमदर्दे बनी नोए बशर था
अब जंगों जदल चार तरफ़ इसमें बपा है।

जिस दीन का था फ़क्र[7] भी अकसीर, ग़िना[8] भी
इस दीन में फ़क्र है बाक़ी न ग़िना है।

जो दीन के गोदों में पला था हुकमा की
वो अरज ए तेग़[9] जोहलाओ सुफ़हा[10] है।

1. खास रसूलों में भी खास
2. मुसाफिरों में सबसे ज्यादा गरीब
3. बुलाया हुआ
4. रोशन
5. खुदा का सांझी बनना
6. जुदाई
7. गरीबी
8. दौलतमंदी
9. तलवार
10. जाहिल और कम अक़्ल

जिस दीन की हुज्जत से सब अदयान[11] थे मग़लूब
अब मोतरिज़ इस दीन पे हर हरज़ा सरा[12] है।

है दीन तेरा अब भी वही चश्म-ए साफ़ी
दीनदारों में अब आब है, बाक़ी ना सिफ़ा है।

आलिम है सो बे अक़्ल है जाहिल है सो वहशी
मुनइम[13] है सो मग़रूर[14] है मुफ़लिस[15] सो गदा है।
याँ राग है दिन रात तो वाँ शबो रोज़
ये मजलिसे अयाँ है वो वज़्में शुरफ़ा[16] है।

छोटों में इताअत[17] है, न शफ़क़त[18] है बड़ों में
प्यारों में मुहब्बत है, न यारों में वफ़ा है।

दौलत है न इज़्ज़त न फ़ज़ीलत न हुनर है
एक दीन है बाक़ी सो वो बे बर्गो नवा[19] है।

है दीन की दौलत से बहा, इल्म से रौनक़
वे दौलतो इस इल्म में न रौनक़ न बहा[20] है

शाहिद है अगर दीन में हो इल्म न दौलत
ज़ेवर है अगर इल्म तो माल इसकी जिला है।

जिस क़ौम की और दीन में हो इल्म न दौलत
उस क़ौम की और दीन की पानी पे बिना है।

गो क़ौम में तेरी नहीं अब कोई बड़ाई
पर नाम तेरी क़ौम का याँ अब भी बड़ा है।

डर है कहीं ये नाम भी मिट जाए न आख़िर
मुद्दत से इसे दौरे ज़माँ मेट रही है।

जिस क़सर[21] का था सर ब फ़लक गुम्बदे इक़बाल
अदबार की अब गूँज रही इसमें सदा है।

बेड़ा न था जो बादे[22] मुख़लिफ़ से ख़बरदार
जो चलती है अब चलती ख़िलाफ़ उसके हवा है।

11. दीन
12. बेहूदा
13. नेमत पाया हुआ
14. घमंडी
15. ग़रीब
16. फ़क़ीर
17. फरमाबरदारी
18. प्रेम
19. सामान
20. क़ीमत
21. महल
22. हवा

वो रौशनीये बामो दरे किश्वरे[23] इस्लाम — 23. देश
याद आज तलक जिसकी ज़माने को ज़िया[24] है। — 24. रौशनी

इश्रत कदे[25] आबाद थे जिस क़ौम के हर सू — 25. ऐशगाह
उस क़ौम का एक एक घर अब बज़्में अज़ा[26] है — 26. दुख

चाऊश[27] थे ललकारते जिन रहगुज़रों में — 27. आवाज लगाने वाला
दिन रात बुलन्द इन में फ़क़ीरों की सदा है।

वो क़ौम के आफ़ाक़ में जो सर ब फ़लक थी
वो याद में असलाफ़ की अब रूबक़ज़ा[28] है। — 28. पस्ती

जो क़ौम के मालिक थी उ़लूम और हेकम की
अब इल्म का वाँ नाम ना हिकमत का पता है।

खोज उन के कमालात का लगता है अब इतना
गुम दश्त में एक क़ाफ़ला बे तबलो दरा[29] है। — 29. धन्य

बिगड़ी है कुछ ऐसी के बनाए नहीं बनती
है इससे ये ज़ाहिर के यही हुक्मे क़ज़ा[30] है। — 30. मौत

थी आस तो था ख़ौफ़ भी हमराह रजा[31] के — 31. उम्मीद
अब ख़ौफ है मुद्दत से दिलों में न रज़ा है।

जो कुछ हैं वो सब अपने ही हाथों के हैं करतूत
शिकवा है ज़माने का न क़िस्मत का गिला है।

देखे हैं ये दिन अपनी ही ग़फ़लत की बदौलत
सच है के बुरे काम का अंजाम बुरा है।

की ज़ेबे बदन सब ने ही पोशाक कताँ की
और बर्फ़ में डूबी हुई किश्वर की हवा है।

दरकार है याँ मारके में जौशनां ख़ुफ़्ताँ[32] — 32. युद्ध की वर्दी
और देश पे यारों के वही कोहना[33] रिदा[34] है — 33. पुराना; 34. चादर

दरया ए पुर अशोब[35] है एक राह में हाइल[36]
और बैठ के घुड़-नाव पे याँ क़स्दे शिना[37] है।

35. शोर से भरा हुआ
36. अड़ा हुआ
37. तैरने का इरादा

मिलती नहीं एक बूँद भी पानी की जहाँ मुफ़्त
वाँ क़ाफ़ला सब घर से वही दश्त चला है।

याँ निकले हैं सौदे को दिरहम ले के पुराने
और सिक्का रवाँ शहर में मुद्दत में नया है।

फ़रियाद है ऐ कश्ती-ए उम्मत के निगेहबान
बेड़ा ये तबाही के क़रीब आन लगा है।

ऐ चश्म-ए रहमत ब अबी अन्ता व उम्मी[38]
दुनियां पे तेरा लुत्फ़ सदा आम रहा है।

38. मेरे मां बाप तुझ पे कुर्बान

जिस क़ौम ने घर और वतन तुझ से छुड़ाया
जब तूने किया, नेक सुलूक उन से किया है।

सदमा दूर्रे दान्दाँ को तेरे जिससे है पहुँचा
की उन के लिए तूने भलाई की दुआ है।

की तूने ख़ता अफ़ू है उन कीना कशों[39] की
खाने में जिन्होंने के तुझे ज़हर दिया है।

39. शत्र

सौ बार तेरा देख के अफ़्व[40] और तरहहुम[41]
हर बाग़ीओ सरकश का सर आख़िर को झुका है।

40. माफ
41. रहम

जो बेअदबी करते थे अशआर में तेरी
मनकूल[42] उन्हीं से तेरी फिर मदहो सना[43] है।

42. नकल किया हुआ
43. तारीफ

बरताव तेरे जब के ये आदा[44] से हैं अपने
आदा से ग़ुलामों को कुछ उम्मीद सिवा है

44. शत्रु

कर हक़ से दुआ उम्मते मरहूम के हक़ में
ख़तरों में बहुत जिसका जहाज़ आके घिरा है।

उम्मत में तेरी नेक भी हैं बद भी हैं लेकिन
दिलदादा तेरा ऐक से इक उन में सिवा है।

ईमाँ जिसे कहते हैं अक़ीदे[45] में हमारे
वो तेरी मुहब्बत तेरी इतरत[46] की बिला है।

हर चपक़लशे[47] दहरे[48] मुख़लिफ़ में तेरा नाम
हथियार ज़वानों का है पीरों[49] का असा[50] है।

जो ख़ाक तेरे दर पे है जारूब[51] से उड़तीं
वो ख़ाक हमारे लिए दारू-ए शिफ़ा है।

जो शहर हुआ तेरी विलादत[52] से मुशर्रफ़[53]
अब तक वही क़िबला तेरी उम्मत का रहा है।

जिस मुल्क ने पायी तेरी हिजरत[54] से सआदत[55]
काबे से कशिश[56] उसकी हर दिल में सिवा है।

कल देखिए पेश आए गुलामों को तेरे क्या
अब तक तो तेरे नाम पे एक ऐक फ़िदा[57] है।

हम नेक हैं या बद हैं फिर आख़िर हैं तुम्हारे
निसबत[58] बहुत अच्छी है अगर हाल बुरा है।

गर बद हैं तो हक़ अपना है कुछ और ज़्यादा
अख़बार में अल्लाहली[59] हमने सुना है।

तदबीर संभलने की हमारे नहीं कोई
हाँ एक दुआ तेरी भी मक़बूले खुदा है।

खुद जाह के तालिब है न इज़्ज़त के हैं ख़्वाहाँ
पर फिक्र तेरे दीन की इज्ज़त की सदा है।

गर दीन को जोख़ों नहीं ज़िल्लत[60] से हमारी
उम्मत तेरी हर हाल में राज़ी ब रज़ा है।

45. विश्वास
46. औलाद
47. तलवार की लड़ाई
48. दुनिया
49. बूढ़ा
50. लाठी
51. झाड़ू
52. जन्म
53. सम्मानित
54. स्थानान्तरण करना
55. खुशनसीबी
56. खिंचाव
57. क़ुर्बान
58. लगाव
59. खुदा मेरे लिए है
60. अपमान

इज़्ज़त की बहुत देख ली दुनियाँ में बहारें
अब देख लें ये भी के जो ज़िल्लत में मज़ा है।

हाँ "हाली-ए" गुस्ताख़ न बढ़ हद्दे अदब से
बातों से टपकता तेरी अब साफ़ गिला है।

है ये भी ख़बर तुझको के है कौन मुख़ातिब[61]
याँ जुम्बिशे लब[62] ख़ारिज[63] अज़ आहंगे[64] खता

61. द्वितीय पुरुष
62. होंठों की हरकत
63. न्गादर
64. आवाज़

फ़ल्सफ़ए तरक्क़ी

ए अज़ीज़ो! तुम भी हो आख़िर बनी नोए बशर
गुल है क्या नोए बशर में कुछ तुम्हें भी है ख़बर

कर रहा है ख़ाक का पुतला वो जौहर आशकार[1]
हो रही है जिस से शाने किबरियाई[2] जलवागर

रफ्ता रफ्ता ये गुबारे नातवाँ[3] पहुंचा वहाँ
ताइरे[4] वहमो तसव्वुर के जहाँ जलते हैं पर

उस ने इन कमजोर हाथों से मुसख़्ख़र[5] कर लिया
अब्रो[6] बर्को[7] बाद[8] से ता बहरे[9] बर्र[10] दश्तो[11] दर

हक़ ने आदम को ख़िलाफ़त[12] अपनी जो की थी अता
दे रहे हैं उस ख़िलाफ़त पर गवाही बहरो बर

था अरस्तू और फलातूँ को बहुत कुछ जिन पे नाज़
हो गए तक़वीमे पारीना[13] वो सब इल्मो हुनर

कल की तहक़ीक़ात[14] नजरों से उतर जाती है आज
बढ़ रहा है दम ब दम यूँ आज कल इल्मे बशर

क़ुव्वते ईजाद[15] ने अब याँ तलक पकड़ा है ज़ोर
शाम की ईजाद हो जाती है बासी ता सहर

साज़ो सामाँ जो न थे कल बादशाहों को नसीब
कोड़ियों के मोल बिकते फ़िरते हैं वो दर बदर

कहते हैं मग़रिब से जब होगा बरामद आफ़ताब[16]
अरसाए आफ़ाक़[17] में होगी क़यामत जलवागर

1. जाहिर
2. खुदा की शान
3. कमजोर
4. परिन्दा
5. अधीन
6. बादल
7. बिजली
8. हवा
9. समुद्र
10. खुश्क जमीन
11. जंगल
12. सरदारी
13. पुराना
14. खोज
15. आविष्कार
16. सूरज
17. दुनिया

दोस्तों! शायद वो नाज़ुक वक्त आ पहुँचा क़रीब
आ रही है रोशनी मग़रिब से एक उड़ती नज़र

रौ[18] तरक्क़ी की चली आती है मौजें मारती
अगले वक्तों के निशाँ करती हुई ज़ेरो[19] ज़बर[20]

दस्तकारों को मिटाती सनअतों[21] को रौंदती
इल्मों हिक़मत की पुरानी बस्तियाँ करती खण्डहर

होश्यारों को करिश्मे अपने दिखलाती हुई
ग़ाफ़िलों[22] को मौत का पैग़ाम पहुँचाती हुई

हिन्द में भी दोस्तो पहुँचा है इस रौ का कदम
जो हैं नाक़ाबिल अब उन का खुलने वाला है भरम

है तरक्क़ी पर तनज़्ज़ुल[23] भी है उस के साथ-साथ
ये किसी के हक़ में अमृत हैं किसी के हक़ में सम[24]

पस्त[25] को बाला[26] ये कर देती है और बाला को पस्त
कर दिया ज़ेरो ज़बर उस ने जहाँ रखा क़दम

गुल खिलाया उसने जो अक़साए मशरिक़ में अभी
उसके लिखते वक़्त हाथों में लरज़ते हैं क़लम

चीन जो वुसअत[27] में कम एक बर्रे आज़म[28] से न था
एक जज़ीरे[29] की लपट ने कर दिया उस को भसम

देखना पीछे ना हम चश्मों से रह जाना कहीं
हक़ में हमसाए[30] के हमसाए का बढ़ना है सितम

जानते हो ऐ अजीज़ो है तनुज़्ज़ुल चीज़ क्या?
उस पे कर लेना क़नाअत[31] मिल गया बेशोकम[32]

गो के हैं अफ़राद[33] के हक़ में ये ख़सलत कीमिया
हक़ में लेकिन क़ौम के यारों यही ख़सलत[34] है सम

18. पंक्ति
19. नीचे
20. ऊपर
21. सनअत
22. बेखबर
23. गिरावट
24. जहर
25. नीचा
26. ऊंचा
27. फैला
28. महाद्वीप
29. द्वीप
30. पड़ोसी
31. थोड़ी चीज़ पर सब
32. ज्यादा
33. लोग
34. आदत

तन पे था फ़ारूक़े आज़म के फटा कुर्ता, मगर
क़ौम की ख़ातिर भरी नियत न लेकर मुल्के जम

जीते हैं दुनिया में वो कीड़े मकौड़ों की तरह
जिन को बढने की तमन्ना और न कुछ घटने का ग़म

जिस तरह मोरी का कीड़ा ख़ुश है अपने हाल में
गुज़रे जो हालत, उसी में बस मगन रहते हैं हम

पर ज़माना ये कह रहा है ये बआवाज़े बुलन्द
"या क़दम आगे बढ़ाओ वरना लो राहे[35]—अदम" 35. फना का रास्ता

बे तरक़्क़ी मुल्क में जीना है दुश्वार आजकल
वहशियों की मौत है शाइस्ता[36] क़ौमों का अमल 36. बेहतर

हो न हमदर्दी का उन्सुर[37] क़ौम में यारो जहाँ 37. अणु
वाँ तरक़्क़ी के लिए सब कोशिशें हैं रायगा[38] 38. बेकार

रास बेड़े को तरक़्क़ी के नहीं कोई हवा
जोशे हमदर्दी से होता है जहाज़ उस का रवाँ

क़ौम थी यूनान की दुनिया में एक महदूद[39] क़ौम 39. हद के अन्दर
हो गई हुब्बे[40] वतन से फ़ख्रे अक़वामे जहाँ 40. मुहब्बत

एक को कुछ एक की परवा न हो जब क़ौम में 41. बढ़ोतरी
है हिमाक़त क़ौम की कसरत[41] पे होना शादमाँ[42] 42. ख़ुश

क़ौम किस गिनती में है वो, दिल न हों जिस के मिले
गो के वो कसरत से अपनी घेर ले सारा जहाँ

टुकड़े टुकड़े हो रहे हैं जिनके दिल वो क़ौम क्या
है वो एक मक़तल[43], लहू रोता है जिस पर आसमाँ 43. कत्लगाह

याद रक्खो पड़ गई जिस मुल्क या मिल्लत में फूट
हैं वो इस मेहमाँ सरा में कोई दिन के मेहमाँ

ग़ज़नवी, ग़ौरी, मुग़ल, सादात, लोदी और ग़ुलाम
रह गए नौबत ब नौबत हिन्द पर जो हुक्मराँ

दिन बुरे जब आए और बाहम लगे सर फोड़ने
सफ़हए हस्ती[44] से उन का मिट गया नामो निशाँ 44. जीवन का पन्ना

दीन कहते हैं जिसे वो ख़ैर ख़्वाही का है नाम
है मुसलमानो! ये इरशादे[45] रसूले इन्सो जाँ 45. कहना

हैं नमाजें और रोज़े और हज बेकार सब
सोज़े उम्मत की न चिंगारी हो गर दिल में निहाँ[46] 46. छिपी हुई

जिसका तुम भरते हो कलमा, जिस पे पढ़ते हो दरूद 47. प्यारा
नाम पर जिसके अज़ीज़ो[47]! तुम फ़िदा[48] करते हो जाँ 48. कुर्बान

जीते जी उम्मत की लौ दिल को रही उस के लगी
वक़्ते आख़िर उम्मत उम्मत उस के था विरदे ज़ुबाँ

भाई भाई हो गए हो दीन की बरकत से तुम
है ग़ज़ब गर भाइयों पर हों न भाई मेहरबाँ

खोल कर देखो किताब अल्लाह की कहती है क्या
कलमा पढ़ लेने से कुछ हासिल नहीं बेइम्तहाँ

दी का दावा है उम्मत की ख़बर लेते नहीं
चाहते हो तुम सनद और इम्तहाँ देते नहीं

उन से कह दो, है मुसलमानी का जिनको इद्दआ[49] 49. दावा
क़ौम की ख़िदमत में है पोशीदा[50] भेद इस्लाम का 50. छिपा हुआ

वो यही ख़िदमत, यही मनसब है जिसके वास्ते
आए हैं दुनिया से सब नौबत ब नौबत अम्बिया[51] 51. नवी

क़ौम की ख़िदमत में कर दी अपनी जब उम्रें तमाम[52] 52. खत्म
तब फ़राइज[53] से नबुव्वत के हुए उहदा[54] बरा 53. कर्त्तव्य
54. जिम्मेदारी पूरा करना

वो रसूले हाशमी वो रहमतुललिल आलमीं
पैरवी का जिसकी दम भरते हो तुम सुबहो शाम

जानते हों क़ौम से था अपनी क्या उसका सुलूक
उस तरफ़ से था जफ़ा[55] और इस तरफ से थी दुआ — 55. अत्याचार

कौन सी तकलीफ़ थी जो क़ौम ने उसको न दी
पर कभी चाहा न उस ने क़ौम का अपनी बुरा

जब ओहद में हो गया दन्दाने[56] पाक उसका शहीद — 56. दांत
क़ौम के हक़ में न निकला मुँह से कुछ इसके सिवा

कर हिदायत क़ौम को या रब के हैं लाचार ये
इनकी अक्लों पर है परदा जहलो ग़फ्लत[57] का पड़ा। — 57. अज्ञानता

क़ौम के हमले रहे जब तक के उसकी ज़ात पर
ख़न्दा[58] पेशानी से सब उनके सहे जोरो ज़फ़ा — 58. मुस्काते हुए

पर लगी जब क़ौम सब मिलकर मिटाने नामे हक़
और ख़ुदा का पूजना बन्दों को मुश्किल हो गया

ग़ैरते[59] हक़ ने दी फिर मोहलते सब्रो शिकीब[60] — 59. शर्म
दीन की आख़िर हिमायत पर खड़ा होना पड़ा — 60. सब्र

लश्करे हक़ से मगर जब हो गई मग़लूब[61] क़ौम — 61.बेबस
फिर वही शफ़क़त, वही रहमत, वही अहसान था

थी यही वो क़ौम, जिस के हक़ में फ़रमाते थे आप
है अरब की दोस्ती जुज़ दीन और ईमान का

थी यही तो क़ौम,था जिस के लिए इरशाद ये
क़ौम का ख़ादिम[62] है आक़ा सबका, बे चूनो जरा — 62. नौकर

क़ौम के ख़ादिम रहे और दोस्त जब तक अहले दीं
दीन और दुनिया में बोल इस्लाम का बाला रहा

पर दिए ख़ुदग़र्ज़ियों ने जब दिल इक इक के फाड़
हुक्म ज़ो मालिक का था बन्दो को वो पूरा हुआ

हुक्म था उसका के झगड़ों से रहो तुम दर किनार
वरना खो बैठोगे सब अपना वक़ार और ऐतबार

सच किसी दाना[63] ने था ये क़ौम से अपनी कहा 63. विद्वान
जो के हामी क़ौम के हैं उनका हामी[64] है ख़ुदा 64. समर्थक

देख लो मुमताज़ दुनिया में नहीं, क़ौमे हैं आज
क़ौम पर क़ुरबान है जिनका, हर एक छोटा बड़ा

याँ तलक फैला है अब क़ौमों में क़ौमियत का दर्द
अपने इक इक एक फ़र्द पर क़ौमों की जाने हैं फ़िदा

मुल्क सारा छीन कर भी उनको चैन आता नहीं
अपने एक मक़तूल का जब माँगते हैं खूँ बहा

इख़तलाफ़े दीनो मज़हब घुल रहा था जिसमें ज़हर
जिसने मुल्कों में दिए थे खून के दरिया बहा

दम ब दम वो इख़ते लाफ़ अब बन रहा है इत्तेफ़ाक़
ज़हर में होने को है पैदा असर तिरयाक़ का

कर रहा है जोशे हमदर्दी की सूरत में ज़हूर
वो तअस्सुब जिस ने बापों से किए बेटे जुदा

देते हैं वो अपने ज़ाती फ़ायदों पर ख़ाक डाल
अपने जब नुक़सान में हो क़ौम का उनकी भला

हो गई फ़रूख़सियर को हाथ से उसके शफ़ा
वे हिनिलतन की जवाँ मर्दी सुनी होगी की जब

क़ौम पर क़ुरबान कर दी अपनी उम्मीदें तमाम
आप कुछ लेना न चाहा अपनी ख़िदमत का सिला

है उसी हुब्बे वतन का उसके ये सारा ज़हूर
हिन्द पर है आज जो बरतानिया फ़रमाँ

एक मामा जिसके दस मिलते हैं हफ्ते में शिलिंग
जिसके कुंबे का सब इस तन्ख़्वाह पर है आसरा

जाके दे आती है खुश खुश एक हफ्ते की तलब[65] 65. मांग
क़ौम की ख़ातिर कहीं सुनती है जब चन्दा खुला

है ग़रज़ चन्दे की क्या, इरारो नहीं कुछ उराको काम
क़ौम का नाम आया और क़ाबू से बाहर दिल हुआ

हक़[66] को होता है जिन्हें दुनिया में करना सर बुलन्द
ख़सलतें[67] ये बरगुज़ीदा[68] उनको होती है अता

66. सच्चाई
67. आदतें
68. बड़ी (अच्छी)

उनके मुफ़लिस[69] क़ौम की ख़ातिर वो कर जाते हैं काम
पस्त क़ौमों में नहीं कर सकते जो काम अग़निया[70]

69. गरीब
70. धनवान

हैं इन्हीं हमदर्दियों का उनकी ये समरा[71] के आज
झककरों के गिर्द है छायी हुई मिस्ले हवा

71. फल

लोहा मक़नातीस[72] की जानिब[73] है ख़िचता जिस तरह
उस तरफ खिंचती चली जाती हे दुनिया इस अदा

72. चुम्बक
73. तरफ

हे ये क़ौमों की तरक़्क़ी और तनज़्ज़ुल से अयाँ[74]
ख़ुद तनज़्ज़ुल में है सर चश्मा तरक़्क़ी का निहाँ[75]

74. जाहिर
75. छिपा हुआ

ऐक का है जो तनज़्ज़ुल[76], दूसरे का है उरूज[77]
इसका बिकता है मकाँ, जब उसकी चलती है दुकाँ

76. गिरावट
77. बुलन्दी

कोई याँ बनता नहीं, जब तक न बिगड़े दूसरा
घास खुद जाती है जब, पड़ती है तब खेती में जाँ

होते होते ख़ुश्क जब दरया में ख़ाक उड़ने लगी
तब हुए नहरों से जंगल ग़ैरते बाग़े जिना[78]

78. स्वर्ग का बाग

चहचहे मुर्ग़े चमन को तब हुए जाकर नसीब
कर चुका कीड़े मकोड़े जब हज़ारों नोश जाँ

जान लो क़िस्मत किसी की जागने वाली है अब
जब सुनो यारों, बिगड़ता कोई घर या ख़ानदाँ

आसमाँ से बन के ख़्वान आता नहीं इक़बाल का
है वही एक चीज़ कल मेहमाँ यहाँ थी आज वाँ

मेज़बाँ की देखती है आँख जब बदली हुई
वाँ से उठ कर दूसरा जा ढूँढती है मेज़बाँ

जाने वाला है मुक़र्रिर[79] उन का घर ग़ैरों के पास
जो कमर बाँधे हुए हैं घर खोने पे याँ

79. तकरीर करने वाला

याद रखो, होंगे अब हक़दार उनके जानशीं
हाथ से हक़ खो दिए अपने जिन्होंने रायगाँ

होंगे मज़दूर और कमेरे उनके अब क़ायम मुक़ाम
फिरत हैं बेकार जिन के के दक़ो[80] पीरो[81] जवाँ

80. छोटा
81. बूढ़ा

ऐ मुसलमानो! फ़लक[82] की गरदिशो[83] से ग़ाफ़िलों[84]!
तुम को रूख़्सत है लुटाओ वक्तो दौलत रायगाँ

82. आसमान
83. घूमना
84. बेखबर

देखो जब ग़ैरों का तुम बढ़ता, करो अपने पे नाज़
हैं तुम्हारे ऐशो ग़फ़लत की ये सब फ़य्याज़ियाँ[85]

85. दया

मत करो शिकवा[86] मशिय्यत [87] का खुदा ज़ालिम नहीं
बल्के ज़ालिम हैं तुम्हारी अपनी बद अमलियाँ[88]

86. शिकायम
87. खुदा का मर्जी
88. बुरे काम

है ये क़ानूने इलाही, जो कभी टलता नहीं
गो जगह से अपनी टल जाए ज़मीनो आसमाँ

छँटती जाएँगी वो क़ौमे जो बिगड़ती जाएँगी
टहनियाँ जो सूखती जाएँगी, झड़ती जाएँगी

नंगे ख़िदमत

यादे अय्याम[1] के बैरंग थी तस्वीरे जहाँ[2]
दस्ते मरशाला[3] न था महरमें जुल्फ़े दौराँ
गुले खुद से[4] बसा था चमने कौन-व-मकाँ[5]
चार सू हुस्ने खुदा दाद का सिक्का था रवाँ

बल्म-ए-आलम[6] में न आया था तग़य्युर[7] अब तक
ख़ते कुदरत की वही शान थी और नोकपलक

तिफ़ले[8] मासूम की मानिन्द था ये आलमे पीर[9]
थे हम एक सनअते बे चूनो चरा की तस्वीर
मुल्के फ़ितरत में थी सल्तनते नफ़्से शरीर
तबा[10] ने ममलिकते रूह न की थी तसख़ीर[11]

ख़्वाबे ग़फ़लत क़ी घटा दिल पे न छाई थी बहुत
दिन छुपा था अभी और रात न आई थी बहुत

माल-व-दौलत की हवस[12] में न गिरफ़्तार थे हम
ना बलन्दी के, न रिफ़अत के तलबग़ार थे हम
आप ही अपने हर इक रंज में ग़मख़्वार थे हम
मददे ग़ैर से असलन न ख़बरदार[13] थे हम

जो सबक़ आए थे उस्तादे अज़ल[14] से लेकर
वही हर मंजिल-व-हर राह में था याँ रहबर

अस्ल से दूर बहुत होने न पाए थे अभी
देश से छूट के प्रदेश में आए थे अभी
दिन जुदाई के नसीबों ने दिखाए थे अभी
डाल से तोड़ के बाज़ार में लाए थे अभी

1. यौम का बहुत (दिन)
2. दुनिया
3. संवारने वाला
4. अपने आप उगा हुआ
5. दुनिया
6. दुनियां की शक्ल
7. बदलाव
8. बच्चा
9. बूढ़ा
10. मिजाज
11. काबू
12. लालच
13. सचेत-चौकस
14. अनादि

अर्सा गुज़रा था मुसाफ़िर को न गुरबत[15] में बहुत
जी लगा था न अभी ग़ैरों की सोहबत[16] में बहुत

15. गरीबी, निर्धनता
16. संगति

साफ़ आईन-ए-दिल में नज़र आता था कोई
रूबरू जिसके दिल में न पाता था कोई
जी वह जी था कि न जिस जी को लुभाता था कोई
आँख वह आँख थी जिसमें न समाता था कोई

रूह थी बाद-ए दोशीना[17] से अपनी बदमस्त
था तरक़्क़ी पे अभी नश-ए सहबाए[18] अलमस्त

17. पुरानी शराब
18. शराब

इस क़दर उम्र-ए-दो रोज़ा पे मग़रूर थे हम
ऐश-व-इशरत के तिलिस्मों[19] से बहुत दूर थे हम
किसी मेहनत से मशक़्क़त[20] से न माज़ूर[21] थे हम
आप ही राज थे और आप ही मज़दूर थे हम

19. जादू
20. मेहनत
21. अपाहिज

थे गुलाम आप ही और आप ही आक़ा अपने
ख़ुद ही बीमार थे और ख़ुद ही मसीहा अपने

ख़ुद नुमाई[22] व ख़ुदआराई का कुछ ध्यान न था
किब्रह-व-पिन्दार[23] का जारी कहीं फ़रमान[24] न था
घर में सामान न था, दर पे निगहबान न था
जी में फ़िरऔन-ए ज़माँ बनने का अरमान न था

22. दिखावा
23. घमंड
24. हुक्म

आके दुनियाँ में बहुत पाँव न फैलाते थे
एक मुसाफ़िर की तरह रह के चले जाते थे

ख़ाक को नर्म बिछौनों से सिवा जानते थे
रूख[25] की छाँव को हम ज़िल्ले हुमाँ[26] जानते थे
मिल गया जो उसे इनआम-ए खुदा जानते थे
न बुरा जानते थे और न भला जानते थे

25. पेड़
26. हुम (ख्याली चिड़िया) का साया

ताअते नफ़से फ़रोमाया[27] से आज़ाद थे हम
साग और पात पे गुज़रान थी और शाद थे हम

27. कामनाओं का बंधन

थी सफ़र में न सवारी की ज़रूरत ज़िन्हार[28]
तै इन्हीं क़दमों से करते थे हर एक राह गुज़ार

28. हरगिज

खाने पीने को न थे ज़र्फ़े बिल्लौरी[29] दरबार 29. शीशे के बरतन
उन्हीं हाथों पे खुर्द-व-नोश[30] का था अपने मदार 30. खाना पीना

शर्म आती थी न हल जोत के खाने से हमें
ऐब लगता था न कुछ ढेर? चराने से हमें

थक के मेहनत से जो हम भूख में खाते थे तआम
देते थे कल्लय बिरयाँ का मज़ा गंदुमे ख़ाम
दस्त-व-बाजू की बदौलत था ऐ-श-मदाम
ख़ूब कटते थे मशक़्क़त में हमारे अय्याम

पेट के मारे कहीं सर न झुकाते हम थे
आबरू नफ़्स की ख़ातिर न गंवाते हम थे

करने पड़ते थे ज़ियाफ़त[31] में न बेजा सामाँ 31. दावत
नान-ए-जौ खाते थे खुश हो के हमारे महमाँ
था बनावट का पता और न तक़ल्लुल्फ़ का निशाँ
एक क़ानून के पाबन्द थे दिल और ज़ुबाँ

तब्ल ज़ाहिर की नुमाइश के न बजते थे वहाँ
जो बरसते थे ज़्यादा, न गरजते थे वहाँ

आमद-ए-मौसम-ए गुल में था अजब लुत्फ़े हवा
आँधियों ने किए अंजाम के तूफ़ाँ बरपा
चश्मा नजदीक था मम्बा से, तो था ऐन-ए-सियम
जितना बढ़ता गया, होता गया पानी गदला

मिटते मिटते असरे सिद्क़ो सफ़ा[32] कुछ न रहा 32. पवित्रता
आख़िर दौर में तलछट के सिवा कुछ न रहा

ऐ जहाँ, ऐ रविश[33] ताज़ा बदलने वाले 33. चाल, रफ्तार
नित नई चाल, नई ढाल से चलने वाले
मोम की तरह हर एक साँचे में ढलने वाले
रोज़ एक साँग नया भर के निकलने वाले

आज कुछ और है, कल और थी शान तेरी
एक से एक नहीं मिलती कहीं आन तेरी

एक ज़माना था कि हम वज़्न थे सब ख़ुदा कलाँ[34]
लहलहाती थी बनी नोअ[35] की खेती यकसाँ[36]
एक उसलूब[37] पे थी ग़र्दिशे-[38]ए-परकारे ज़माँ
शहर-व-वीतन-व आबाद में था एक समाँ[39]

क़द्र-ओ-कीमत में न था फ़र्क किसी का असलन[40]
कोई पल्ला था तराजू का न ऊँचा नीचा

एक से ऐक न कम था न ज़्यादा सरे मू
सब थे हम एक तराई के दरख़्ते खुदरू[41]
हाजतें[42] ले के किसी दर पे गए थे न कभी
न ज़मीं बोस की आदत थी तसलीम की ख़ू[43]

दस्त-ए[44] क़ुदरत के सिवा सर पे कोई हाथ न था
ऐक क़िबला था कोई क़िबाल-ए-हाजात न था

नागहाँ[45] जोर-व-तज़ल्लुम[46] का एक उहा तूफ़ाँ
जिसके सदमें से हुई ज़ेर व ज़बर नज़्में जहाँ
अक़विया[47] हाथ जईफ़ों[48] पे लगे करने रवाँ
बकरियों को न रही भेड़ियों से जाए अमाँ

तेज़ दन्ताँ[49] हुए ज़ंगल में ग़िज़ालों[50] पे पिलंग
मछलियों पर लगे मूँह खोलने दरिया में निहंग

हक़ ने शाइस्ता हर बात बताया था हमें
एक ही दाम में फँसना न सिखाया था हमें
रास्ता पर कूचों मंज़िल का बताया था हमें
ज़ीना हर बाम[51] पे चढ़ने का दिखाया था हमें

ऐसा कुछ बादए ग़फ़लत ने किया मतवाला
तौक़ ख़िदमत का लिया और गले में डाला

दरे मखलूक़ को हम मलजा-व-माथ मावा समझे

34. छोटा बड़ा
35. इन्सान
36. एक सा
37. शैली
38. घूमना, चक्कर खाना
39. युग, दुनिया
40. वास्तविक
41. स्वयं उगने वाला पेड़
42. जरूरतें
43. आदत
44. हाथ
45. अचानक
46. जुल्मो सितम,
47. शक्तिशाली
48. दुर्बल, वृद्ध
49. दांत
50. हिरन
51. कोठा

ताअते ख़ल्क़[52] एज़ाज़ का तम्ग़ा[53] समझे
पेशाबर हिरफ़ा[54] को अजलाफ़[55] का शेवा समझे
नंगे ख़िदमत को शराफ़त का तक़ाज़ा समझे

52. जन सेवा
53. नेडल
54. पेशा
55. कमीने

ऐब गिनने लगे नज्जारी[56] व हद्दादी[57] को
बेचते फिरने लगे गौहरे आज़ादी को

56. बढ़ई गिरी
57. लोहार

नौकरी ठहरी है ले दे के अब औक़ात अपनी
पेशा समझे थे जिसे, हो गई वो ज़ात अपनी
अब न दिन अपना रहा और न रही रात अपनी
जा पड़ी ग़ैर के हाथों में हर एक बात अपनी

हाथ अपने दिले आज़ाद से हम धो बैठे
एक दौलत थी हमारी सो उसे खो बैठे

करते हैं क़स्दे[58] तिजारत तो गिरह में नहीं दाम
दस्तकारी को समझते हैं कि है कारे अवाम[59]
नहीं हल जोतने में राहत-व-आराम का नाम
बनते फिरते हैं इसी वास्ते एक एक के गुलाम

58. इरादा
59. आम का बहुवचन (मामूली लोग)

नज़र आती नहीं मतलब की कोई घात हमें
वो पड़ा नक्शा के हर चाल में है मात हमें

एक आक़ा हो तो ख़िदमद का हो हक़ उसकी अदा
एक अफसर हो तो हुक्म उसका कोई लाए बजा

ज़ैद की राए जुदा, अमर की तजवीज़ जुदा
एक बन्दे को भुगतने कई पड़ते हैं ख़ुदा

भागो ख़िदमत से कि अच्छा नहीं अंजाम इसका
जिस का पत्थर का कलेजा हो वो ले नाम इसका

कहीं बुहतान का अंदेशा कहीं बीम-ए-गुनाह
कहीं गम्माज़ का धड़का कहीं ख़ौफ़े बद ख़ुवाह
झेलने रोज़ा यो अफसर के न हो जिन से निबाह
ख़िदमत इक बारे गराँ है कि औज़ बिल्लाह

पड़े पत्थर पे तो पत्थर में गरानी न रहे

गुज़रे दरिया पे तो दरिया में रवानी न रहे

आती हैं नौकरों के सर पे बलाएं अक्सर
बे सब्ब इन पे गुज़रती हैं ज़फाएं अक्सर
माननी पड़ती हैं नाक़दर ख़ताएं अक्सर
सामने जाते हैं पढ़ पढ़ के दुआएं अक्सर

ग़ैरत आई जिन्हें वो ठहरने पाते नहीं याँ
जो कि आक़िल है कभी कान हिलाते नहीं याँ

कीजिए फ़र्ज़ कि है ज़ैद बड़ा मनसबदार
और अम्र उसका है इक बंदऐ फ़र्माबरदार
फ़र्क़ दोनों में नहीं उसके सिवा कुछ ज़िन्हार
के ये मैला है वो उजला है ये प्यादा वो सवार

वरना इंसाफ से देखो तो हैं नौकर दोनों
क़ैद में इज्ज़त में ज़िल्लत में बराबर दोनों

अम्र करता है अगर उसका अदब और ताज़ीम
करनी पड़ती है उसे भी कहीं झुक कर तस्लीम
जैद की झिड़कियों से गर है दिले अम्र दुनीम
जाके सुनता है कहीं ज़ैद भी अल्फाज़े सक़ीम

पाजी, अहमक़ उसे कहने का अगर है दस्तूर
डाम फूल उसको भी सुनना कहीं पड़ता है ज़रूर

रखते हैं हज़रते इंसां जो बड़ाई में क़दम
गाव, ख़र उनसे है क्या जानिए किस बात में कम
मालिकों के उन्हें गर झेलने पड़ते हैं सितम
ज़िल्लतें उनके लिए भी हैं मुहैय्या हर दम

नंगे ख़िदमत की हक़ीक़त को बशर गर समझे
चाकरों को गधे और बैल से बदतर समझे
खेत से अपने बिछडने का है गर उनको मलाल
मुद्दतें गुज़रीं के लूटा गया याँ ऐशे विसाल
नौकरी ने जो दिखलाया तिलिस्मे इक़बाल

छोड़ कर शहर व वतन को हुए जूयाये महाल

घर छूटा यार छूटे खैशो व यगाना छूटा
एक ज़िल्लत मिली और सारा ज़माना छूटा

उनकी गर्दन में अगर क़ैद की रस्सी है पड़ी
अपनी बेबालो परी की भी कहानी है बड़ी
ताज़ा हुक्मों को लगी रहती है हर वक्त झड़ी
नहीं ख़ाली कोई साअत कोई पल कोई घड़ी

मुर्ग़ बे पर की तरह क़ैदिये सय्याद हैं हम
कहिए फिर कौन सी हुज्जत है कि आज़ाद हैं हम

होते हैं फ़र्ते मशक़्क़त से अगर वो रंजूर
मालिक उनकी निगरानी में नहीं करते क़सूर
देख लेते नहीं जब तक कि हुए रोग से दूर
रखते हैं मेहनत व तकलीफ़ से उनको माजूर

जानते हैं यही धन है यही दौलत अपनी
दम बावास्ता उन्हीं के हैं नसीहत अपनी

अपनी गर जान पे बन जाए मशक़्क़त से यहाँ
नहीं उम्मीद कि गुज़रे किसी ख़ातिर पे गिराँ
मुतमइन हैं के मज़दूरों का है दुनिया में समाँ
न हुआ एक तो नहीं तामीरे मकाँ रुकती

फिरते हैं पेट की याँ देते दुहाई लाखों
गर नहीं आपतो हैं आपके भाई लाखों
हक़ किसी का नहीं मातहत हो या हो अफ़सर
एक से काम लिया एक को सौंपा दफ़तर
ये ही घर बदलियां रहती हैं यहाँ शाम-व-सहर
फ़िलमिस्ल एक किराए की दुकाँ हैं नौकर

रहे जब तक किसी बुनियाद में आया न ख़लल
लगी जब बैठने ली जा के कहीं और बदल

नौकरों से हैं बहाइम[60] कहीं रूत्बे में सिवा[61]

के नहीं ख़िदमते हम जिंस का उन पर धब्बा
गाय हो, बैल हो, घोड़ा हो के हो उस में गधा
एक का एक को ताबे[62] कहीं देखा न सुना

60. बुद्धिहीन जानवर
61. बढ़कर

किसी मख़लूक को रूतबा न ख़ुदा ने बख़्शा
जो गुलामों को शरफ़ अक्ले रसा ने बख़्शा

62. अधीन

इस से बढ़ कर नहीं ज़िल्लत की कोई शान यहाँ
कि हो हम जिन्स को हम जिंस के कब्ज़े में एनाँ[63]
एक ग़ल्ले में क़ोई भेड़ हो और कोई शुबाँ[64]
नस्ले आदम में कोई ढोर हो कोई इन्साँ

63. लगाम
64. गड़रिया

नातवाँ[65] ठहरे कोई, कोई तन-व-मन्द बने
एक नौकर बने और एक खुदावन्द बने

65. कमजोर

एक ही तुख़्म[66] से पीलू भी हो शमशाद[67] भी हो
एक ही अस्ल से खुसरो भी हो फ़रहाद भी हो
एक ही डार में आहू[68] भी हो सय्याद[69] भी हो
एक ही नस्ल से बन्दी भी हो आज़ाद भी हो

66. बीज
67. पेड़ों के नाम
68. हिरन
69. शिकारी

एक ही सब्ज़ा कि जो ताज़ा[70] भी हो, खुश्क भी हो
एक ही क़तरए खूँ रीम[71] भी हो मुश्क[72] भी हो

70. ताज़ा पानी की कहर
71. पीप
72. खुशबू

एक वो हैं कि नहीं ग़ैर के फ़र्माबर्दार
अपनी हर बात के हर काम के खुद हैं मुख़्तार
नहीं सरकार से दरबार से उन को सरोकार
जिस जगह बैठ गए हैं वहीं उन का दरबार

गर तवंगर[73] हैं तो दस बीस हैं उनके महकूम
वरना ख़ादिम[74] हैं किसी के न किसी के मख़दूम[75]
हुकम से कोई नहीं उन का बुलाने वाला
जब्र[76] से कोई नहीं उन का दबाने वाला

73. मालदार
74. सेवक
75. खिदमत करने वाला

बैठ जाएँ तो नहीं कोई उठाने वाला
सो रहें जब तो नहीं कोई जगाने वाला

उठ के चल दें तो नहीं रोकने वाला कोई
उल्टे फिर जाएँ न हो टोकने वाला कोई

एक वो है कि ज़माना करे इंसाफ अगर
और खुल जाएँ कमालात भी उनके सर पर
जौहरी जो हैं वो सब उनके परख लें जौहर
कामयाबी नहीं उनके लिए इससे बढ़कर

के सदा क़ैद रहें मुर्ग़े खुशइलहाँ[77] की तरह
जाके बिक जाएँ कहीं यूसुफ़े कनाँ की तरह

देख लें उन्हें हर इल्म-ओ-हुनर में यकता[78]
शरफे ज़ात में और असलो गुहर में यकता
ज़ोर बाज़ू में बुलन्दीए नज़र में यकता
अलग़रज़ जुमला कमालाते बशर में यकता

और फिर इस पे मदद तालए बेदार[79] की हो
तब नसीब उन को गुलामी किसी सरकार की हो

वरना दिन रात फिरें ठोकरें खाते दर-दर
सनदें, चिट्ठियाँ, परवाने दिखाते दर-दर
चापलूसी से दिल एक एक का लुभाते दर-दर
जायक़ा नफ्स को ज़िल्लत का चखाते दर दर

ताकि ज़िल्लत[80] से बशर[81] करने की आदत हो जाए
नफ्स[82] जिस तरह बने लायक़े ख़िदमत हो जाए

कोई दफ्तर नहीं और कोई कचहरी ऐसी
कि जहाँ गुज़री हो इक आधन अरज़ी[83] उनकी
सुनते मशरिक[84] में हैं गर कोई असामी ख़ाली
क़ाफ़िले होते हैं मग़रिब[85] से उसी दम राही

76. ज़ुल्म
77. अच्छी आवाज वाला
78. बेमिसाल
79. जागी हुई किस्मत
80. अपमान
81. इन्सान
82. आत्मा
83. प्रार्थना

बरसों इस पर भी गुज़र जाते हैं बेनैल-व-मराम[86]
कोई आक़ा[87] नहीं मिलता कि बने उसके गुलाम

तंग होते हैं तो तक़दीर का करते हैं गिला
कभी ठहराते हैं गरदिश को ज़माने की बुरा
कभी सरकार को कहते हैं के है बेपरवा
कभी फ़रमाते हैं ये होके मश्यियत[88] से ख़फ़ा

वादए रिज़्क़ में सुनते थे कि होती नहीं देर
फिर जो नौकर नहीं होते तो ये है क्या अंधेर

जानते हैं कि है जिस रिज़्क[89] का हम से वादा
उस का हीला नहीं याँ कोई गुलामी के सिवा
और दरवाज़े हुए सब बन्द उन पर गोया
अब फ़लक[90] पर उन्हें मलजा न ज़मी पर मावा

काम होता कोई और उन से सर अंजाम नहीं
जिस तरह बैल को जुतने के सिवा कोई काम नहीं

जिन के असलाफ़[91] ने था क़ौम का देखा इक़बाल[92]
याद करते हैं जब असलाफ़ का वो ज़ाहो ज़लाल[93]
पाते हैं उन को इनायात से शाहों की निहाल[94]
मालो दौलत से उन्हें देखते हैं माला माल

एक की एक से पाते हैं फज़ूँ[95] तर तौक़ीर[96]
कोई बख़्शी कोई दीवान कोई सदरे[97] क़बीर[98]

देखते जब हैं के दम साज़ थे उन से अय्याम[99]
बादए[100] ऐश से लबरेज[101] था जाम उन का मुदाम
कहते हैं ख़िदमते सुल्ताँ में है ऐज़ाज़[102] तमाम
इसलिए हमने लिया पेशए आबाए केराम

देखें मुंह डाल के गर अपने गिरेबान में वोह
उम्र बरबाद करें फिर न उस अरमान में वोह

84. पूर्व
85. पश्चिम
86. नाकाम
87. स्वामी
88. ईश्वरीय
89. भोजन
90. आसमान, आकाश
91. पूर्वज
92. बुलन्दी
93. शानी शौकत
94. खुश
95. बढ़ा हुआ
96. सम्मान
97. अध्यक्ष
98. बड़ा
99. यौम का बहुवचन (दिन)
100. शराब
101. भरा हुआ
102. इज्जत

हंस की चाल हिमाक़त से चला जो कव्वा
अपनी भी चाल गया भूल बक़ौले हुक्मा
पैरवी करते हैं असलाफ[103] की अब जो हुमक़ा[104]
वो नहीं जानते रंग आज ज़माने का है क्या

अपना क्या हाल है असलाफ़ की हालत क्या थी
अपनी ताक़ीर[105] है क्या उन की वज़ाहत[106] क्या थी

103. पूर्वज
104. मूर्ख लोग

105. आबरू
106. सम्मान

सल्तनत के वो ही आज़ा थे वो ही थे अरकान
उन से हर हाल में दरबार को था इत्मिनान
रत्क़ और फ़त्क़ की हाथों में उन्हीं के थी इनान
तबला नक़्क़ारा उन्हीं का था उन्हीं का था निशां

थे वो ही क़ायदे लश्कर वो ही दफ़्तर के दबीर
थे वो ही शरा के मुफ्ती वो ही दौलत के मुशीर

मशवरह उन से हर एक बात में ली जाती थी
जुस्तजू उन की मुहिम्मात में की जाती थी
रूख़सते ख़िलवत व जलवत उन्हें दी जाती थी
सब छुपी और ढकी उनसे कही जाती थी

ढूंढ ढूंढ उन को बुलाते थे हुकूमत के लिए
ख़िदमत उन के लिए थी और वो ख़िदमत के लिए

उनकी नस्लों की भी क्या आज येही है तौक़ीर
नौकरी के लिए फिरते हैं जो करते तदबीर
काश सूझे उन्हें जो पीट रहे हैं वो लकीर
काश समझे के हैं किस वहम के फन्दे में असीर

भागवान आया था जो क़ौम पे वो साल गया
गए मनसब भी जहाँ क़ौम का इक़बाल गया

अब हसब और नसब पर नहीं नाज़िश[107] का महल
गरदिशे दहर[108] ने दी सूरते अहवाल[109] बदल

ख़ानदानों की नज़ीबों[110] के गयी ठीक निकल
किसी क़ाबिल न रहे शेख़ न सय्यद न मुग़ल

107. गर्व
108. दुनिया
109. हाल का बहु, विशुद्ध नस्ल वाला

गिर गए जो मए पिन्दार[111] के थे मतवाले
बढ़ गए पेशेओ मज़दूरीओ मेहनत वाले

110. घमण्ड
111. काल्पनिक

जिन को मन्जूर है मुश्किल को न दुश्वार करें
चाहिए सईओ[112] मशक़्क़त से न वो आर करें
हो मयस्सर जिन्हें वो ख़िदमते सरकार करें
वरना मज़दूरी ओ मेहनत सरे बाज़ार करें

112. कोशिश

आबरू इस में है शान इस में है इज़्ज़त इसमें
फ़ख्र इसमें है शरफ़[113] इसमें शराफ़त[114] इसमें

113. श्रेष्ठता
114. पेशा

पेशा सीखें कोई फ़न सीखें इनाअत सीखें
काश्तकारी करें आईन-ए-[115] फ़लाहत[116] सीखें
घर से निकलें कहीं आदाबे सेयाहत[117] सीखें
अलग़रज़ मर्द बने जुर्रत-व[118] हिम्मत सीखें

115. कानून, दस्तूर
116. खेतीबाड़ी
117. बहादुरी
118. हिम्मत

कहीं तसलीम करें जाके न आदाब करें
ख़ुद वसीला बनें और अपनी मदद आप करें

बेटा इमरान का वो फ़ख़्रे बनी इसराईल[119]
हम सुख़न जिस से हुआ तूर पे खुद रब्बे जलील[120]
जिस ने फ़िरऔन के लश्कर को किया ख़्वारो ज़लील
जिस के खुद दस्तो असा में थी रिसालत की दलील

119. हजरत मूसा
120. अपमानित

गल्ला पानी के लिए पाया जो ईमाए[121] शुऐब
बकरियाँ उस ने चराने में न समझा कुछ ऐब

अम्बिया[122] पेशे पे गुज़रान सदा करते रहे
औलिया ख़ल्क़ की इताअत[123] से अबा[124] करते रहे

121. इशारा

ख़िदमते[125] जिंस से नफरत हुकमा[126] करते रहे
हाजतें[127] आप ही सब अपनी रवा करते रहे

अपने हाथों से हर एक काम नबेड़ा अपना
खींच कर ले गए ख़ुद मौज से बेड़ा अपना

की है मर्दों ने इसी तरह से दुनिया में गुज़र
हुई तकलीफ़ से या चैन से औक़ात बसर
न हुए ग़ैर के ता ज़ीस्त[128] कभी दस्तेनिगर[129]
जब पड़ी अपने ही बाज़ू पे पड़ी जाके नज़र

गए दिल जमा[130] यहाँ से कि परेशान गए
पर ज़माने के न शर्मिन्दाए एहसान गए

होंगे "हाली" से न दुनिया में कहीं हरज़ासरा[131]
ख़ुद हैं गुमराह मगर क़ौम के हैं राहनुमा
झुकते झुकते हुई पुश्त[132] आपकी ख़िदमत में दना[133]
इस पे है ख़ैर से आज़ादी रवी का दावा

बात कहनी वही ज़ेबा[134] है के हो जिसमें असर
वरना बेसरफ़ा[135] नसीहत से ख़ामोशी बेहतर

122. नबी का बहुवचन
123. पूजा
124. इंकार
125. जाति
126. हकीम का बहु
127. जरूरत
128. जिन्दगी भर
129. जरूरतमन्द
130. ढारस
131. बकवास करने वाला
132. पीढ़ी
133. कुबड़
134. सुन्दर और अच्छी
135. बेकार

हुब्बे वतन[1]

मौलाना हाली को रोजगार के लिए अपनी जन्मभूमि से दूर लाहौर जाना पड़ा। अतः उन्हें अपनी जन्मभूमि से बिछड़ने का गहरा अहसास हुआ। इसीलिए प्रवासी जीवन के दुखदर्द एवं कठिनाइयों को अपनी कविता का विषय बनाया। हाली के देशप्रेम की परिभाषा इतनी व्यापक है कि उसमें अपने देश की सभी वस्तुओं वहाँ के पेड़-पौधों, पशु-पक्षियों सब से अति स्नेह होना चाहिए। सालेहा आबिद हुसैन का कथन है कि "हुब्बे वतन" न सिर्फ उनकी कविताओं में अपितु इस विषय पर आज तक जितनी भी कविताएं रेखांकित की गई हैं उनमें सबसे अच्छी है। हाली के लिए देशप्रेम एवं देश सेवा की भावना देशवासियों की सेवा एवं उनकी कठिनाइयों को दूर करना था। क़ौम के दुख को देख कर दुखी होना वास्तव में देशप्रेम है। देशवासियों के संकट को टालने एवं जनता के काम आने वाला ही सच्चा देशप्रेमी है। हाली की इस कविता को पढ़कर यह प्रतीत होता है कि हाली के हृदय मे मुल्क़ का दर्द क़ौम और देश की सेवा की भावना मौजूद थी। हुब्बे वतन के कुछ छन्द हैं :

अए[1] सिपहरे[2] बरीं के सय्यारों[3]
अए फ़िज़ाए ज़मी के गुलज़ारों

अए पहाड़ों की दिल फ़रेब फज़ा
अए लबे जू[4] की ठण्डी-ठण्डी हवा

अए अनादिल[5] के नग़मए सहरी
अए शबे माहताब[6] तारों भरी

अए नसीमे बहार के झोंको
दहरे नापाएदार के धोको

1. देशप्रेम
2. आसमान
3. उपग्रह
4. पानी का किनारा
5. बुलबुलें
6. चाँद

तुम हर एक हाल में हो यूँ तो अज़ीज़
थे वतन में मगर कुछ और ही चीज़

जब वतन में हमारा था रहना
तुम से दिल बाग़-बाग़ था अपना

तुम मेरी दिल लगी के सामाँ थे
तुम मेरे दर्दे दिल के दरमाँ[7] थे — 7. इलाज वाला

तुम से कटता था रन्जे तन्हाई
तुम से पाता था दिल शकेबाई[8] — 8. सब्र

आन इक-इक तुम्हारी भाती थी
जो अदा थी वो जी लुभाती थी

करते थे जब तुम अपनी ग़म ख़्वारी
धोई जाती थी क़ुल्फ़तें[9] सारी — 9. थकन

जब हवा खाने बाग़ जाते थे
हो के खुशहाल घर में आते थे

बैठ जाते थे जब कभी लबे आब
धोके उठते थे दिल के दाग़ शिताब[10] — 10. जल्दी

कोहो[11] सहराओ आसमानो ज़मीं — 11. पहाड़
सब मेरी दिल लगी की शक्लें थीं

पर छूटा जब से अपना मुल्को दयार
जी हुआ तुम से खुद ब खुद बेज़ार

न गुलों की अदा खुश आती है
न सदा बुलबुलों की भाती है

सैरे गुलशन है जी का इक जंजाल
शबे महताब जान को है बवाल

कोहोसहरा[12] से ता लबे दरिया — 12. पहाड़ व जंगल
जिस तरफ़ जाएं जी नहीं लगता

क्या हुए वो दिन और वो रातें
तुम में अगली सी अब नहीं बातें

हम ही गुरबत[13] में हो गए कुछ और
या तुम्हारे ही कुछ बदल गए तौर

गो वही हम हैं और वही दुनियां
पर नहीं हम को लुत्फ़ दुनियां का

अए वतन अए मेरे बहिश्ते[14] बरीं
क्या हुए तेरे आसमानो ज़मीं

रात और दिन का वो समाँ न रहा
वो ज़मी और वो आसमाँ न रहा

तेरी दूरी है मूरिदे आलाम[15]
तेरे छूटने से छुट गया आराम

काटे खाता है बाग़ बिन तेरे
गुल हैं नज़रों में दाग़ बिन तेरे

मिट गया नक्श कामरानी[16] का
तुझ से था लुत्फ़ ज़िंदगानी का

जो के रहेते हैं तुझसे दूर सदा
उनको क्या होगा ज़िंदगी का मज़ा

हो गया यहाँ तो दो ही दिन में ये हाल
तुझ बिन एक एक पल है एक एक साल

सच बता तू सभी को भाता है
या के मुझ से ही तेरा नाता है

मैं ही करता हूँ तुझ पे जान निसार
या के दुनिया है तेरी आशिक़े ज़ार

क्या ज़माने को तू अज़ीज़ नहीं?
ऐ वतन तू तो ऐसी चीज़ नहीं

13. प्रदेश
14. स्वर्ग
15. मुसीबतें
16. सफलता

जिन्न-व-इंसान की हयात[17] है तू
मुर्ग़-व-माही[18] की कायेनात है तू

17. ज़िंदगी
18. मछली

है नबातात[19] को नुमू तुझ से
रूख[20] तुझ बिन हरे नहीं होते

19. पेड़-पौधे
20. पेड़

सबको होता है तुझ से नशवो नुमा
सब को भाती है तेरी आब-व-हवा

तेरी एक मुश्ते[21] ख़ाक के बदले
लूँ न हरगिज़ अगर बहिश्त[22] मिले

21. मुट्ठी
22. स्वर्ग

जान जब तक न हो बदन से जुदा
कोई दुश्मन न हो वतन से जुदा

हमला जब क़ौम-ए-आर्या ने किया
और बजा उनका हिन्द में डंका

मुल्क वाले बहुत से काम आए
जो बचे वो गुलाम कहलाए

शुद्र कहलाए राक्षस कहलाए
रंज़ प्रदेश के मगर न उठाए

गो गुलामी का लग गया धब्बा
न "छूटा उनसे देश" पर उनका

क़द्र-ऐ-दिल वतन में रहने की
पूछे परदेशियों के जी से कोई

जब मिला रामचन्द्र को बनवास
और निकला वतन से होके उदास

बाप का हुक्म रख लिया सर पर
पर चला साथ लेके दाग़े जिगर

पाँव उठता था उसका बन की तरफ
और खिंचता था दिल वतन की तरफ

गुज़रे गुरबत में इस क़दर माह-व-साल
पर न भूला अयोध्या का ख़्याल

देश को बन में जी भटकता रहा
दिल में काँटा सा इक खटक्ता रहा

तीर एक दिल में आके लगता था
आती थी जब अयोध्या की हवा

काटने चौदह बरस हुए थे महाल[23]
गोया एक एक जुग था एक एक साल

23. मुश्किल

हुए यसरिब की सिम्त जब राही
सय्यदे बतहा के हम राही

रिश्ते उल्फ़त के सारे तोड़ चले
और बिल्कुल वतन को छोड़ चले

गो वतन से चले थे होके ख़फ़ा
पर वतन में था सब का जी अटका

दिल लगी के बहुत मिले सामाँ
पर न भूले वतन के रेगिस्ताँ

दिल में आठों पहर खटकते थे
संगरेज़-ए-ज़मीन-ए[24] ज़मीने बतहा के

24. पत्थर का टुकड़ा

घर जफ़ाओं से जिन की छूटा था
दिल से रिश्ता न उनका टूटा था

हुई यूसुफ़ की सखतियाँ जब दूर
और हुआ मुल्के मिस्र पर मामूर

मिस्र में चार सू था हुक्म रवाँ
आँख थी जानिबे वतन निगराँ

यादे किनआँ जब उसको आती थी
सल्तनत सारी भूल जाती थी

दुख उठाए थे जिस वतन में सख़्त
ताज भाता था उस बग़ैर न तख़्त

जिन से देखी थी सख़्त बे मोहरी
लौ थी उन भाईयों की दिल को लगी

हम भी हुब्बे वतन[25] में गो है ग़र्क़ 25. देश-प्रेम
हम में और उन में है मगर ये फ़र्क़

हम हैं नाम-ए वतन के दीवाने
वो थे अहल-ए वतन के परवाने

जिस ने यूसुफ़ की दास्तां है सुनी
जानता होगा रूदाद उसकी

मिस्र में क़हत[26] जब पड़ा आकर 26. अकाल
और हुई क़ौम भूक से मुज़तर[27] 27. बेचैन

कर दिया वक़्फ़ उन पे बैतुलमाल[28] 28. सरकारी ख़ज़ाना
लब तक आने दिया न हरफ़-ए सवाल

खेतियाँ और कोठे खोल दिए
मुफ़्त सारे ज़ख़ीरे तोल दिए

क़ाफ़ले खाली हाथ आते थे
और भरपूर याँ से जाते थे

यूँ गए क़हत के वो साल गुज़र
जैसे बच्चों की भूक वक़्त-ए सहर

ऐ दिल! ऐ बन्दए वतन हुश्यार 29. बेख़बरी
ख़्वाबे ग़फ़लत[29] से हो ज़रा बेदार[30] 30. जागृत

ओ शराब-ए-ख़ुदी के मतवाले
घर की चौखट के चूमने वाले

नाम है क्या इसी का हुब्ब-ए वतन
जिस की तुझ को लगी हुई है लगन

कभी बच्चों का ध्यान आता है
कभी यारों का ग़म सताता है

याद आता है अपना शहर कभी
लौ कभी अहले शहर की हैं लगी

नक्श है दिल पे कूच-व-[31] बाज़ार
फिरते आंखों में है दर-व-दीवार

क्या वतन की यही मुहब्बत है
ये भी उल्फ़त में कोई उल्फ़त है

इस में इन्सां से कम नहीं है दरिंद
इस से ख़ाली नहीं चरिंद व परिंद

टुकड़े होते हैं संग[32] गुरबत में
सूख जाते हैं रूख फ़ुरक़त[33] में

जाके काबुल में आम का पौधा
कभी परवान चढ़ नहीं सकता

आके काबुल से याँ बहीओ अनार
हो नहीं सकते बारवर ज़िन्हार[34]

मछली जब छूटती है पानी से
हाथ धोती है ज़िन्दगानी से

आग से जब हुआ समन्दर दूर
उस के जीने का फिर नहीं मक़दूर[35]

घोड़े जब खेत से बिछड़ते हैं
जान के लाले उनकी पड़ते हैं

गाय या भैंस, ऊँट या बकरी
अपने अपने ठिकाने ख़ुश हैं सभी

कहिए हुब्बे वतन इसी को अगर
हम से हैवाँ नहीं हैं कुछ कमतर

31. गली
32. पत्थर
33. जुदाई, विरह
34. हरगिज
35. शक्ति, ताकत, कुदरत

है कोई अपनी क़ौम का हमदर्द[36]
नोए इंसाँ का जिसको समझें फ़र्द[37]

36. शुभचिन्तक
37. व्यक्ति

जिस पे इतलाक़े[38] आदमी हो सही
जिस को हैवाँ पे दे सकें तरजीह

38. मुनासिब होना

क़ौम पर कोई ज़द न देख सके
क़ौम का हाले बद न देख सके

क़ौम से जान तक अज़ीज़ न हो
क़ौम से बढ़ के कोई चीज़ न हो

समझे उन की खुशी को राहते जाँ
वाँ जो नौरोज़ हो तो ईद यहाँ

रंज को उनके समझे माया-ए[39] ग़म
वाँ अगर सोग हो तो याँ मातम

39. दौलत

भूल जाँए सब अपनी क़द्र-ए-जलील[40]
देख कर भाईयों को ख़्वार-ए-ज़लील[41]

40. बुजुर्ग
41. अपमानित

जब पड़े उन पे गरदिश-ए अफ़लाक[42]
अपनी आसाइशों पे डाल दें ख़ाक

42. आकाश

बैठे बेफ़िक्र क्या हो हम वतनो
उठो अहल-ए-वतन के दोस्त बनो

मर्द हो तो किसी के काम आओ
वरना खाओ, पियो, चले जाओ

जब कोई ज़िंदगी का लुत्फ़ उठाओ
दिल को दुख भाइयों के याद दिलाओ

पहनो जब कोई उम्दा तुम पोशाक
करो दामन से ता गरेबां चाक

खाना खाओ तो जी में शरमाओ
ठंडा पानी पियो तो अश्क बहाओ

कितने भाई तुम्हारे हैं नादार[43]
ज़िंदगी से है जिन का दिल बेज़ार[44]

43. महीन, कंगल, साधनहीन
44. परेशान, दुखी, बेचैन

नौकरों की तुमहारे जो है ग़िज़ा[45]
उनको वो ख़्वाब में नहीं मिलता

45. आहार

जिस पे तुम जूतियों से फिरते हो
वाँ मयस्सर नहीं वो ओढ़ने को

खाओ तो पहले लो ख़बर उनकी
जिन पे बिरता है नैस्ती[46] की पड़ी

46. सुस्ती

पहनो तो पहले भाइयों को पहनाओ
के है उतरन तुम्हारी जिनका बनाओ

ऐक डाली के हैं सब बरग-व-समर[47]
है कोई उन में ख़ुश्क और कोई तर

47. फल और पत्ते

सब को है एक अस्ल से पेवन्द[48]
कोई आज़ुरदा[49] है कोई ख़ुरसन्द[50]

48. मरम्मत, टुकड़ा लगाया
49 दुखी
50 खुश

मुक़बिलो[51]! मुदब्बिरो[52] को याद करो
ख़ुश दिला! ग़मज़दों को याद करो

51. साहिबे इकबाल
52. योजना बनाने वाला

जागने वालो! ग़ाफ़िलों[53] को जगाओ
तैरने वाली! डूबतों को तिराओ

53. बेखबर

हैं मिले तुमको चश्म-व-गोश[54] अगर
लो जी ली ज़ाए कोर-व-कर्र[55] की ख़बर

54. आँख और कान
55. बहरा

तुम अगर हाथ पाँव रखते हो
लंगड़े लूलों को कुछ सहारा दो

तन्दरूस्ती का शुक्र क्या है बताओ
रंज[56] बीमार भाईयों का बटाओ

56. दुख

तुम अगर चाहते हो मुल्क की ख़ैर[57]
न किसी हम वतन को समझो ग़ैर[58]

57. भलाई
58. पराया

हो मुसलमान उसमें या हिन्दू
बौद्ध मज़हब हो या के हो ब्रहमू

जाफ़री होवे या के हो हनफ़ी
जैन मत होवे या के हो वैष्नवी

सब को मीठी निगाह से देखो
समझो आंखों की पुतलियाँ सबको

मुल्क है इत्तफ़ाक़[59] से आजाद
शहर है इत्तफ़ाक़ से आजाद

हिन्द में इत्तफ़ाक़ होता अगर
खाते ग़ैरों की ठोकरें क्योंकर

क़ौम जब इत्तफ़ाक़ खो बैठी
अपनी पूँजी से हाथ धो बैठी

ऐक का ऐक हो गया बदख़्वाह[60]
लगी ग़ैरों की पड़ने तुम पे निगाह

फिर गए भाइयों से जब भाई
जो न आई थी वो बला[61] आई

पाँव इक़बाल[62] के उखड़ने लगे
मुल्क पर सबके हाथ पड़ने लगे

कभी तूरनियों ने घर लूटा
कभी दुर्रानियों ने जर लूटा

कभी नादिर ने क़त्लेआम किया
कभी महमूद ने ग़ुलाम किया

सबसे आख़िर को ले गई बाजी
एक शाइस्ता[63] क़ौम मग़रिब[64] की

ये भी तुम पर ख़ुदा का था इनाम
के पड़ा तुम को ऐसी क़ौम से काम

59. एकता
60. बुरा चाहने वाला
61. संकट
62. सफलता, उन्नति
63. लायक
64. पश्चिम

वरना दम मारने ना पाते तुम
पड़ती जो सर पे वो उठाते तुम

मुल्क रौंदे गए हैं पैरों से
चैन किसको मिला है ग़ैरों से

क़ौम से तुम्हारे हैं बरताव[65]
सोचो ऐ मेरे प्यारो और शरमाव

अच्छे दौलत को है ये इसतिग़ना[66]
के नहीं भाइयों की कुछ परवा

शहर में क़हत[67] की दुहाई है
जाने आलम लबों पे आई है

भूक में है कोई निढाल पड़ा
मौत की माँगता है कोई दुआ

बच्चे एक घर में बिलबिलाते हैं
रो के मां बाप को रूलाते हैं

कोई फिरता है माँगता दर-दर
है कहीं पेट से बँधा पत्थर

पर जो हैं इन में साहिबे मक़दूर[68]
इनमें गिनती के होंगे ऐसे ग़यूर[69]

के जिन्हें भाइयों का ग़म होगा
अपनी राहत का ध्यान कम होगा

जितने देखोगे पाओग बे दर्द
दिल के नामर्द और नाम के मर्द

ऐश में जिनके कटते हैं औक़ात[70]
ईद है दिन तो शबे बरात[71] है रात

क़ौम मरती है भूक से तो मरे
काम उन्हें अपने हलवे माँढ़े से

65. व्यवहार
66. लापरवाही
67. अकाल
68. कुदरत वाले, ताकत वाले
69. गैरतमन्द
70. वक़्त का बहुवचन
71. (विशिष्ट त्योहार की रात)

उनको अब तक ख़बर नहीं असलन[72] — 72. वास्तव में,
शहर में भाव क्या है गल्ले का

ग़ल्ला अरज़ाँ[73] है इन दिनों कि गेराँ[74] — 73. सस्ता
काल है शहर में पड़ा के समाँ — 74. महँगा

काल क्या शै है किस को कहते हैं भूक
भूक में क्यों के मरते हैं मफ़लूक[75] — 75. कंगाल

सैर भूके की क़द्र क्या समझे
उसके नज़दीक सब हैं पेट भरे

अहले दौलत का सुन चुके तुम हाल
अब सुनो रूदादे अहले कमाल

फ़ाज़िलों को है फ़ाज़िलों से इनाद[76] — 76. दुश्मनी
पंडितों में पड़े हुए हैं फ़साद

है तबीबों[77] में नोक झोंक सदा — 77. डॉक्टर
ऐक से ऐक का है थूक जुदा

रहने दो अहले इल्म हैं इस तरह
पहलवानों में लाग हो जिस तरह

ईदू वालों का है अगर पट्ठा*
शेख़ों वालों में जा नहीं सकता

शायरों में भी है यही तकरार
खुशनवीसों को है यही आज़ार[78] — 78. कष्ट चोट, रोग

लाख नेकों का क्यों न हो एक नेक
देख सकता नहीं है एक को एक

उस पे तुर्रा ये है के अहले हुनर
दूर समझे हुए हैं अपना घर

मिली एक गाँठ जिसको हल्दी की
उसने समझा के मैं हूँ पंसारी

---

*ईदू वाले और शेख़ू वाले दिल्ली में पहलवानों के दो मशहूर समूह थे।

नुस्ख़ा एक तिब का जिसको आता है
सगे भाई से वो छिपाता है

जिसको आता है फूंकना कुश्ता[79]
है हमारी तरफ से वो गूँगा

जिसको है कुछ रमल में मालूमात[80]
वो नहीं करता सीधे मुँह से बात

वाप भाई हो या के हो बेटा
भेद पाता नहीं मुनज्जिम[81] का

काम कन्दले का जिसको है मालूम
है ज़माने में उसके बुख़्ल[82] की धूम

अलग़रज़ जिसके पास है कुछ चीज़
जान से भी सिवा है उसको अज़ीज़

क़ौम पर उनका कुछ नहीं एहसाँ
उन का होना न होना है यकसाँ

सब कमालात और हुनर उसके
क़ब्र में उनके साथ जायेंगे

क़ौम क्या कहके उनको रोयेगी
नाम पर क्यों के जान खोएगी

तरबियत याफ़्ता हैं जो याँ के
ख्वाह बी.ए. हों उसमें या एम.ए.

भरते हुब्बे वतन का गो दम हैं
पर मोहिब्बे[83] वतन बहुत कम हैं

क़ौम को उनसे जो उम्मीदें थी
अब जो देखा जो सब ग़लत निकली

हिस्ट्री उनकी और जोग़रफ
सात पर्दों में मुँह दिए है पड़ी

79. भस्म
80. ज्ञान
81. ज्योतिषी
82. भस्म
83. प्यार करने वाला

बन्द उस क़ुफ़्ल में है इल्म उसका
जिसकी कुंजी का कुछ नहीं है पता

लेते हैं अपने दिल ही दिल में मज़े
गोया गूंगे का गुड़ हैं खाये हुए

करते फिरते हैं शोर व गुल तन्हा
कोई पास उनके जा नहीं सकता

अहले इँसाफ़ शर्म की जा है
गर नहीं बुख़्ल ये तो फिर क्या है

तुमने देखा है जो वो सबको दिखाओ
तुमने चक्खा है जो वो सबको चखाओ

ये जो दौलत तुम्हारे पास है आज
हम वतन इसके हैं बहुत मुहताज

मुँह की एक एक तुम्हारे हैं तकता
के निकलता है मुँह से आप के क्या

आप शाइस्ता हैं तो अपने लिए
कुछ सुलूक अपनी क़ौम से भी किए?

मेज़ कुर्सी अगर लगाते हैं आप
क़ौम से पूछिए तो पुन है न पाप

मुंडा जूता गर आपको है पसंद
क़ौम को इससे फ़ायदा न गजंद[84]

क़ौम पर करते हो अगर एहसाँ
तो दिखाओ कुछ अपना जोशे निहाँ[85]

कुछ दिनों ऐश में ख़लल डालो
पेट में जो है सब उगल डालो

इल्म को करदो कू-बकू अरमाँ
हिन्द को कर दिखाओ इंगलिस्ताँ

84. तकलीफ

85. छिपा हुआ

सुनते हो सामईने[86] बा तमकीं[87]
सुनते हो हाज़िरीने सद्र नशीं

जो हैं दुनियां में क़ौम के हमदर्द
बन्दर क़ौम उनके हैं ज़नो मर्द

बाप की है दुआ ये बहरे पिसर
क़ौम की मैं बनाऊं इसको सिपर

माँ ख़ुदा से ये मांगती है मुराद
क़ौम पर से निसार[88] हो औलाद

भाई आपस में करते हैं पेमाँ[89]
तू अगर माल दे तो मैं दूँ जाँ

अहले हिम्मत कमा के लाते हैं
हम वतन फ़ायदे उड़ते हैं

कहीं होते हैं मदरसे जारी
दख़्ल[90] और खर्ज[91] जिनके हैं भारी

और कहीं होते हैं कलब क़ायम
मबहसे[92] हिकमो अदब क़ायम

नित नए खुलते हैं दवाख़ाने
बनते हैं सैकड़ों शिफ़ाख़ाने

मुल्क में जो मर्ज़ है आलमगीर
क़ौम पर उनकी फ़र्ज़ है तदबीर

हैं सदा इस उधेड़ बुन में तबीब
के कोई नुस्खा हाथ आए अजीब

क़ौम को पहुँचे मनफ़अत[93] जिससे
मुल्क में फैले फ़ायदे जिससे

रस्मे बद का असर जहाँ पाया
हमले पर हमला उस पे होने लगा

86. श्रोता
87. कद्र
88. कुर्बान
89. वादा
90. दाखला
91. निष्कासन
92. बहस की जगह
93. फ़ायदा

कहीं मजलिस में होती है तक़रीर
कहीं मज़मून होते हैं तहरीर

एक नाटक बना के लाता है
दूसरा उसको कर के दिखलाता है

लाख तदबीरें जी से जोड़ते हैं
आख़िर उसको मिटाके छोड़ते हैं

क़ौम की ख़ातिर उनके हैं सब काम
ख्वाह उसमें सफ़र हो ख्वाह मुक़ाम

सैकड़ों गुल रूख़ और मह पारे
लाडले माँ के बाप के प्यारे

जान अपनी लिए हथेली पर
करते फिरते हैं बहरो बर के सफ़र

शौक़ ये है के जान जाए तो जाए
पर कोई बात काम की हाथ आए

जिस से मुशकिल हो क़ौम की हल
मुल्क का आए कोई काम निकल

खप गए कितने बनके झाड़ों में
मर गए सैकड़ों पहाड़ों में

लिखे, जब तक जिए, सफ़र नामे
चल दिए हाथ में क़लम थामे

गो सफ़र में उठाए रंज कमाल
कर दिया पर वतन कणे अपने निहाल

हैं अब उनके गवाह हुब्बे वतन
दरो दीवार पेरिस व लन्दन

कहिए दुनियां का जिसका बाग़े जिनाँ
हैं फ्रांस आज या है इंगलिस्ताँ

काम हें सब बशर के, हम वतनों
तुम से भी होसके जो मर्द बनो

छोड़ो अफ़सुर्दगी[94] को जोश में आओ
बस बहुत सोए उठो होश में आओ

क़ाफ़िलों से अगर मिला चाहो
मुल्क और क़ौम का भला चाहो

गर रहा चाहते हो इज्ज़त से
भाइयों को निकालो ज़िल्लत[95] से

क़ौम की मुबतज़ल[96] है जो इंसाँ
बे हक़ीक़त है गरचे हैं सुल्ताँ

क़ौम दुनियाँ में जिनकी है मुमताज़
है फ़क़ीरी में भी वो बा एज़ाज़[97]

इज्ज़ते क़ौम चाहते हो अगर
जाके फैलाओ उनमें इल्मे हुनर

ज़ात का फ़ख्र और नसब का गुरूर
उठ गए अब जहाँ से ये दस्तूर

अब ना सैय्यद का इफ़्तख़ार[98] सही
न ब्रहमन को शूद्र पर तरजीह

हुई तरक्की तमाम ख़ानों की
कट गई जड से ख़ानदानों की

क़ौम की इज्ज़त अब हुनर से है
इल्म से या के सीमोज़र[99] से है

कोई दिन में वो दौर आएगा
बे हुनर भीक तक ना पाएगा

ना रहेंगे सदा यही दिन रात
याद रखना हमारी आज की बात

गर नहीं सुनते क़ौल हाली का
फिर न कहना के कोई कहता था

94. उदासी
95. अपमान
96. जलील
97. आबरू
98. गर्व
99. दौलत

चुप की दाद

"चुप की दाद" हाली की वह प्रसिद्ध कविता है जिसमें उन्हों ने भारतीय नारी के आचर्पा एवं सेवाओं पर प्रकाश डाल कर उन के साथ हो रहे अत्याचार और भेद भाव को दर्शाया है। "चुप की दाद" हाल की एक इस्लाही कविता है। इस कविता में हाली ने महिलाओं के महत्व को बताया है। जिस की नारी को माँ बहन एवं बेटी के रूप में प्रस्तुत किया तथा उन्हें समाज में उच्च स्थान दिलाने की चेष्टा की है। हाली ने स्त्रयों को बोझ मानने वाले पितृसतात्मक समाज के विचारों को नकारते हुए स्त्री के महत्व को स्वीकार किया। उन्हों ने कहा कि संसार की सुन्दरता स्त्रीयों के कारण ही है। खास कर माँ की ममता को सर्वोत्तम स्थान प्राप्त है। हाली इस बात पर अफसोस करते हैं कि इन्सानी सभ्यता ने स्त्रीयों को उनका उचित स्थान नहीं दिया। हाली ने स्त्री को जीवन का पर्याय कहा है जो हर सिथिति में पुरूष की सहयोगी है। उन पर बोझ नहीं है। अपने इस विचार को स्थापित करने के लिए एवं जीवन में उसकी भूमिका को इस प्रकार रेखांकित किया है।

ऐ माओ बहनों बेटियों दुनिया की इज्ज़त तुम से है।

ऐ मांओ बहनो, बेटियो
दुनियां की ज़ीनत[1] तुमसे है
मुल्कों की बस्ती हो तुम्हीं,
क़ौमों की इज्ज़त तुमसे है

तुम घर की हो शहज़ादियाँ,
शहरों की हो आबदियाँ,
ग़मगीं दिलों की शादियाँ,
दुख-सुख में राहत तुम से है

तुम हो तो गुरबत है वतन,
तुम बिन है वीराना चमन

1. सजावट

हो देस या परदेस में
जीने की हलावत[2] तुम से है — 2. मिठास

नेकी की तुम तस्वीर हो,
इफ़्फ़त की तुम तदबीर हो
हो दीन की तुम पासबाँ,
ईमाँ सलामत तुम से है

फ़ितरत[3] तुम्हारी है हया, — 3. स्वभाव
तीनत[4] से है महरो वफ़ा — 4.स्वभाव
घुट्टी में है सब्रो रज़ा,
इन्साँ इबारत तुम से है

मरदों में सच वाले थे जो
सत बैठे अपना कब का खो
दुनियां में ए सतवन्तियों
ले देके अब सत तुम से है

मोनिस[5] हो ख़ाविन्दों[6] की तुम — 5. गम खाने वाली
गमख़्वार फ़रजन्दों[7] की तुम — 6. पिता
तुम बिन है घर वीरान सब, — 7. बेटा
घर भर की बरकत तुम से है

तुम आस हो बीमार की,
ढारस हो तुम बेकार की
दौलत हो तुम नादार[8] की, — 8. गरीब
उसरत[9] में इशरत[10] तुम से है — 9. कंगाली

10. आराम

आती हो अक्सर बेतलब
दुनिया में जब आती हो तुम
पर मोहिनी से अपनी याँ
घर भर पे छा जाती हो तुम

मैके में सारे घर की थीं
गो मालिक-ओ-मुख़्तार तुम

पर सारे कुम्बे की रहीं
बचपन से ख़िदमतगार तुम

पुतली की तरह फिरती रहीं
माँ बाप के हुक्मों पे तुम
ग़मख़्वार बापों की रहीं
माँओं की ताबेदार[11] तुम

दिन भर पकाना रेंधना,
सीना, पिरोना, टाँकना
बैठी ना घर पर बाप के
ख़ाली कभी ज़िन्हार[12] तुम

रातों को छोटे भाई बहनों की
ख़बर उठ उठ के ली
बच्चा कोई सोते में रोया
और हुई बेदार[13] तुम

ससुराल में पहुँची तो वाँ
एक दूसरा देखा जहाँ
जा उतरी गोया देस से
परदेस में इक बार तुम

वाँ फ़िक्र थी हर दम तुम्हें
नाख़ुश न हो तुम से कोई
अपने से रंजिश के कभी
पाओ न वाँ आसार तुम

बदले न शौहर की नज़र
सुसरे का दिल मैला न हो
आँखों में सास और ननद की
खटकों न मिस्ले ख़ार[14] तुम

पाला बुरों से गर पड़े
बदख़ू[15] हों सब छोटे बड़े
चितवन पे मैल आने न दो
गो दिल में हो बेज़ार तुम

11. सेवक
12. हरगिज़
13. जागना
14. कांटा
15. बुरी आदत

ग़म को ग़लत करती रहो
ससुराल में हँस बोल कर
शर्बत के घूंटों की तरह
पीती रहो ख़ूने ज़िगर

शादी के बाद एक एक को
थी आरज़ू[16] औलाद की
तुम फंस गयी जंजाल में
ख़ालिक[17] ने जब औलाद दी

दर्दों के दुख तुमने सहे
जापे की झेलीं सख़्तियाँ
जब मौत का चक्खा मज़ा
तब तुम को ये दौलत मिली

मैके में और ससुराल में
सबके हुए दिल बाग़ बाग़[18]
घर में उजाला तो हुआ
पर तुम पे बिपता[19] पड़ गई

खाना पहनना ओढ़ना
अपना गयी सब भूल तुम
बच्चों के धन्धे में तुम्हें
अपनी न कुछ सुध बुद्ध रही

जब तक भी समझो ख़ैर थी
जब तक भले चंगे थे सब
पर सामना आफ़त का था
गर हो गया मन्दा कोई

सूली पे दिन कटने लगे
रातों की नींदे उड़ गयीं
इक इक बरस की हो गयी
एक एक पल इक इक घड़ी

बच्चों की सेवा में तुम्हें
गुज़रे हैं जैसे दस बरस

16. इच्छा
17. ख़ुदा
18. प्रसन्नता
19. विपत्ति

क़द्र इसकी जानेगा वही
दम पर हो जिसके यूँ बनी

की है मुहिम जो तुम ने सर
मर्दों को इसकी क्या ख़बर
जाने पराई पीड़ वो
जिसकी बिवाई हो फटी

था पालना औलाद का
मर्दों के बूते से सिवा
आख़िर ये ऐ दुखियारियो
ख़िदमत[20] तुम्हारे सर पड़ी 20. सेवा

पैदा अगर होतीं न तुम
बेड़ा न होता पार ये
चीख़ उठते दो दिन में
अगर मर्दों पे पड़ता भार ये

लेतीं ख़बर औलाद की
माएं न गर छुटपन[21] में यॉँ 21. बचपन
ख़ाली कभी का नस्ल[22] से 22. सीढ़ी
आदम की हो जाता जहाँ

ये गोश्त[23] का एक लोथड़ा 23. मांस
परवान चढ़ता किस तरह
छाती से लिपटाए न हरदम
रखती गर बच्चे को माँ

वो दीन और दुनिया के मसअले
जिन के वाज़ और पन्द[24] से 24. नसीहतें
ज़ुल्मत[25] में बातिल[26] की हुआ 25. अंधेरा
दुनिया में नूरे हक़ अयाँ 26. झूठ

वो इल्म और हिकमत के बानी
जिन की तहक़ीक़ात से
ज़ाहिर हुए आलम में
असरारे ज़मीन-ओ-आसमाँ

वो शाहे किश्वर[27] गीर सकन्दर
कि जिसकी धाक से
थे बेद की मानिन्द
लरज़ाँ ताजदाराने जहाँ

27. दुनिया

वो फ़ख़्रे शाहान अजम किसरा
कि जिसके अद्‌ल[28] की
मशरिक़ से ता मूग़रिब
ज़बानों पर है जारी दास्ताँ

28. इंसाफ

क्या फूल फल ये सब उन्हीं
कमज़ोर पौधों के न थे
सींचा था माँओं ने जिन्हें
ख़ूने जिगर से अपने याँ

क्या सुफ़ियाने बा सफ़ा
क्या आरिफ़ाने[29] बा खुदा
क्या औलिया क्या अम्बिया
क्या ग़ौस क्या क़ुतबे ज़माँ

29. पारखी, पहचाने वाला

सरकार से मालिक की
जितने पाक बन्दे हैं बढ़े
वो माँओं की गोदों के ज़ीने[30]
से हैं सब ऊपर चढ़े

30. सीढ़ी

अफ़सोस! दुनिया में बहुत
तुम पर हुए जोरो जफ़ा
हक़ तलफ़ियाँ[31] तुमने सहीं
बेमहरिया झेलीं सदा

31. अधिकार हनन

अक्सर तुम्हारे क़त्ल पर
क़ौमों ने बाँधी है कमर
दें ताके तुम को यक क़लम
ख़ुद लौहे हसती से मिटा

गाड़ी गई तुम मुद्दतों
मिट्टी में जीती जागती

हामी तुम्हारा था मगर
कोई ना जुज़ ज़ाते ख़ुदा

ज़िन्दा सदा जलतीं रहीं तुम
मुर्दा ख़ाविन्दों[32] के साथ 32. पति
और चैन से आलम[33] रहा 33. संसार
ये सब तमाशे देखता

ब्याही गयीं उस वक़्त तुम
जब ब्याह से वाक़िफ़ न थीं
जो उम्र भर का अहद[34] था 34. वचन
वो कच्चे धागे से बंधा

ब्याहा तुम्हें याँ बाप ने
ऐ बेज़बानों! इस तरह
जैसे किसी तक़सीर पर
मुजरिम[35] को देते हैं सज़ा 35. अपराधी

गुज़री उम्मीदों वीम में
जब तक रहा बाक़ी सुहाग
बेवा[36] हुई तो उम्र भर फिर 36. विधवा
चैन क़िस्मत में ना था

तुम सख़्त से सख़्त इम्तहां
देती रहीं अकसर यहाँ
कीं तुमने जानें तक फ़िदा
कहलायीं फिर भी बेवफ़ा

गो सब्र का अपने न कुछ
तुम को मिला इनाम याँ
पर जो फ़रिश्ते[37] से ना हो 37. देवता
वो कर गयीं तुम काम याँ

की तुमने इस दारूल-महान[38] में 38. आजमाइश का घर
जिस तहम्मुल[39] से गुज़र 39. सब्र
ज़ेबा है गर कहिए तुम्हें
फ़ख़्रें बनी नोए बशर

जो संग दिल सफ़्फ़ाक[40] थे — 40. निर्दय
प्यासे तुम्हारे ख़ून के
उनकी हैं बेरहमियाँ
मशहूर आलम में मगर

तुम ने तो चैन अपने
खरीददारों से भी पाया न कुछ — 41. पति
शौहर[41] हों उस में या पिदर[42] — 42. बाप
या हों बिरादर[43] या पिसर[44] — 43. भाई
44. बेटा

उल्फ़त तुम्हारी कर गयी
घर दिल में जिस बेदीद के
वो बदगुमाँ तुम से रहा
ऐ बदनसीबों उम्र भर

गो नेक मर्द अक्सर
तुम्हारे नाम के आशिक़ रहे
पर नेक हों या बद रहें
सब मुत्तफ़िक़[45] इस राह पर — 45. सहमत

जब तक जियो तुम
इल्मो दानिश[46] से रहो महरूम[47] याँ — 46. ज्ञान
आई हो जैसी बेख़बर — 47. वंचित
वैसी हो जाओ बेख़बर

तुम इस तरह मजहूल[48] — 48. अंजाम
और गुमनाम दुनियां में रहो
हो तुम को दुनिया की
न दुनिया को तुम्हारी हो ख़बर

जो इल्म मर्दों के लिए
समझा गया आबे हयात[49] — 49. अमृत
ठहरा तुम्हारे हक़ में वो
ज़हरे हलाहिल[50] सरबसर — 50. जान लेने वाला जहर

आता है वक़्त इंसाफ़ का
नज़दीक है यौमुल हिसाब[51] — 51. हिसाब का दिन

दुनियां को देना होगा
इन हक़ तलफ़ियों को वाँ जवाब

गुज़रे थे जुग तुम पर
हमदर्दी न थी तुम से कहीं
था मुनहरिफ़[52] तुमसे फ़लक[53]
बरगश्ता[54] थी तुम से ज़मीं

52. इंकार करने वाला
53. आकाश
54. रुठना

दुनिया के दाना और हकीम
इस ख़ौफ़ से लरज़ां थे सब
तुम पर मुबादा इल्म की
पड़ जाए परछायीं कहीं

ऐसा न हो मर्द और औरत में
रहे बाक़ी न फ़र्क़
तालीम पाकर आदमी बनना
तुम्हें ज़ेबा नहीं

याँ तक तुम्हारी हज़्व[55] के
गाए गए दुनिया में राग
तुम को भी दुनियां की क़हर[56] का
आ गया आख़िर यक़ीं

55. बुराई

56. पुरानापन

इल्मों हुनर से रफ्ता रफ़्ता[57]
हो गयीं मायूस तुम
समझा लिया दिल को
के हम खुद इल्म के क़ाबिल नहीं

57. धीरे-धीरे

जो ज़िल्लतें लाज़िम हैं दुनियां में
जिहालत के लिए
वो ज़िल्लतें सब नफ़स पर
अपने गवारा तुमने कीं

समझा न तुम को एक दिन
मर्दों ने क़ाबिल बात के
तुम बेवफ़ा कहलायीं लेकिन
लोंडियाँ बन कर रहीं

आख़िर तुम्हारी चुप दिनों में
अहले दिल के चुभ गई
सच है के चुप की दाद
आख़िर बे मिले रहती नहीं

बारे ज़माना नींद के
मारों को लाया होश में
आया तुम्हारे सब्र पर
दरयाए रहमत जोश में

नौबत[58] तुम्हारी हक़रसी की
बाद मुद्दत आई है
इंसाफ़ ने धुंदली सी इक
अपनी झलक दिखलाई है

गो है तुम्हारे हामियों को
मुश्किलों का सामना
पर हल हर एक मुश्किल
यूंही दुनियां में होती आई है

अटके हैं रोड़े चलती गाड़ी में
सदा सच्चाई की
पर फ़तह[59] जब पायी है
सच्चाई ने आख़िर पाई है

ऐ बेज़बानों की ज़बानो,
बबसों का बाज़ुओ
तालीम-ए-निसवाँ की मुहिम
जो तुम को अब पैश आई है।

ये मरहला आया है तुम से पहले
जिन क़ौमों को पेश
मंज़िल पे गाड़ी उनकी
इसतक़लाल[60] ने पहुँचाई है

है राई भी पर्वत अगर
दिल में नहीं अज़्में[61] दुरूस्त

58. विजय
59. औरतें
60. हिम्मत
61. इरादा

पर ठान ली अब जी में फिर
पर्वत भी हो तो राई है

ये जीत भी क्या कम है ख़ुद
हक़ है तुम्हारी पुश्त[62] पर
जो हक़ पे मुँह आया है आख़िर
उसने मुँह की खाई है

जो हक़ के जानिबदार हैं
बस उनके बेड़े पार हैं
भोपाल की जानिब से ये
हातिफ़ की आवाज़ आई है

है जो मुहिम दरपेश याँ
दस्ते ग़ैब है इस में निहाँ
ताईदे हक़ का है निशाँ
इम्दादे सुल्ताने जहाँ

62. पीठ

मुनाजाते बेवा

"मुनाजाते बेवा" मौलाना अलताफ़ हुसैन हाली द्वारा रेखांकित वह प्रसिद्ध कविता है। जिसमें हाली ने एक महत्वपूर्ण समस्या को अपनी कविता का विषय बनाया है। वह विधवा स्त्रियों की समस्या थी। हाली ने भारतीय के इस समस्या की गम्भीरता को महसूस किया और मुनाजाते बेवा रेखांकित कर समाज के नासूर को दर्शाया है। जिसमें पूरा समाज लिप्त था। हाली ने बड़ी बुलन्द भावना के साथ विध ावा स्त्री का दुखड़ा बयान किया है और विधवा नारी का भारतीय चरित दर्शाया है। जो समाज के अत्याचारों से पीड़ित है। हाली ने मर्द होने के बावजूद कम उम्र विध ावा स्त्रियों की भावनाओं की इतनी सुन्दर तस्वीर खींची है कि मानो वह सब उन पर खुद बीता हो। इसकी भाषा बड़ी सहज एवं सरल है। इसे पढ़ कर लगता है कि मानो यही हिन्दुस्तानी भाषा है। मुनाजाते बेवा की भाषा से प्रभावित होकर ही महात्मा गाँधी ने कहा था कि "अब हिन्दुस्तानी भाषा में हिन्दी के सैकड़ों मीठे शब्द उचित स्थान पर सम्मिलित हैं।

इस कविता में समाज की ठुकराई, मुसीबत की मारी विधवा अपनी फ़रियाद ऊपर वाले से करती है। फिर बड़े आदर से शिकायत करती है। मौलाना हाली ने कम उम्र विधवा की तड़प का पूरा नक़शा खींच दिया है। इस कविता का हिन्दुस्तान की दस बारह भाषाओं में अनुवाद हो चुका है। यह कविता हर भाषा में उतनी ही लोकप्रिय हुई है जितनी उर्दू में हुई थी। कुछ बन्द प्रस्तुत हैं :

ऐ सब से अव्वल[1] और आख़िर[2]
जहाँ-तहाँ हाज़िर और नाज़िर[3]

ऐ सब दानाओं से दाना[4]
सारे तवानाओं से तवाना[5]

ऐ बाला हर बाला[6] तर से
चाँद से सूरज से अम्बर से

1. प्रथम
2. अन्तिम
3. प्रष्टा
4. विद्वान
5. ताकतवर
6. ऊंचा

ऐ समझे बूझे बिन सूझे
जाने पहचाने बिन बूझे

सब से अनोखे सब से निराले
आँख से ओझल दिल के उजाले

अए अंधों की आँख के तारे
अए लंगड़े लूलों के सहारे

नाव जहाँ की खेने वाले
दुःख में तसल्ली देने वाले

जब, अब, तब तुझ-सा नहीं कोई
तुझ से हैं सब तुझ-सा नहीं कोई

जोत है तेरी जल और थल में
बास है तेरी फूल और फल में

हर दिल में है तेरा बसेरा
तू पास और घर दूर है तेरा

राह तेरी दुश्वार[7] और सुकड़ी
नाम तेरा रहगीर की लकड़ी

तू है ठिकाना मिसकीनों[8] क
तू हे सहारा ग़मगीनों का

तू है अकेलों का रखवाला
तू है अंधेरे घर का उजाला

अच्छे और बुरे का
ख्वाहां खोटे और खरे का

बेद नवा से बीमारों का
गाहक मन्दे बाज़ारों को

सोच में दिल बहलाने वाला
बिपदा में याद आने वाला

7. मुश्किल

8. कंगाली से निढाल

ऐ बे वारिस घरों के वारिस[9]
बे बाज़ू बे परों के वारिस

बे आसों की आस है तू ही
जागते सोते पास है तू ही

बस वाले हैं या बेबस हैं
तू नहीं जिनका वो बेकस है

साथी जिनका ध्यान है तेरा
दुसरायत[10] की वाँ नहीं परवा

दिल में है जिनके तेरी बड़ाई
गिनते हैं वो पर्वत को राई

बेकस का गमख़्वार है तू ही
बुरी बनी का यार है तू ही

दुखिया, दुखी, यतीम[11] और बेवा
तेरे ही हाथ उन सब का खेवा

तू ही डुबोए तू ही तिराए
तू ही ये बेड़े पार लगाए

तू ही मर्ज़[12] दे तू ही दवा दे
तू ही दवा दारू में शिफ़ा दे

तू ही पिलाए ज़हर के प्याले
तू ही फिर अमृत ज़हर में डाले

तू ही दिलों में आग लगाए
तू ही दिलों की लगी बुझाए

चुमकारे चुमकार के मारे
मारे मार के फिर चुमकारे

प्यार का तेरे पूछना क्या है
मार में भी एक तेरी मज़ा है

9. उत्तराधिकारी
10. शत्रुता
11. अनाथ
12. रोग

ऐ रहमत और हैबत[13] वाले
शफ़क़त[14] और दिबागत[15] वाले

13. रौब
14. प्रेम
15. सजा देना

ऐ अटकल और ध्यान से बाहर
जान से और पहचान से बाहर

अक़्ल से कोई पा नहीं सकता
भेद तेरे हुक्मों में है क्या क्या

एक को तूने शाद[16] किया है
एक के दिल को दाग़ दिया है

16. प्रसन्न

उससे न तेरा प्यार कुछ ऐसा
उससे न तू बेज़ार कुछ ऐसा

हर दम तेरी आन नई है
जब देखो तब शान नई है

याँ पछवा है वाँ पुरवा है
घर घर तेरा हुक्म नया है

फूल कहीं कुम्हालाए हुए हैं
और कहीं फल आए हुए हैं

खेती एक की है लहराती
एक का हर दम ख़म सुखाती

एक पड़े हैं धन को डुबोए
एक हैं घोड़े बेच के सोए

एक ने जब से होश संभाला
रंज से उसको पड़ा न पाला

एक ने इस जंजाल में आकर
चैन ना देखा आँख उठा कर

मेंह कहीं दौलत का बरसता
है कोई पानी को तरसता

एक को मरने तक नहीं देते
एक है उकता गया लेटे लेटे

हाल ग़रज़ दुनियां का यही है
ग़म पहले और बाद खुशी है

रंज का है दुनिया के गिला[17] क्या
तोहफ़ा यही ले दे के यहाँ का

यहाँ नहीं बनती रंज सहे बिन
रंज नहीं सब एक से लेकिन

एक से याँ रंज एक है बाला
एक से हैं दर्द एक निराला

घाव है गो नासूर की सूरत
पर उसे क्या नासूर से निसबत[18]

तप वही दिक़ की शक्ल है लेकिन
दिक़ नहीं रहती जान लिए बिन

दिक़ हो वो या नासूर हो, कुछ हो
दे ना जवाब उम्मीद किसी को

रोज़ का ग़म क्यों कर सहे कोई
आस ना जब बाक़ी रहे कोई

तू ही कर इंसाफ़ अए मौला
कौन है जो बे आस है जीता

गो के बहुत बन्दे हैं पुर अरमाँ
कम हैं मगर, मायूस[19] हैं जो याँ

ख़्वाह दुखी है ख़्वाह सुखी है
जो है एक उम्मीद उस को बंधी है

डूब चुकी है जिन की अगेती
देती हे ढारस उन को पछेती

17. शिकायत

18. तअल्लुक, सम्बन्ध

19. निराश

एक है इस उम्मीद पे जीता
अब हुई बेटी अब हुआ बेटा

एक को जो औलाद मिली है
उस को उमंग अब शादियों की है

रंज है या क़िस्मत में ख़ुशी है
कुछ है मगर एक आस बंधी है

ग़म नहीं उन को, गो ग़मगीं हैं
जो दिल नाउम्मीद नहीं है

काल में कुछ सख़्ती नहीं ऐसी
काल में हसै जब आस समय की

सहल[20] है मोजों से छुटकारा 20. आसान
जब के नज़र आता है किनारा

पर नहीं उठ सकती वो मुसीबत
आएगी जिसके बाद न राहत[21] 21. आराम

शाद[22] हो उस राहगीर का क्या दिल 22. प्रसन्न
मर के कटेगी जिस की मंज़िल

उन उजड़ों को कल पड़ेगा क्यों कर
घर ना बसेगा जिनका जनम भर

उन बिछड़ों का क्या है ठिकाना
जिनको ना मिलने देगा ज़माना

अब ये बला टलती नहीं टाले
मुझ पे है जो तक़दीर ने डाली

आयीं बहुत दुनिया में बहारें
ऐश की घर घर पड़ीं पुकारें

पड़े हैं बहुत बाग़ों में झूले
ढाक बहुत जंगल में फूले

गयीं और आयीं चाँदनी रातें
बरसीं खिलीं बहुत बरसातें

पर न खिली हरगिज़ न खिलेगी
वो जो कली मुरझाई थी दिल की

आस ही का याँ नाम है दुनिया
जब न रही ये ही तो रहा क्या

ऐसे बिदेशी का नहीं ग़म कुछ
जिसको ना हो मिलने की क़सम कुछ

रोना इन बनवासियों का है
देश निकाला जिनको मिला है

हुक्म से तेरे पर नहीं चारा
कड़वी मीठी सब है गवारा

ज़ोर है क्या पत्ते का हवा पर
चाहे जिधर ले जाए उड़ाकर

तिनका एक और सात समन्दर
जाए कहाँ मोजों से निकल कर

क़िस्मत ही में जब थी जुदाई
फिर टलती किस तरह ये आई

आज की बिगड़ी हो तो बने भी
अज़ल[23] की बिगड़ी ख़ाक बनेगी

तू जो चाहे वो नहीं टलता
बन्दे का याँ बस नहीं चलता

मारे और ना दे तू रोने
थपके और ना दे तू सोने

ठहरे बन आती है ना भागे
तेरी ज़बरदस्ती के आगे

23. अनादि

तुझ से कहीं गर भागना चाहें
बन्द हैं चारों खूंट की राहें

तू मारे और ख़्वाह नवाज़े
पड़ी हूँ मैं तेरे दरवाज़े

तुझी को अपना जानती हूँ मैं
तुझसे नहीं तो किस से कहूँ मैं

माँ ही सदा बच्च को मारे
और बच्चा माँ माँ ही पुकारे

ऐ मेरे ज़ोर और कुदरत वाले
हिकमत[24] और हुकूमत[25] वाले

मैं लौंड़ी तेरी दुख मारी
दरवाज़े की तेरे भिखारी

मौत की ख़्वाहाँ[26] जान की दुश्मन
जान पे अपनी आप अजीरन

अपने पराये की धुतकारी
मैके और ससुराल पे भारी

सह के बहुत आज़ार[27] चली हूँ
दुनिया से बेज़ार चली हूँ

दिल पर मेरे दाग़ हैं जितने
मुंह में बोल नहीं है उतने

दुख दिल का कुछ कह नहीं सकती
इसके सिवा कुछ कह नहीं सकती

तुझ पे है रोशन सब दुख दिल का
तुझ से हक़ीक़त[28] अपनी कहूँ क्या

ब्याह के दम पाई थी न लेने
लेने के याँ पड़ गए देने

24. बुद्धिता
25. राज
26. चाहने वाली
27. दुख
28. सच्चाई

ख़ुशी में भी सुख पास न आया
ग़म के सिवा कुछ रास न आया

एक ख़ुशी ने ग़म ये दिखाए
एक हँसी ने गुल ये खिलाए

कैसा था ये ब्याह ननावाँ
ज्यों ही पड़ा उस का परछावाँ

चैन से रहने दिया न जी को
कर दिया मलियामेट ख़ुशी को

रो नहीं सकती तंग हूँ याँ तक
और रोऊँ तो रोऊँ कहाँ तक

हंस हंस दिल बहलाऊँ क्यूँ कर
ओसों प्यास बुझाऊँ क्यूँ कर

एक का कुछ जीना नहीं होता
एक न हँसता भला न रोता

लेटिए गर सोने के बहाने
पायेंती कल[29] है और न सिरहाने

जागिए तो भी बन नहीं पड़ती
जागने की कोई हद भी होगी

अब कल हम को पड़ेगी मर कर
गोर[30] से सूनी सेज से बहतर

बात से नफ़रत, काम से वहशत[31]
टूटी आस और बुझी तबीयत

आबादी जंगल का नमूना
दुनिया सूनी और घर सूना

दिन है भयानक रात डरानी
यूँ गुज़री सारी ये जवानी

29. चैन

30. कब्र

31. भड़क

बहनें और बहनेलियाँ मेरी
साथ की थीं जो खौलयाँ मेरी

मिल न सकीं जी खोल के मुझसे
ख़ुश न हुई हँस बोल के मुझसे

जब आयीं रो धो के गईं वो
जब गयी बेकल हो के गईं वो

कोई नहीं दिल का बहलावा
आ नहीं सकता मेरा बुलावा

आठ पहर का है ये जलापा
काटूँगी किस तरह ये रंडापा

थक गई मैं दुख सहते सहते
थम गए आँसू बहते बहते

आग खुली दिल की न किसी पर
घुल गई जान अन्दर ही अन्दर

देख के चुपजाना न किसी ने
जान को फूंका दिल की लगी ने

दबी थी भूभल में चिंगारी
ली न किसी ने ख़बर हमारी

क़ौम में वो ख़ुशियाँ ब्याहों की
शहर में वो धूमें शाहों की

आऐ दिन त्यौहारों का आना
और सब का त्यौहार मनाना

वो चेत और फागुन की हवाएँ
वो सावन भादों की घटाएँ

वो गर्मी की चांदनी रातें
वो अरमान भरी बरसातें

किस से कहूँ किस तौर से काटें
ख़र कटें जिस तौर से काटें

चाव के और खुशियों के समे सब
आते हैं खुश, कल जान को हो जब

रंज में हैं सामान ख़ुशी के
और जलाने वाले जी के

घर बरखा और पिया बिदेसी
आई यूँ बरखा कहीं न ऐसी

दिन ये जवानी के काटे ऐसे
बाग में पंछी क़ैद हो जैसे

रुत गई सारी सर टकराते
उड़ न सके पर होते साते

होगी किसी न कुछ कल[32] पाई
मुझे तो शादी शासन आई

आस बंधी लेकिन न मिला कुछ
फूल आया और फल न लगा कुछ

रह गया देकर चाँद दिखाई
चाँद हुआ पर ईद न आई

रुत बदली पर हुई न बरखा
बादल गरजा और न बरसा

फल की ख़ातिर बरछी खाई
फल ना मिला और जान गंवाई

रेत में ज़र्रे देख चमकते
दौड़ पड़ी मैं झील समझ के

चारों खूंट नज़र दौड़ाई
पर पानी की बूंद न पाई

32. आराम

ऐ दीन और दुनियां के मालिक
राजा और प्रजा के मालिक

बे पर और परदार के वाली[33]
ऐ सारे संसार के वाली

पूरब, पश्चिम, दखिन, उत्तर
बख़्शिश[34] तेरी आम है घर घर

प्याव लगी है सब के लिए याँ
ख़्वाह हों हिन्दू ख़्वाह मुसलमाँ

हो न अगर क़िस्मत ने कमी की
की नही बंदी तूने किसी की

चियूँटा, कीड़ा, मच्छर, भुनगा
कछवा, मेंढक, सीप और घोंघा

सारे पंछी और पखेरू
मोर, पपीहा, सारस, पीरू

भेड़ और बकरी, शेर और चीते
तेरे जिलाए सब हैं जीते

सब पे खुला है दर रहमत का
बरस रहा है मेंह नेअमत का

ख़ाक से तूने बीज उगाए
फिर पौधे परवान चढ़ाए

सीप को बख़्शी तूने दौलत
और बख़्शा मक्खी को अमृत

लकड़ी में फल तूने लगाए
और कूड़े पर फूल खिलाए

हीरा बख़्शा कान[35] को तूने
मुश्क[36] दिया हैवान[37] को तूने

33. स्वामी
34. मेहरबानी
35. खान
36. कस्तूरी
37. जानवर

जुगनू को बिजली की चमक दी
ज़र्रे को कुन्दन की दमक दी

देन से तेरी ए मेरे मौला
सब हैं निहाल अदना[38] और आला[39]

38. छोटा
39. बड़ा

आम है सब पर तेरी रहमत
हैं महरूम मगर बद क़िस्मत

पेड़ हों छोटे या हों बड़े याँ
फ़ैज़ हवा का सब पे है यकसाँ

फलते हैं जो हैं फलने वाले
जलते हैं जो हैं जलने वाले

जब अपनी ही ज़मीं हो कल्लर
फिर इल्ज़ाम नहीं कुछ मेंह पर

सब को तेरे इनआम थे शामिल
मैं ही न थी इनआम के क़ाबिल

गर कुछ आता बाँट में मेरी
सब कुछ था सरकार में तेरी

थी न कमी कुछ तेरे घर में
नून को तरसी मैं साँभर में

राजा के घर पली हूँ भूकी
सदा बरस से चली हूँ भूकी

पहरों सोचती हूँ ये जी में
आई थी क्यूँ इस नगरी में

होनेसे मेरे फ़ायेदा क्या था?
किस लिए पैदा मुझ को किया था?

आन के आख़िर मेंने लिया कया?
मुझ को मेरी क़िस्मत ने दिया कया?

नेन दिए और कुछ न दिखाया
दाँत दिए और कुछ न चखाया

जिंदगी दी और ख़ुशी न बख़्शी
दिल बख़्शा, दिल लगी न बख़्शी

रही अकेली भरी सभा में
प्यासी रही भरी गंगा में

चैन से जागी और न सोई
मैं न हंसी जी भर के न रोई

आके ख़ुशी-सी चीज़ न पाई
जैसी आई वैसी न आई

खाया तो कुछ मज़ा न आया
सोई तो कुछ चैन न पाया

फूल हमेशा आँख में खटके
और फल सदा गले में अटके

हो न सकी कुछ दिल से इबातद
और जमी न कामों पे तबीअत

काम संवारा कोई न याँ का
और न किया धन्दा कोई वाँ का

काम आया याँ कोई न मेरे
और न मैं काम आई किसी के

क़िस्मत ने जब से मुंह मोड़ा
आदमियों का हो गया तोड़ा

बाप और भाई, चचा भतीजे
सब रखती हूं तेरे करम से

पर नहीं पाती एक भी ऐसा
जिस को हो मेरी जान की परवा

नातियों में शफ़क़त[40] नहीं पाती
अपनों में अपनाइत नहीं पाती

40. प्रेम

घर है ये एक हैरत का नमूना
सौ घर वाले और घर सूना

जिसने ख़ुदा का ख़ौफ़[41] किया कुछ
आके कभी याँ पूछ लिया कुछ

41. डर

सो ये ख़ुशी का दिल की है सौदा
ज़ोर किसी पर अब नहीं अपना

इस में शिकायत क्या है पराई
अपनी ही क़िस्मत की है बुराई

चैन गर अपनी बाँट में आता
क्यों तू औरत ज़ात बनाता

क्यूं पड़ते हम ग़ैर के पाले
क्यूँ होते औरों के हवाले

आठ पहर क्यूँ दुख ये उठाते
जीते ही जी क्यूँ मर जाते

दुख में नहीं याँ कोई किसी का
बाप न माँ, भाई न भतीजा

सच ये किसी सांई की सदा थी
सुख सम्पत का हर कोई साथी

तेरे सिवा ऐ रहम के बानी
कौन सुने ये राम कहानी

एक कहानी हो तो कहूँ मैं
एक मुसीबत हो तो सहूँ मैं

हाल ना हो दुश्मन का ऐसा
मेरा नाजुक हाल है जैसा

कोई नहीं लगाव अब मेरा
बाप न भाई, सास न सुसरा

आँख में एक-एक के हूं खटकती
पर अपने बस मर नहीं सकती

माँ और बाप अज़ीज़ और प्यारे
बेकल हैं जीने वो हमारे

रो के पलक नम कर नहीं सकती
हंस के ग़लत ग़म कर नहीं सकती

रोइए तो सब रोते हैं घर के
रोने नहीं देते जी भर कर के

हंसिए तो हंसना ऐब है हम को
क्यूँ कर इलाही काटिए ग़म को

गर सुसराल में जाती हूँ मैं
नहस[42] क़दम कहलाती हूँ मैं

मैके में जिस वक़्त मैं आती
रो रो कर हूँ सब को रुलाती

जब से ये दिन क़िस्मत ने दिखाए
तकते हैं जो हैं अपने या पराए,

मेरा सदा हँसना और रोना
बैठना, उठना, जागना, सोना

सोच में मेरा सारा घर है
मेरे चलने पे सब की नज़र है

आग को हूँ हर वक्त मिटाती
पहनती अच्छा मैं न हूँ खाती

जानती हूँ नाज़ुक है ज़माना
बात है एक याँ ऐब लगाना

42. मनहूस

मोती की जैसी आब है इज़्ज़त
जाके नहीं आती फिर हुरमत[43]

मेंहदी मैंने लगानी छोड़ी
पट्टी मैंने जमानी छोड़ी

कपड़े महीनों में हूँ बदलती
इत्र नहीं मैं भूल के मलती

सुरमा नहीं आँखों में लगाती
बाल नहीं बरसों गुन्धवाती

दो दो चाँद नहीं सर धोती
अठवारों कंघी नहीं करती

कान में पत्ते हाथ में कंगन
पहन चुकी सब जब थी सुहागन

पोंहचियों का अरमान नहीं अब
चूड़ियों का कुछ ध्यान नही अब

उड़ गयी दिल की सब वो तरंगे
चाव रहे बाकी न उमंगे

आप को याँ तब मैंने मिटाया
पर दुनियां को सब्र न आया

वहम ने है एक एक को घेरा
जब देखो तब ज़िक्र है मेरा

खींच चुका है मेरा मुक़द्दर[44]
दाग़ बदी का मेरी जबीं[45] पर

मिल जाऊँ गर ख़ाक में भी मैं
बच न सकूँ तानों से कभी मैं

सच अगले लोगों ने कहा है
बद अच्छा बदनाम बुरा है

43. इज़्ज़त
44. भाग्य
45. माथा

जीने से घबरा गई हूँ मैं
इस दम से तंग आ गई हूँ मैं

यूँ न बुरी इस जान पे बनती
माँ मुझको ऐ काश न जनती

रहते हम अंजान बला से
दुनिया मुझ से, मैं दुनिया से

अए बेआसरों के रखवइया!
अए डूबे बेड़ों के खिवइया!

कीजियो मेरी कश्ती बानी
आ पहुँचा है डुबाऊ पानी

अब तैरेगी तिराई तेरी
डूबी नाव, दुहाई तेरी

अए अम्बर के चमकत तारों!
अए घर के दर और दीवारों!

अए जानी पहचानी रातो!
तन्हाई की डरानी रातो!

अए नेक और बद के दरबानो!
देखती आँखे! सुनते कानो!

अए दिल इस गंदी दुनियां से
जाना है मालिक के आगे

बोझ हैं वाँ सब तुलने वाले
पतरे सब के खुलने वाले

जब वाँ पूछ हो तेरी मेरी
तुम सब दीजो गवाही मेरी

मैं नेकी का दम नहीं भरती
पाकी का दावा नहीं करती

कियों कर ख़ता से बच सकता है
जिस ने कच्चा दूध पिया है

ख़्वाह वली हो ख़्वाह ऋषि हो
इस से रिहाई नहीं किसी को

गिनूँ अगर मैं अपनी ख़ताएँ
है ये यक़ीं गिनती में न आएँ

पर ये ख़ुदा से डर के हूँ कहती
मूँह पे ये आए बिन नहीं रहती

ख़्वाह बुरी थी ख़्वाह भली मैं
बात से अपनी नहीं टली मैं

पड़ी थी जिस बेदीद[46] के पाले
हुई थी जिस बैरी के हवाले

नाम पे धूनी उस के रमा कर
आन को रख जान को गँवा कर

साथ न देश और क़ौम को छोड़ा
और न ख़ुदा के अहद[47] को तोड़ा

आए अगर दुनियां को न बावर[48]
अब मुझे कुछ दुनियां का नहीं डर

मेरा निगेहबाँ और रखवाला
सबसे बड़ा है जानने वाला

अए ईमान के रखने वाले
अए नीयत के परखने वाले

मैं नहीं रखती काम किसी से
चाहती हूँ इंसाफ़ तुझी से

हुक्म पे चलती तेरे अगर मैं
चैन से करती उम्र बसर मैं

46. बिना देखे

47. वचन

48. यकीन

मानती गर मैं अक़ल का कहना
मुझ को न पड़ता रंज से सहना

कुछ न अदालत का था डरावा
और न मज़हब का अटकावा

है दस्तूर यही दुनियां का
आप से अच्छा नाम ख़ुदा का

लेकिन हठ प्यारों की यही थी
मरज़ी ग़म ख़्वारों की यही थी

अपने बड़ों की रीत न छूटे
क़ौम की बांधी रस्म न टूटे

हो ना किसी से हम को निदामत[49]
नाक रहे कुन्बे की सलामत

जान किसी की जाए तो जाए
आन में अपनी फ़र्क़ न आए

दम पे बने जो उसको सहूँ मैं
लौटती अंगारों पे रहूँ मैं

दर्द नहो दिल का कहीं ज़ाहिर
चुपके ही चुपके काम हो आख़िर

मर मिटूँ और कुछ मुँह पे न लाऊँ
जल बूझूँ और उफ़ करने न पाऊँ

घुट घुट कर दम अपना गवाँ दूँ
जल जल कर आपे को बुझा दूँ

तुझ पे रौशन है मेरे मौला
वक़्त ये कैसा मुझ पे पड़ा था

बेड़ा था मझदार में मेरा
चारो तरफ़ छाया था अंधेरा

49. शर्मिन्दगी

थाह थी पानी की न किनारा
तेरे सिवा था कुछ न सहारा

शर्म इधर दुनिया की मुझे थी
फ़िक्र उधर उक़्बा[50] की मुझे थी

रोकते थे हमले मुझे दिल के
था मुझे जीना ख़ाक में मिल के

नफ्स[51] से थी दिन रात लड़ाई
दूर थी नेकी पास बुराई

जान थी मेरी आन की दुश्मन
आन थी मेरी जान की दुश्मन

आन संभाले जान थी जाती
जान बचाते आन थी जाती

तै करने थे सात समन्दर
हुक्म ये था के पाँव न हो तर

प्यास थी लू थी और थी खरसा
और दरिया से था गुज़रना प्यासा

धूप की थी पाले पे चढ़ाई
आग और गंधक की थी लड़ाई

दर्द आपना किस से कहूँ क्या था
आ के पहाड़ एक मुझ पे गिरा था

नफ़स से डर था मुझको बदी[52] का
इसलिए हरदम थी ये तमन्ना

मर जाऊँ या ज़िन्दा रहूँ मैं
तुझ से अगर शरमिन्दा न हूँ मैं

जान बला से जाए तो जाए
पर कहीं देनी बात न आए

50. मुश्किल घाटी (मृत्यु के बाद)

51. जान (स्वयं)

52. बुरी

की न किसी ने मेरी ख़ुशी गो
मैंने किया नाखुश न किसी को

बात किसी की मैंने न टाली
अपने ही दम पर सब की बला ली

जान न समझा जान को अपनी
दिया नप जाने आन को अपनी

क़ौल[53] पे अपने जमी रही मैं
हुई न डाँवा डोल कभी मैं

दिल थामा आपे को संभाला
साँस तलक मुँह से न निकाला

और अगर न करती मैं ऐसा
क्यूँ कर करती और करती क्या

बन नहीं आती देस से भागे
कुछ नहीं चलती देस के आगे

कह गई सच एक राजकुमारी
लाचारी फिर पीत है भारी

ऐ अच्छे और बुरे के भेदी
खोटे और खरे के भेदी

छुपी ढकी के खोलने वाले
बुरी भली के तौलनी वाले

भेद दिलों के जानने वाले
पाप और पुन के छानने वाले

ऐब और गुन सब तुझ पे है रौशन
पाप और पुन सब तुझ पे हैं रौशन

ऐब न अपना तुझ को जताना
है दाई से पेट छुपाना

53. जान (स्वयं)

मैं नहीं आख़िर पाक बदी से
बनी हूँ पानी और मिट्टी से

तूने बनाया था मुझे जैसा
चाहिए था होना मुझे वैसा

बस हमें जितना तूने दिया है
उस से सिवा क़ुदरत हमें क्या है

कान और आँखें हाथ और बाज़ू
जिन जिन पर था याँ मुझे क़ाबू

सब को बदी से मैंने बचाया
सब को ख़ुदी से मैंने मिटाया

उठते बैठते रोका सब को
सोते जागते टोका सब को

हाथ को हिलने दिया न बेजा
पाँव को चलने दिया न टेढ़ा
आँख को उठने दिया न इतना
जिससे कि पैदा हो कोई फ़ितना[54] 55. झगड़ा

कान को रखा दूर बला से
ऊपरी आवाज़ों की हवा से

रोक के यूँ और थाम के आपा
मैंने काटा अपना रंडापा

एक न संभला मेरा संभाला
था बेताब[55] जो अन्दर वाला 55. बेचैन

हाल करूँ मैं दिल का बयाँ क्या
हा है दिल का तुझ से निहाँ[56] क्या 56. छिपा हुआ

धूप थी तेज़ और रेत थी तपती
मछली थी एक इस बन में तड़पती

जान न मछली की थी निकलती
और न सर से धूप थी टलती

गो दम भर इस दिल की लगी ने
ठण्डा पानी दिया न पीने

तू है मगर इस बात का दाना[57] 57. ज्ञाता
मैंने कहा दिल का नहीं माना

ज़ोर था मेरा दिल पे जहाँ तक
मैंने संभाला दिल को वहाँ तक

थामना दिल का काम था मेरा
और थमाना काम था तेरा

पकड़े अगर तू दिल की ख़ता पर
मैं राज़ी हूँ तेरी रज़ा[58] पर 58. मर्जी

रख तकलीफ़ में या राहत[59] में 59. आराम
डाल जहन्नुम[60] या जन्नत 60. नर्क

अब न मुझे जन्नत की तमन्ना
और न ख़तरा कुछ दोज़ख़ का

आऐगी जन्नत रास कब उसको
जलने में जिसकी उम्र कटी हो

डर दोज़ख़ का फिर उसे क्या हो
जिसने रंडापा झेल लिया हो

पर तुझ से एक अर्ज़ है मेरी
रद[61] ना हो गर दरगाह में तरी 61. वापसी

जो क़िस्मत ने मुझ को दिखाया
खुश नाखुश सब मैंने उठाया

मुझ नाचीज़ की है क्या ताक़त
जो मुँह पर कुछ लाऊँ शिकायत

उम्र बहुत सी काट चुकी हूँ
ये दिन भी कट जायेंगे ज्यूं त्यूं

अपने लिए कुछ कह नहीं सकती
पर ये कहे बिन रह नहीं सकती

मैं ही अकेली नहीं हूँ दुखिया
पड़ी है लाखों पर यही विपता

बस के बहुत याँ उजड़ गए घर
बन के हज़ारों बिगड़ गए घर

जले करोड़ों इसी लपट में
पदमों फेंके इसी मरघट में

बालियाँ एक एक ज़ात की लाखों
ब्याहियाँ एक एक रात की लाखों

हो गई आख़िर इसी[62] अलम में
काट गई उम्र इसी ग़म में

सैकड़ों बेचारी मज़लूमें[63]
भोली, नादानें, मासूमें[64]

ब्याह से अंजान और मंगनी से
बन्ने से वाक़िफ़[65] और ना बन्नी से

माँओं से जो मुँह धुलवाती थीं
रो रो के माँग के जो खाती थीं

थपक थपक थे जिनको सुलाते
घुड़क घुड़क थे जिनको खिलाते

जिन को न शादी की थी तमन्ना
और न मंगनी का था तक़ाज़ा

जिन को न आपे की थी ख़बर कुछ
और न रंडापे की थी ख़बर कुछ

62. दुख
63. पीड़ित
64. निर्दोष
65. जानकार

भली से वाक़िफ़ थीं न बुरी से
बद से मतलब था न बदी से

रूख़्सत[66] चाले और चौथी को
खेल तमाशा जानती थीं जो

होश जिन्हें था रात न दिन का
गुड़ियों का सा ब्याह था जिनका

दो दो दिन रह रह के सुहागन
जनम जनम को हुई बिरोगन

दूल्हा ने जाना न दुल्हन को
दुल्हन ने पहचाना न सजन को

दिल न तबीयत, शौक़ न चाहत
मुफ़्त लगा ली ब्याह की तोहमत[67]

शर्त से पहले बाज़ी हारी
ब्याह हुआ और रही कुंवारी

सैलानी जब बाग़ में आए
फूल अभी थे खिलने न पाए

फूल खिले जिस वक़्त चमन में
जा सोए सैलानी बन में

प्रीत[68] न थी जब पाया प्रीतम[69]
जब हुई प्रीत गंवाया प्रीतम

होश से पहले हुई मैं बेवा
कब पहुँचेगा पार ये खेवा

ख़ैर से बचपन का है रंडापा
दूर पड़ा है अभी बुढ़ापा

उमर है मंज़िल तक पहुँचानी
काटनी है भरपूर जवानी

66. विदाई
67. इल्जाम
68. प्रेम
69. प्रेमी

शाम के मुर्दे का ये रोना
सारी रात नहीं अब सोना

आई नहीं दुनिया में इलाही
ऐसी किसी बेड़े पे तबाही

आयी थीं बिलकती गईं सिसकती
रहीं तरसती और फड़कती

कोई नहीं जो ग़ौर करे अब
नब्ज़ पे उनकी हाथ धरे अब

दुख उन का आए और पूछे
रोग उनका समझे और बूझे

चोट न जिनके दिल पे लगी हो
वो क्या जानें दिल की लगी हो

बेदर्दों से पड़ा है पाला
तूही अब उनका है रखवाला

अपनी बीती है ये कहानी
अब ये धान रहे बिन पानी

ऐ ग़मख़्वार[70] हर एक बेकस के
हामी[71] हर आज़िज बेबस के

है अपने आजिज़[72] बन्दों पर
प्यार तेरा माँ बाप से बढ़कर

जिस ने गली में तुझको पुकारा
सामने तेरे हाथ पसारा

फिरा न ख़ाली इस चौखट से
गया न ख़ाली इस पनघट से

किस को ज़माने ने है सताया
तू नहीं जिसके आड़े आया

70. ग़म खाने वाला
71. समर्थक
72. लाचार

उजड़े खेड़े तूने हैं बसाए
डूबे बेड़े तूने हैं तेराए

मज़लूमों की दाद को पहुँचा
क़ैदियों की फ़रयाद को पहुँचा

बंजर मुल्क आबाद कराए
और बुरदे[73] आज़ाद कराए

73. गुलाम

आम तेरी रहमत जब ठहरी
दूर है रहमत से फिर तेरी

दाद हर एक मज़लूम को दे तू
और रांडो की ख़बर न ले तू

औरत ज़ात का तन्हा जीना
हर दम ख़ूने जिगर का पीना

घर बसने की आस न रहनी
सारी उम्र जुदाई सहनी

है वो बला जो सही न जाए
बिपता है जो कही न जाए

क़द्र उसकी या तू पहचाने
या जिस पर गुज़री हो वो जाने

ऐ ख़ाविंद[74] ख़ुदावन्दों के
मालिक ख़ाविन्द और बन्दों के

74. मालिक

वास्ता अपनी ख़ाविन्दी का
सदक़ा अपनी ख़ुदावन्दी का

तू ये किसी को दाग़ न दीजो
किसी को बेवारिस मत कीजो

कीजो जो कुछ तेरी ख़ुशी हो
रांड मगर कीजो न किसी को

मसनद तकिया इज्ज़त हुरमत
नौकर चाकर दौलत हशमत[75] — 75. रौब

चाँदी सोना नक़दी ग़ल्ला
गहना पाता टूम और छल्ला

सांई बिन जो चीज़ है घर में
ख़ाक हैं सब औरत की नज़र में

दिल की ख़ुशी एक आस पे थी सब
सो वो हजारों कोस गई अब

फूल कुछ अब काँटों से नहीं कम
जन्नत भी हो तो है जहन्नुम

बाग़ नज़र में उसकी ख़िज़ाँ[76] है — 76. पतझड़
आँख में तारीक[77] उसकी जहाँ है — 77. अंधेरा

ऐश है इस के वास्ते मातम
ईद है इस के हक़ में मुहर्रम

जिस दुख़िया पर पड़े ये विपदा
कर उसे तू पेवन्द ज़मीं का

या औरत का पहले बुला ले
या दोनों को साथ उठा ले

या ये मिटा दे रीत जहाँ की
जिस से गई है प्रीत यहाँ की

जिससे हुए हैं सैकड़ों बिस्मल[78] — 78. ज़ख्मी
जिसने हज़ारों कर दिए घायल

जिसने कलेजे आग में भूने
जिसने भरे घर कर दिए सूने

ख़ौफ़ दिलों से खो दिया जिसने
शर्म से दीदे[79] धो दिए जिसने — 79. आँख

क़ौम की जिस बिन आन है जाती
देस की जस बिन जान है जाती

जिसने किए दिल रहम से ख़ाली
रीत है दुनिया से ये निराली

क़ौम से तू ये रीत छुड़ा दे
बंदियों को बेड़ी से तुड़वा दे

सहल[80] और मुश्किल तुझको है यकसाँ
हमको मुश्किल है तुझको आसाँ

रंज और दुख क़ब्ज़े में हैं तेरे
चैन और सुख क़ब्ज़े में है तेरे

हिलते हैं पत्ते तेरे हिलाए
खिलते हैं गुंचे तेरे खिलाए

मुट्ठी में हैं तेरी सारी हवाएँ
क़ाबू में हैं तेरी सारी घटाएँ

तुझ से है दरियाओं की रवानी
तेरे बहाए बहते हैं पानी

झील, समन्दर, पर्वत, राई
कहने में है सब तेरी खुदाई

नाता, रिश्ता, निस्बत, शादी
सोग, रंडापा, क़ैद, आज़ादी

क़ौम की रीतें, देस की रस्में
क्या है वो जो तेरे नहीं वश में

काम कोई मुश्किल नहीं तुझको
एक के क्या, गर तेरी खुशी हो

सोत लगे पत्थर से निकलने
नाव लगे रेती में चलने

80. आसान

अए इज़्ज़त और अज़मत[81] वाले 81. बड़ाई
रहमत और अदालत[82] वाले 82. न्याय

दुखड़ा तुझ से कहना दिल का
एक बशरियत[83] का है तक़ाज़ा 83. मानवता

दिल पे है जब बरछी कोई चलती
आह कलेजे से हैं निकलती

जब कोई दुख याद आ जाता है
जी बेसाख़्ता[84] भर आता है 84. बे बनावट

वरना है इस दुनियां में धरा क्या
ख्वाब कासा है इक ये तमाशा

दुख से है याँ के घबराना क्या
सुख पे है याँ के इतराना क्या

ऐश की याँ मोहलत[85] है न ग़म की 85. फुरसत
सब ये नुमायश है कोई दम की

आनी जानी चीज़ है ख़ुशियाँ
चलती फिरती छाँव हैं अरमाँ

मंगनी, ब्याह, बरात और रूख़सत
मेल मिलाप, सुहाग और संगत

हैं दो दिन के सब बहलावे
आगे चलकर हैं पछतावे

रेत की सी दीवार है दुनियां
ओछे का सा प्यार है दुनियां

बिजली जैसी चमक है इसकी
पल दो पल की झलक है इसकी

पानी का सा है ये पुचारा
जुगनू का सा है चमकारा

आज हैं याँ जगंल में मंगल
कल सुनसान पड़ा है जंगल

आज हे मेला हरदम दूना
और कल गाँव पड़ा है सूना

जो ब्याहे वो हैं पछताते
बिन ब्याहे वो हैं ब्याह मनाते

इस फल का है यही परीखा
जो नहीं चक्खा वही है मीठा

ख़ुश न हो ख़ुशियों के मतवाले
हैं ये नशे राब उतरने वाले

ग़म की घटा आती है गरजती
घड़ी में याँ घड़ियाल है बजती

राहगीरों का बंधा है तांता
इक आता है इक है जाता

जो आए हैं उनको है जाना
जो गए उनको फिर नहीं आना

ख़्वाह हों राँड और ख़्वाह सुहागन
मौत है सबकी जान की दुश्मन

एक है गो आज एक से बेहतर
मर गयीं जब दोनों हैं बराबर

और कोई गर इंसाफ़ से देखे
मर के उसे निसबत नहीं इससे

ऐश गई वो छोड़ के याँ से
क़ैद गई ये काट के याँ से

इसको पड़ी कल उसकी गई कल
ये गई हल्की वो गई बोझिल

उसका दिल इस दुनियां से उठाना
है नाख़ून से गोश्त छुड़ाना

जान ये आसाँ देती है ऐसे
बू है निकलती फ़ूल से जैसे

ग़म हो ग़रज़ या ऐश हो कुछ हो
हमें है जाना छोड़ के सब को

तेरे सिवा याँ ऐ मेरे मौला
कोई रहा है और न रहेगा

पड़ी थी सूनी जब ये नगरिया
तेरी ही थी याँ खड़ी अटरिया

फिर ये नगरिया उजड़ के सारी
तेरी ही थी याँ खड़ी अटरिया

फिर ये नगरिया उजड़ के सारी
तेरी ही रह जाएगी अटारी

था न कुछ आगे तेरे सिवा याँ
और रहेगा कुछ न सदा याँ

याँ कोई दिन दुख पाया तो क्या
और कोई दम सुख पाया तो क्या

अब न मुझे कुछ रंज की परवा
और न आसाइश[86] की तमन्ना

चाहती हूँ एक तेरी मोहब्बत
और नहीं रखती कोई हाजत[87]

घूँट एक ऐसा मुझ को पिला दे
तेरे सिवा जो सबको भुला दे

आए किसी का ध्यान न जी में
कोई रहे अरमान न जी में

फ़िक्र हो अच्छी की न बुरी की
तेर सिवा धुन हो न किसी की

कोई जगह इस दिल में न पाए
याद कोई भूले से न आए

86. ऐशो आराम

87. जरूरत

सीना ये तुझ से भरा हो सारा
मीत समाए इस में न प्यारा

दिल ने बहुत याँ मुझको सताया
मौत का बरसों मज़ा चख़ाया

ख़्वाब में देख एक स्वाँग निराला
आग में जीते जी मुझे डाला

मेरा और अपना चैन गंवाया
आप जला और मुझको जलाया

उठ नहीं सकते मुझसे अब एक दम
ये दुनिया के नाशुदनी[88] रो ग़म

दिल में लगन बस अपनी लगादे
सारे ग़म अपने ग़म में खपादे

ग़ैर के रिश्ते तोड़ दे सारे
दिल के फफोले फोड़ दे सारे

जब मुझे तन्हा किया है पैदा
तो मुझे बंधवा कर न किसी का

वाँ से अकेली आयी हूँ जैसी
वैसी ही याँ से जाऊँ अकेली

साथ कोई ग़म ले के न जाऊँ
तेरे सिवा खो दूँ जिसे पाऊँ

दिल न फिरे दुनिया में भटकता
कोई रहे काँटा न खटकता

जी से निशां प्यारों के मिटा दूँ
प्यार के मुँह को आग लगा दूँ

तू ही हो दिल में तू ही जुबां पर
मार के जाऊँ लात जहां पर

पाऊँ तुझे इक एक गँवा कर
ख़ाक[89] में जाऊँ सब को मिलाकर

88. अनहोनी

89. मिट्टी

देहली-ए-मरहूम

तज़किरा देहलि-ए-मरहूम का अय दोस्त न छेड़
न सुना जाएगा हम से फ़साना हर्गिज़[1]

1. पतझड़

दास्तां गुल की ख़िज़ां में न सुना अय बुलबुल
हंसते हंसते हमें ज़ालिम न रूलाना हर्गिज़

ढूंढ़ता है दिले-शोरीदा[2] बहाने मुतरिब[3]
दर्द अंगेज़ ग़ज़ल कोई न गाना हर्गिज़

2. परेशान दिल
3. गायक

लेके दाग़ आयेगा सीने पे बहुत अए सैयाह
देख इस शहर के खंडहरों में न जाना हर्गिज़[4]

4. चित्र

चप्पे चप्पे पे हैं यां गौहरे-यकता[5] तहे-ख़ाक[6]
दफ़्न होगा कहीं इतना न ख़ज़ाना हर्गिज़

5. बहुमूल्य मोती
6. ख़ाक के नीचे

मिट गये तेरे मिटाने के निशां भी अब तो
अए फ़लक[7] इससे ज़्यादा न मिटाना हर्गिज़

7. आकाश

हमको गर तूने रूलाया तो रूलाया अय चर्ख़[8]
हमपे गैरों को तो ज़ालिम न हंसाना हर्गिज़

8. आकाश

कभी अय इल्मों-हुनर[9] घर था तुम्हारा दिल्ली
हम को भूले हो तो घर भूल न जाना हर्गिज़

9. ज्ञान और कला

शाइरी मर चुकी अब ज़िन्दा न होगी यारो
याद कर कर के इसे जी न कुढ़ाना हर्गिज़

ग़ालिब-ओ-शेफ़्ता-ओ-नैयर-ओ-आज़ुर्दा-ओ-ज़ौक़
अब दिखायेगा यह शक्लें न ज़माना हर्गिज़

मोमिन-ओ-अलवी-ओ सहबाई-ओ-ममनून के बाद
शेर का नाम न लेगा कोई दाना[10] हर्गिज़ 10. समझदार

कर दिया मर के यगानों ने यगाना[11] हमको 11. यकता,
वरना यां कोई न था हम में यगाना हर्गिज़ अद्वितीय

दाग़ो-मजरूह को सुन लो कि फिर इस गुलशन में
न सुनेगा कोई बुलबुल का तराना हर्गिज़

रात आख़िर हुई और बज़्म हुई ज़ेर-ओ-ज़बर[12] 12. अस्तव्यस्त
अब न देखोगे कभी लुत्फ़े-शबाना[13] हर्गिज़ 13. रात का आनन्द

बज़्में मातम[14] तो नहीं बज़्में सुख़न है हाली 14. शोक सभी
यां मुनासिब नहीं रो रो के रूलाना हर्गिज़[15] 15. अदबी महफिल

ग़ज़ल

मानी[1] का तुमने हाली! दरिया अगर बहाया
ये तो बताएँ हज़रत! कुछ करके भी दिखाया

वीरा[2] है बाग तिस पर फूली नहीं समाती
मुज़दा[3] सबा ने यारब[4]! बुलबुल को क्या सुनाया

ऐ इश्क़ दिल को रक्खा दुनिया का और न दीं[5] का
घर ही बिगाड़ डाला तूने बना बनाया

आया न था कभी यां गोया[6] क़दम ख़िज़ां का
दो दिन में यू पलट दी किस ने चमन की काया

देखा तो कुछ नज़र में, हाली! जचा न अपनी
जो जो गुमां[7] थे हमको उनका निशां[8] ने पाया

1. अर्थों
2. उजड़ा हुआ, ध्वस्त
3. शुभ समाचार
4. हे भगवान
5. धर्म, परलोक साधना
6. यद्यपि
7. मिथ्याभिमान
8. चिह्न, पता

ग़ज़ल

भेद वाइज़[1]! अपना खुलवाया अबस[2]
दिल जलों को तूने गरमाया अबस

जलवा सूफी ने ना दिखलाया कोई
रात भर भारों को नचवाया अबस

शैख़[3] रिन्दों[4] में भी हैं कुछ पाकबाज़[5]
सबको मुलज़िम[6] तूने ठैराया अबस

कोई पंछी आ के जब फंसता नहीं
आपने जाल अपना फैलाया अबस

आ निकलते थे कभी मसजिद में हम
तूने ज़ाहिद[7] हमको शर्माया अबस

खेतियाँ जल कर हुई यारों की ख़ाक
अब्र[8] है घिर के इहार आया अबस

क़ौम का "हाली"! पनपना है मुहाल
तुम ने रो रो सबको रूलवाया अबस

1. प्रचारक
2. बेकार
3. ऐ धर्म पुरूष
4. मदिरा प्रेमियो
5. स्वच्छतावादी
6. दोषी
7. उपदेशक
8. बादल

ग़ज़ल

यारों को तुझ से "हाली"! अब सरगरानियां[1] हैं
नींदें उचाट दिल को धो दे ऐ-चश्मे-तर[2]! तो मानूँ[3]

बनते हैं ग़ैर[4] अपने, होते हैं राम[5], वहशी[6]
उलफ़त[7] की भी जहां में क्या हुक्मरानियां[8] हैं

अपनी नज़र में भी यां अब तो हक़ीर[9] हैं हम
बेग़रता[10] की यारों अब ज़िन्दवानियां हैं

रोते हैं चार हम पर, हंसते हैं चार हम पर
यां तक हमारी पहुंची अब नातवानियां[11] हैं

हर हुकम[12] पर हों राजी, हर हाल में रहें खुश
हिस्से में अब हमारे ये शादमानियां[13] हैं

खेतों को दे लो पानी अब बह रही है गंगा
कुछ कर लो नौजवानों! उठती जवानियां हैं।

फ़ज़्ल-ओ-हुनर[14] बड़ों के गर तुम में हों तो जानें
गर ये नहीं तो बाबा! वो सब कहानियां हैं।

रोने में तेरे "हाली" लज़्ज़त[15] है कुछ निराली
ये खूँ फ़शानियां[16] हैं या गुलफ़शानियां[17] हैं?

1. नाराज़गियां दूर रहने का व्यवहार
2. भीगी आंख
3. प्रवाह
4. पराए
5. काबू
6. जंगली उदण्ड
7. प्रेम
8. शासन
9. गिरे हुए
10. निर्लज्जता
11. कमजोरियां
12. आदेश
13. खुशियां
14. बड़प्पन और गुण
15. आनंद
16. खून बखेरना
17. पुष्प वर्षा करना

ग़ज़ल

कोई मरहम[1] नहीं मिलता जहाँ में
मुझे कहता है कुछ अपनी जुबां में।

क़फ़स[2] में जी नहीं लगता किसी तरह
लगा दो आग[3] कोई आशियाँ[4] में![5]

कहीं अन्जाम[6] आ पहुंचा वफ़ा का!
घुला जाता हूँ अब के इमतिहाँ में!

नया है लिजिए अब नाम उसका
बहुत वुसअत[7] है मेरी दास्तां[8] में।

दिल-ए-र[9] दर्द से कुछ काम लूँगा
अगर फ़ुरसत[10] मिली मुझ को जहां में

बहुत जी खुश हुआ हाली से मिल कर
अभी कुछ लोग बाकी हैं जहां में।

1. मर्म भेदी
2. पिंजरा
3. वासना-लप्त
4. प्रसन्न
5. छुप-छुप के इशारे करना
6. अंत
7. विस्तार
8. कहानी, गाथा
9. दर्द भरा दिल
10. अवसर

ग़ज़ल

बढ़ाओ न आपस में मिल्लत[1] ज़ियादा
मुबादा[2] कि हो जाए नफ़रत ज़ियादा

तकल्लुफ़[3] अलामत[4] है बेगानगी[5] की
न डालो तकल्लुफ़ की आदत ज़ियादा

करो दोस्तो! पहले आप अपनी इ़ात
जो चाहो करें लोग इ़ात ज़ियादा[6]

जहां राम होता[7] है मीठी जुबाँ से
नहीं लगती कुछ इसमें दौलत ज़ियादा

मुसीबत का एक इक से अहवाल[8] कहना
मुसीबत से है ये मुसीबत ज़ियादा

कहीं दोस्त तुम से न हो जाएं बदज़न[9]!
जताओ न अपनी मुहब्बत ज़ियादा

जो चाहो फ़क़ीरी में इज्ज़त से रहना
न रक्खो अमीरों से मिल्लत[10] ज़ियादा

वो इफ़लास[11] अपना छुपाते हैं गोया[12]
जो दौलत से करते हैं नफ़रत ज़ियादा

है उलफ़त भी, वहशत[13] भी दुनिया से लाज़िम[14]
पर उलफ़त ज़ियादा न वहशत ज़ियादा

1. दोस्ती मेल जोल
2. कहीं ऐसा न हो
3. औपचारिकता
4. प्रतीत
5. परायेपन
6. फ़ुर्सत
7. वश में
8. हाल
9. आशंकित
10. मेलजोल
11. ग़रीबी
12. जैसा कि
13. बैराग
14. आवश्यक

फ़रिश्ते से बेहतर[15] है इन्सान बनना
मगर इसमें पड़ती है मेहनत ज़ियादा

15. अधिक अच्छा

बिके मुफ्त यां हम ज़माने के हाथों
प देखा तो थी ये भी क़ीमत ज़ियादा

हुई उम्र दुनियां के धन्धों में आख़िर
नहीं बस अब ऐ अक़्ल[16] मोहलत ज़ियादा

16. बुद्धि

ग़ज़ल

हक़ वफ़ा के जो हम जताने लगे
आप कुछ कह के मुस्कराने लगे

था यहां दिल में तान-ए-वस्ल-ए-अदू[1]
उज़्र उन्कीं ज़ुबाँ पे आने लगे

हम को जीना[2] पड़ेगा फ़ुर्कत[3] में
वो अगर हमलो अज़माने लगे

डर है मेरी ज़बां न खुल जाए
अब वा बातें बहुत बनाने लगे

जान बचती नज़र नहीं आती
ग़ैर[4] उलफ़त बहुत जताने लगे

तुम को करना पड़ेगा उज़्र-ए-जफ़ा[5]
हम अगर दर्द-ए-दिल सुनाने लगे

सख़्त[6] मुश्किल है शेवा-ए-तस्लीम[7]
हम भी आख़िर को जी चुराने लगे

जीमें है यूँ रज़ाऐ पीरे मग़ाँ
क़ाफिले फिरे हरम को जॉने लगे

सिर्रे बातिन[8] को फ़ाश[9] कर यारब[10]
ऐहल-ए-ज़ाहर[11] बहुत सताने लगे

वक्त-ए-रूख़सत[12] था सख़्त[13] **हाली** पर

1. दुश्मन से आलिंगन का लांछन
2. बहाने
3. जुदाई
4. पराये लोग
5. क्रूरता का बहाना
6. अति
7. आज्ञाकारिता का चलन
8. अंदर का भेद
9. खोल
10. या खुदा
11. ऊपरी ज्ञान वाले
12. विदाई का समय
13. भारी

ग़ज़ल

हम भी बैठे थे जब वो जाने लगे

उस के जाते ही ये क्या हो गई धर की सूरत[1]
न वो दिवार की सूतर है न दर[2] की सूरत

किस से पैमान-ए-वफ़ा[3] बांध रही है बुलबुल?
कल न पहचान सकेगी गुल-ए-तर[4] की सूरत

है ग़म-ए-रोज़-ए-जुदाइ[5] न नेशते श्बे वहल
हो गई और है क्रध[6] शाम-ओ-सहरे की सूरत[7]

अपनी जेबों से रहें सारे नमाज़ी[8] हुशियार
एक बजुर्ग[9] आते हैं मसजिद में ख़िज़र[10] की सूरत

वाइज-ओ-आतिशे दोज़ख से जहाँ को तुम ने
ये डराया है की खुद बन गए डर की सूरत

कथा ख़बर ज़ाहिदे कानेए को की कथा चीज़ है हिर्स
उसने देखी ही नहीं किस-ए-ज़र की सूरत

शौक़[11] में उसके मजा, दर्द में उसके लज्ज़त[12]

1. स्थिति
2. दरवाजा
3. साथ रहने का वचन
4. ताज़ा फूल
5. बिछड़ने के दिन का दुःख
6. प्रिया-संगम की रात का आनन्द
7. सांझ और सवेरा
8. नमाज़ पढ़न वाले
9. आदरणीय वयोवृद्ध
10. एक बड़ी आयु वाले इस्लाम के पैगम्बर
11. चाहत
12. स्वाद
13. उपदेशकों
14. बचने
15. रास्ता, तरकीब

नासिहो[13]! उससे नहीं कोई मफ़र[14] की सूरत[15]

16. नेता
17. होश गुम होना
18. ख़तरे

रह नुमाओं[16] के हुए जाते हैं औसान[17] ख़ता
राह में कुछ नज़र आती है ख़तर[18] की सूरत

यूँ तो आया है तबाही मों ये बड़ा सो बार
पर डराती है बहुत आज भंवर की सूरत

ग़ज़ल

उनको "हाली" भी बुलाते हैं घर अपने मेहमां
देखना आपकी और आपके घर की सूरत

घर है वहशत ख़ेज[1] और बस्ती उजाड़
हो गई एक इक घड़ी तुझ बिन पहाड़

आज तक क़हरे अमल है न तमाम
बंध चुकी है बारहा खुल खुल के पाड

है पहुंचना अपना चोटी तक मुहाल[2]
ऐ तलब[3]! निकला बहुत ऊँचा पहाड़

खेलना आता है हम को भी शिकार
पर नहीं जाहिद कोई टट्टी की आड़

दिल नहीं रोशन तो हैं किस काम के
सौ शबिस्तां[4] में अगर रौशन[5] है झाड़[6]

ईद और नौ रोज़[7] हैं सब दिल के साथ
दिल नहीं हाज़िर[8] तो दुनिया है उजाड़

खेत रस्ते पे है और रहरो सवार
किश्त है सर सब्ज़ और नीची है बाड

बात वाइज की कोई वकडी गई
इन दिनों कमतर है कुछ हम पर भलाड

1. पागल करने वाला सूनापन
2. कठिन
3. इच्छा, वासना
4. शयन-कक्ष
5. जलते हुए
6. फ़ानूस
7. नया दिन, त्योहार
8. अपने आप में
9. व्यर्थ

ग़ज़ल

तुमने "हाली"! खोलकर नाहक़[9] ज़ुबां
कर लिया सारी ख़ुदाई से बिगाड़

मिलने की जो न करनी थी तदबीर[1], कर चुके
आख़िर को हम हवाला-ए-तक़दीर[2] कर चुके

अफ़सूँ[3] शब-ए-विशाल[4] के वां कारगर[5] नहीं
नाले[6] शब-ए-फ़िराक़[7] के तासीर कर चुके

अए दिल अब आज़माइशे तक़दीर का है वक़्त[8]
वे इम्तेहाँ बर शहे शम्मीर कर चुके

कहते हैं तब-ए-एदोस्त[9] शिकायत[10] पसन्द है
हम शिकवा-हाए-ग़ैर[11] भी तहरीर[12] कर चुके

जाँ जब तक इन्तेज़ार में आती है बार-बार
मरशाता जल्द पर कहीं तकरीर कर चुके

दिल ले के एक मेरा ऐ फ़ारिग़ हुए हैं वो
गोया[13] कि इक जहान को तसख़ीर[14] कर चुके

1. युक्ति
2. भाग्य के भरोसे
3. जादू
4. आलिंगन की रात
5. काम आने वाले
6. शिकवे
7. विरह की रात
8. असर
9. यार की तबीयत
10. शिकायत का बुरा न मानने वाली
11. विरोधियों के विरूद्ध शिकायत
12. लिख देना
13. जैसे कि
14. फतह, विजय
15. पश्चिम का अनुसरण
16. अनुकरण

ग़ज़ल

"**हाली**"! अब आओ पैरवीं-ए-मग़रबी[15] करें
बस इक़तदा[16] ए-मुसहफ़ी-ओ-"मीर" कर चुके

हवा कुछ और ही आलम[1] में चलती जाती है
हुनर[2] की ऐ़ब[3] की सूरत बदलती जाती है

अजब[4] नहीं कि रहे नेक-ओ-बद[5] में कुछ न तमीज़[6]
बदी[7] की जो है वो सांचे में ढलती जाती है

सेपाह-ओ-मीर-ओ सेपाह बाग़ बाग़ है आज
बहीर रोती है और हाथ मलती जाती है।

कहा जो मैंने वफ़ा[7] करते आए हैं ऐहबाब[8]
कहा ज़माने की आदत बदलती जाती हैं

क़लक़[9] उन्हें नहीं गर दोस्तों से छुटने का
तबीयत अपनी भी कुछ कुछ संभलती जाती है

बहुत से खो दिए खलजान[10] बेनवाई[11] ने
ज़रूरत ऐक बाद ऐक टलती जाती है

हुए हैं बार-ए-अमानत[12] से तेरे सब आजिज़[13]
ज़मी भी अपने ख़ज़ाने उगलती जाती है

उड़ेगी ख़ाक तक़इल की अब सर-ए-बाज़ार
फ़कीह-ओ शैख़ गें अब जंजी उछलती जाती है

न ख़ौफ़[14] मरने से जब था न अब है कुछ "**हाली**"
कुछ इक झिझक थी सो वो भी निकलती जाती है

1. संसार
2. गुण
3. दोष
4. आश्चर्य
5. भले-बुरे
6. फ़र्क़
7. बुराई
8. यार दोस्त
9. दुख
10. उत्सुकताएं
11. चुप्पी
12. तेरी धरोहर का बोझ
13. विनम्र
14. भय

ग़ज़ल

बुरी और भली सब गुज़र जाएगी
से कश्ती यूं ही पार उतर जाएगी

मिलेगा न गुलचीं[1] को गुल[2] का पता
हर इक पंखुड़ी यूं बिखर जाएगी

1. फूल तोड़ने वाला
2. फूल

रहेंगे न मल्लाह[3]! ये दिन सदा
कोई दिन में गंगा उतर जाएगी

3. खेवट

इधर एक हम और ज़माना उधर
थे वाग़ी तो सू बसए-हर जाएगी

सुनेंगे न **"हाली"** की कब तक सदा?
यही एक दिन काम कर जाएगी

ग़ज़ल

काटिये दिन ज़िन्दगी के उन यगानों[1] की तरह
जो सदा रहते हैं चोकस पासबानों[2] की तरह

मंजिल-ए-दुनिया में हैं पादर रकाब आठों पहर
रहते है मेहमाँ सरा में मेहमानों की तरह

सई से उकताते और मेहनत से कबयाते नहीं
झेलते हैं सख्तियों को लखत जानों की तरह

शादमानी[3] में गुज़रते अपने आपे[4] से नहीं
ग़म में रहते हैं शगुणता[5] शादमानों[6] की तरह

पाते हैं अपनों में ग़ैरों[7] से सिवा[8] बेगानगी[9]
पर भला तक्ते हैं एक इक का यगानों[10] की तरह

आस खेती की पनपने की उन्हें हो या न हो
हैं उसे पानी दिये जाते किसानों की तरह

उनके गुस्से में हैं दिलसोजी,[11] मलामत[12] में है प्यार
मेहरबानी करते है वो न मेहरबानो की तरह

कीजे क्या "हाली"?[13] न कीजे सादगी गर इख़्तयार[14]
बोलना आए न जब रन्गीं बयानों[15] की तरह

1. एकान्तवादी
2. पेहरेदारों
3. खुशी
4. सीमा के बाहर
5. खिले हुए
6. प्रसन्नचित लोगों की भांति
7. पराये
8. अधिक
9. परायापन
10. अपनों
11. जी जलाना।
12. प्रताड़ना
13. क्रूर व्यक्ति
14. अपनाना
15. रोचक वक्ता

ग़ज़ल

पर्दे बहुत से वस्ल[1] में भी दरमियाँ रहे
शिकवे वो सब सुना किये और मेहरबाँ रहे

क्या क्या हैं दिल में देखिए अर्मा भरे हुए!
हम मेज़बाँ[2] नहीं जो कोई मेहमाँ रहे!

हिरमाँ में हाथ से न दिया रिशत-ए-उम्मीद
अब तक तो हम जहाँ में बहुत शादमाँ रहे

पूछी गई न बात कहीं पास-ए-वज़ा[3] की
उतने ही हम सुबुक[4] हुए जितने गिराँ[5] हुए

दैर-ओ-हरम[6] को तेरे फ़सानों से भर दिया
अपने रक़ीब[7] आप रहे हम जहां रहे

छारा-ओ-जम को तेरे गदाओं पे रशक है
नरखे मताऐ इश्क़ इलाही मिराँ रहे

"हाली" से मिल के होगे तुम अफ़सुर्दा-दिल[8] बहुत
अगले से वलवले वो अब उसमें कहाँ रहे?

हुकम है पीरे मुग़ाँ का कि जवानी न गँवाओ
खेर कफफार-ए-इस्याँ है पियो और पिलाओ

1. आलिंगन
2. आतिथ्यकर्ता
3. रख-रखाव, लिहाज
4. हल्का
5. बोझल
6. मंदिर और मस्जिद
7. खायी
8. दुःखी

ग़ज़ल

यार को यार समझता है न तू ग़ैर[1] को ग़ैर
तू तो अच्छा है मगर तेरे बुरे हैं बर्ताओ[2]।

दोस्त हों जिसके हज़ारों वो किसी का नहीं दोस्त
सच बता तुझको किसी से भी है दुनियां में लगाओ[3]?

एक ही दोस्त और उस से हमें छुड़वाते हो!
नासिहो[4]! अब तुम्हें दुश्मन कहें या दोस्त बताओ?

हो गया ज़िकरे क़याम तो अजीरन वाइज़
बातें कुछ और करो क़िस्सा कोई और सुनाओ

तुझको आए अहर बिला देखे जी छूट गया
एक ही बार तुम ऐ वाडलो इस तरह नधाओ

ऐ शराफ़त! तुझे बिकना है, अगर मुफ्त तो बिक
आजकल, कीजिए क्या, है यही बाज़ार का भाओ।

उसके नालों[5] ने किया बज़्म[6] को आख़िर वे लुत्फ़[7]
हम न कहते थे कि "हाली" को न महफ़िल[8] में बुलाओ!

1. पराये
2. व्यवहार
3. स्नेह
4. उपदेशकों
5. प्रलापों
6. सभा
7. आनंद विहीन
8. सभा

ग़ज़ल

अब वो अगला सा इलतेफ़ात[1] नहीं
जिस पे भूले थे हम वो बात नहीं

मुझको तुम से है एतमाद-ए-वफ़ा[2]।
तुमको मुझ से पर इलतिफ़ात[3] नहीं।

रन्ज क्या क्या हैं एक जान के साथ।
ज़िन्दगी मौत है, हयात[4] नहीं।

यूँही गुज़रे तो सहल[5] है, लेकिन
फ़ुरसत-ए-ग़म[6] को भी सबात[7] नहीं

कोई दिल-सोज़[8] हो तो कीजे[9] बयाँ
सरसरी[10] दिल की वारदात[11] नहीं।

ज़र्रा ज़र्रा[12] है मज़हर-ए-ख़ुरशीद[13]
जाग अए आंख! दिन है, रात नहीं।

क़ैस[14] हो कोहकन[15] हो या हाली
आशिक़ी[16] कुछ किसी की ज़ात[17] नहीं।

1. कृपा
2. वचन निभाने का भरोसा
3. कृपा
4. ज़िंदगी
5. आसान
6. ग़म करने का समय
7. टिकाऊपन
8. दिल जलाने वाला
9. कहना
10. यूँही
11. घटना
12. कण कण
13. सूर्य का प्रतीक
14. मजनूं
15. फ़रहाद
16. प्रेम
17. व्यक्तित्व

रुबाइयात

तूफ़ान में है जब जहाज़ चक्कर खाता
जब क़ाफ़िला वादी में है उठ जाता
अस्बाब का आसरा जब है उठ जाता
तेरे सिवा कोई नहीं याद आता।

जब मायूसी दिलों पे छा जाती है
दुश्मन से भी तेरा चलवाती है
मुमकिन है सुख में भूल जाएें अतफ़ाल
लेकिन उन्हें दुख में माँ ही याद आती है

क्या होगी दलील तुझ पे और इस से ज्यादा
दुनिया में नहीं एक दिल जो कि हो शाद
पर जो कि है तुझ से लो लगाऐ बैठे
रहते हैं हर इक रंज व ग़म से आज़ाद

हिन्दू से लड़े न गबर से बैर करें
शर से बचें और शर के एवज़ ख़ैर करें
जो कहते हैं यह कि जहन्नुम है दुनिया
आऐ और इस वहशत की सैर करें

नेक़ों को न ठहराइयो बद अए फ़रज़न्द
इक आध अदाओं की अगर हो न पसन्द
कुछ नक़स अनार की लताफत में नहीं
हों उस में अगर गले सड़े दाने चन्द।

ता ज़ीस्त यह महवे नक़्शे मोहम रहे
जो तालिबे दोस्ताने मासूम रहे
अस्हाब से बात बात पर जो बिगड़े
सुहबत की वह बरकतों से महरूम रहे।

मुमकिन नहीं कि वशर हो ऐब से दूर
पर ऐब से बचिये ता मक़दूर जरूर
ऐब अपने घटाओं पर ख़बरदार रहो
घटाने से कहीं उन के बढ़ जाए न गुरूर।

है जहन में सब आलिम व जाहिल हमसर
आता नहीं फर्क़ उस के सिवा उन में नज़र
आलिम को है इल्म अपनी नादानी का
जाहिल को नहीं जहल की कुछ अपने ख़बर

दुनयाये दुनी को नक़्शे फानी समझो
रूदादे जहाँ को इक कहानी समझो
पर जब करो आग़ाज कोई काम बड़ा
हर सांस को उम्रे जावेदाना समझो।

दौलत ने कहा मुझ से अंहं इज्ज़ते जहाँ
फरमाया हुनर ने में हूँ इज्ज़त का निशाँ
इज्ज़त बोली ग़लत हैं दोनों का बयाँ
मैं भेद हूँ हक़ का जो है ने में निहाँ

है जन के साथ काम इन्साँ के लिऐ
बनती नहीं जिन्दगी में बे काम किये
जीते हो तो कुछ काम करो जिन्दों की तरह
मुर्दो की तरह जिऐं तो क्या ख़ाक जिऐ

डर है कि पड़े हाथ दिल से धोना
ज़रदार ज़रा सोच समझ कर होना
जिस तरह की सोने की कसौटी है महक
जै जोहरे इन्साँ की कसौटी सोना

जैसा नज़र आता हूँ न ऐसा हूँ मैं
और जैसा समझता हूँ न वैसा हूँ मैं
अपने से भी ऐब अपने हूँ छुपाता
बस मुझ को ही मालूम है जैसा हूँ मैं।

नया मोड़ (बयादे हाली)

शमीम कुरहानी

इक नई राह तलबगारे[1]अदब की ख़ातिर
इक नया मोड़ तफ़क्कुर[2] के लिए फ़न के लिए
इक नया ज़ेहन तजल्ली[3] वतन की ख़ातिर
इक नये प्यार की लय शेख़-ओ-बिरहमन के लिए

जिसने आवाज़-ए-तग़ज़्ज़ुल को सदाक़त[4] बख़्शी
जिसने अलफ़ाज़ को इज़हार की सच्चाई दी
वक़्त के पैकर-ए[5]-ख़्वाबीदा-व-ख़्वाबआगीं को
इक नये दौर के एहसास की अंगड़ाई दी

कितने अनफ़ास[6]-ए-मसीहा की गिरा कर शबनम
वक़्त के चेहर-ए-बीमार को शादाब[7] किया
अपने जज़्बात-ए-मोहब्बत के बहा कर चश्मे
क़ौम को सेर किया मुल्क को सेराब[8] किया

नसर वो नसर जो अक़्वाम के दिल धड़का दे
नज़्म वो नज़्म जो इनसान को बेदार करे
वह हदी ख़्वाँ कि जो इक आबलह[9] पा मिल्लत को
जादह[10] पयमा ही नहीं क़ाफिला सालार करे

शाएर ज़िन्दा-व-पाइनदा[11] की जादू सुख़नी
जेहन में दौड़ गई लहर सी आज़ादी की
कोहे ज़ुलमात से इक जू-ऐ सहर फूट पड़ी
दिले दीवान-ए-हाली ने वह फ़रहादी की

1. इच्छुक
2. चिन्तन
3. रोशनी
4. सच्चाई
5. सोये हुए की तस्वीर
6. आत्मा
7. हरा-भरा
8. तरो ताजा, हरा-भरा
9. थका होना, पाँव पर छाले होना
10. पथ, रास्ता
11. स्थायी

●●●